ZHINENG JIAOTONG JISHU

智能交通技术

徐晓慧　于志青　编著

化学工业出版社

·北京·

本书主要介绍了智能交通技术体系构建、交通信号智能控制技术、智能交通物联网技术、物联网条件下交通异常事件自动检测技术、道路交通智能监测技术、智能交通大数据技术、基于大数据的智能交通综合信息应用平台设计、智能交通地理信息技术等内容。

本书可供从事交通管理、交通规划、交通工程专业的科技人员参考，也可作为交通工程领域研究生、教师的参考书。

图书在版编目（CIP）数据

智能交通技术/徐晓慧，于志青编著．—北京：化学工业出版社，2019.10（2023.1重印）

ISBN 978-7-122-35026-8

Ⅰ.①智… Ⅱ.①徐…②于… Ⅲ.①交通运输管理-智能系统 Ⅳ.①U495

中国版本图书馆CIP数据核字（2019）第171263号

责任编辑：辛　田　　文字编辑：冯国庆

责任校对：王　静　　装帧设计：王晓宇

出版发行：化学工业出版社（北京市东城区青年湖南街13号　邮政编码100011）

印　　刷：三河市航远印刷有限公司

装　　订：三河市宇新装订厂

787mm×1092mm　1/16　印张10¾　字数282千字　2023年1月北京第1版第3次印刷

购书咨询：010-64518888　　售后服务：010-64518899

网　　址：http://www.cip.com.cn

凡购买本书，如有缺损质量问题，本社销售中心负责调换。

定　　价：73.00元

前言

随着我国经济的高速发展，制造业智能化转型升级进展迅猛，新技术的应用范围更加广泛，智能交通领域也正在进行着一场深刻变革。国家出台了促进智能交通发展的相关政策，许多学者也结合智能交通发展中存在的问题从不同侧面对智能交通进行了研究，取得的成果在应用方面发挥了较好的作用。如何将各种先进技术集成运用于智能交通中，扩大智能交通技术体系，促使智能交通的完善与发展，是目前交通领域研究的热点问题。

本书主要从技术角度出发，重点探讨支撑智能交通的控制技术、物联网技术、大数据技术、地理信息技术等，并说明这些技术的具体应用，其目的是构建一个内容丰富的智能交通技术体系。本书是基于道路智能交通叙述的，但所涉及的技术，有的也可用于其他交通行业，如轨道交通、水运等。

本书共分 6 章。第 1 章主要介绍了智能交通相关内容。第 2 章主要探讨了智能交通信号控制技术，包括智能交通信号控制系统的业务架构、控制架构，以及智能信号机技术、交通流量采集技术等，分析了许可型左转通行能力，并给出某一城区交通信号智能控制系统的设计。第 3 章主要研究了智能交通物联网技术，首先给出物联网技术的基本内容，其次分析智能交通物联网关键技术，包括交通要素的身份特征标识技术、信息精准获取技术等，本章最后给出基于物联网技术的城市智能交通系统、高速公路应急管理系统设计。第 4 章探讨了道路交通智能监测技术，主要内容有道路监控视频智能分析技术、智能卡口技术等。第 5 章研究了智能交通大数据技术，主要内容为交通大数据采集、处理与服务技术，给出基于大数据的交通便民服务平台、智能交通综合信息应用平台设计。第 6 章研究了智能交通地理信息技术，主要内容为交通信息的可视化展现及指挥调度，并对智能交通地理信息系统进行了设计。

本书在编写过程中参阅了一些学术著作、学位论文、文献资料，有的文献由于疏忽未能在参考文献中列出，在此谨向本书所直接或间接引用的研究成果的作者表示深切的谢意。

本书由河南警察学院徐晓慧教授、于志青共同完成，其中徐晓慧教授撰写第 1 章，于志青撰写第 2 章~ 第 6 章。

本书的部分内容是笔者主持或参与的科研项目取得的成果，如河南省科技攻关项目及重大科技项目：基于大数据的交通事件自动检测技术研究、基于物联网涉案事件视频图像综合应用平台的设计实现、物联网互通与共享体系架构研究、道路交通智能监控信息共享平台的研发与实现。另外还有校级项目：信号交叉口左转车流交通特性研究、道路交通大数据在便民服务中的应用研究。

本书的出版得到了河南省科技攻关项目（182102311063）和河南警察学院科研项目（HNJY-2017-02）的资助，在此深表感谢。

由于笔者水平有限，书中不足之处，恳请广大读者予以批评指正。

编著者

目录

第 1 章　智能交通概论 …… 1
1.1　智能交通的内涵及发展现状 …… 1
1.2　智能交通技术的内涵和发展现状 …… 3
1.3　智能交通系统的构成 …… 5
第 2 章　智能交通信号控制技术 …… 7
2.1　信号交叉口分析 …… 7
2.2　许可型左转通行能力 …… 9
2.3　智能交通信号控制 …… 13
2.4　智能信号机技术 …… 20
2.5　交通流量采集技术 …… 24
2.6　智能信号控制设计 …… 32
第 3 章　智能交通物联网技术 …… 34
3.1　物联网概述 …… 34
3.2　物联网应用分析 …… 39
3.3　智能交通应用的物联网关键技术 …… 44
3.4　物联网条件下交通异常事件自动检测技术 …… 53
3.5　基于物联网的智能交通系统设计 …… 56
3.6　基于物联网的高速公路应急管理系统设计 …… 61
第 4 章　道路交通智能监测技术 …… 74
4.1　道路视频监控智能分析技术 …… 74
4.2　智能卡口技术（车辆智能监测记录系统） …… 91
4.3　闯红灯自动抓拍技术 …… 103
第 5 章　智能交通大数据技术 …… 110
5.1　大数据基本概念 …… 110
5.2　大数据技术 …… 111
5.3　大数据应用及发展趋势 …… 116
5.4　智能交通大数据 …… 117
5.5　基于大数据的智能交通综合信息应用平台设计 …… 124
第 6 章　智能交通地理信息技术 …… 129
6.1　地理信息技术 …… 129
6.2　智能交通地理信息系统 …… 136
6.3　智能交通地理信息数据模型 …… 139
6.4　移动对象时空分析 …… 144
6.5　智能交通路径分析 …… 151
6.6　智能交通地理信息系统设计 …… 157
参考文献 …… 167

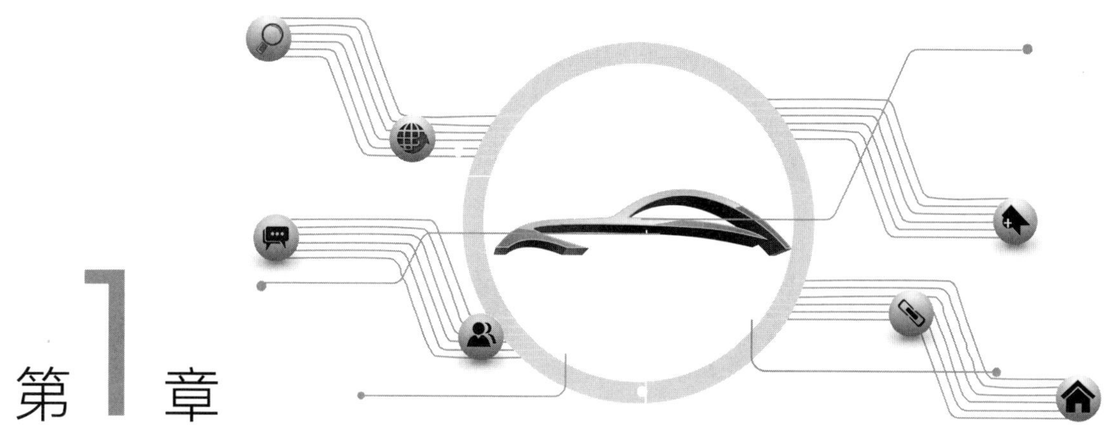

第1章 智能交通概论

1.1 智能交通的内涵及发展现状

1.1.1 智能交通的内涵

智能交通的概念于1994年由日本提出，并得到美国和欧洲的赞同。在此之前，美国智能车路协会（成立于1990年）把智能交通定义为智能车路，并倡议于1993年春召开智能车路系统世界大会；欧洲道路交通运输电子信息应用协调组织（成立于1991年）把智能交通称为远程信息通信在交通中的应用，并响应美国的倡议，于1994年11月在法国巴黎举行了第一届智能车路系统世界大会；日本车辆道路与交通智能学会（成立于1994年1月）也响应美国的倡议，并建议把大会的名称改为智能交通系统世界大会，此建议得到美国和欧洲的赞同，智能交通的名称由此得到业界认可。在《智慧城市词典》中，智能交通的含义为利用信息通信技术对交通信息进行收集、处理、发布、交换、分析和利用，为交通参与者提供多样化服务的交通管理模式。

目前，通俗地认为，智能交通（Intelligent Transportation Systems，ITS）是一个基于现代电子信息技术面向交通运输的服务系统。它是综合运用信息技术、人工智能、电子控制、地理信息、全球定位、影像处理、有线/无线通信等多种技术，所构建的一个具有快速准确的交通信息采集、处理、决策、指挥调度能力的管理系统，是交通信号控制系统、交通违法处理系统、交通视频监控系统和综合管理控制平台的有机集成。它的突出特点是以信息的收集、处理、发布、交换、分析、利用为主线，为交通参与者提供多样性的服务。智能交通使交通基础设施发挥出最大的效能，提高了交通管理服务的质量，从而获得巨大的社会效益和经济效益。

1.1.2 智能交通的发展现状

面对当今世界全球化、信息化发展趋势，传统的交通技术和手段已不适应经济社会发展的要求。智能交通系统是交通事业发展的必然选择，是交通事业的一场革命。通过先进的信息技术、通信技术、控制技术、传感技术、计算器技术和系统综合技术有效集成和应用，使人、车、路之间的相互作用关系以新的方式呈现，从而实现实时、准确、高效、安全、节能的目标。

交通安全、交通堵塞及环境污染是困扰当今国际交通领域的三大难题，尤其以交通安全问题最为严重。采用智能交通技术提高道路管理水平后，每年仅交通事故死亡人数就可减少30%以上，并能提高交通工具的使用效率50%以上。为此，世界各发达国家竞相投入大量资金和人力，进行大规模的智能交通技术研究试验。很多发达国家已从对该系统的研究与测试转入全面部署阶段。智能交通系统将是21世纪交通发展的主流，这一系统可使现有公路使用率提高15%～30%。

美国、欧洲、日本是世界上智能交通系统开发应用最好的国家和地区。日本对于智能交通的研究开始较早，日本政府对智能交通研究很支持，在智能交通研究过程中，非常重视各个部门的通力合作及对交通信息的采集和维护。日本在1994年成立了由警察厅、通商产业省、运输省、邮政省、建设省五部门支持的“车辆-道路-交通智能化联席协会”来推广智能交通领域的技术和产品研究开发。

我国在智能交通领域的研究起步较晚，1987～2006年我国在智能交通领域处于研发初期阶段，2006年后我国在智能交通领域的专利数量出现指数型增长，增长速度超过任何国家，并在2016年以后我国对智能交通技术研发的专利数量超越所有国家，这说明后期我国对智能交通技术的重视和发展热度，后期发展速度强劲。

从专利发展情况看，智能交通系统的发展，已不限于解决交通拥堵、交通事故、交通污染等问题。经30余年的发展，ITS的开发应用已取得巨大成就。美国、欧洲、日本等发达国家和地区基本上完成了ITS体系框架，在重点发展领域大规模应用。可以说，科学技术的进步极大地推动了交通的发展，而ITS的提出并实施，又为高新技术提供了广阔的发展空间。

随着传感器技术、通信技术、GIS技术（地理信息系统）、3S技术（遥感技术、地理信息系统、全球定位系统三种技术）和计算机技术的不断发展，交通信息的采集经历了从人工采集到单一的磁性检测器交通信息采集，再到多源的多种采集方式组合的交通信息采集的历史发展过程，同时国内外对交通信息处理研究的逐步深入，统计分析技术、人工智能技术、数据融合技术、并行计算技术等逐步被应用于交通信息的处理中，使交通信息的处理得到不断发展和革新，更加满足ITS各子系统管理者、用户的需求。

在20世纪90年代初，我国首次提出智能交通系统的概念，并且逐渐开始关注国际上先进交通系统的发展成果和趋势，大力学习并积极借鉴国外先进国家的发展经验，在国内发展较为领先的试点城市投入实践。1995年，国家技术监督局在我国建立特色交通部作为智能交通系统的试验点和控制室，全程监督新型智能交通的利用情况，与此同时，原国家科委也及时创办了能够增进ITS领域的交流与合作的会议机构，大力支持城市智能交通系统的研究使用，加强了我国交通领域工作人员和研究人员的工作经验，加深了其专业知识储备。

进入21世纪后，我国ITS的研究、试验和国际交流活动日益频繁，许多高校和企业相继进入该研究领域，清华大学、东南大学、中兴通讯、中国普天、东软集团等相继建立ITS研究机构，组织ITS关键技术的突破创新和示范工程。同时国家相关部门也将ITS列入“九五”“十五”的科技发展计划当中，并相继建立了全国智能交通示范城。

从发展趋势来看，物联网和智能交通的结合将是必然的选择，物联网、云计算等现代信息技术处理能力将成为未来智能交通发展的核心技术。

1.2 智能交通技术的内涵和发展现状

1.2.1 智能交通技术的内涵

智能交通技术是在互联网、物联网、信息化、高新技术的相互促进下发展起来的，重点解决交通拥堵、交通事故以及当下严重的环境污染等一系列问题而产生的信息化交通技术。对于当下随着汽车购买量增加带来的交通拥堵给城市发展带来的难题和环境污染，严重影响了人们的健康生活，因此只有正确把握智能交通技术的发展方向和各个国家技术研究热点，才能更准确地投入人力、物力与财力，对智能交通技术进行深入研究，最终才能够更好地解决我国的交通问题和发展我国的交通行业。

智能交通的发展是我国实现强国战略目标中重要的一部分，对于智能交通技术的研究包含了政策性研究和技术性研究。政策性研究主要针对产业结构、产业政策等产业相关问题提出合理建议；技术性研究主要是利用相关研发技术对交通运输问题提出解决方案。国内对智能交通的政策研究比较多，利用政策来规划交通运输产业发展，国外侧重于对交通运输与国际贸易的研究。国外对智能交通与新兴技术的融合进行了深入研究，而国内对智能交通的研究还处于初级研发阶段，对智能交通的技术发展缺少深入研究，缺少对智能交通技术的宏观分析和预测。为了更好地发展智能交通，应深入研究智能交通的技术发展历程，以尽快缩小我国与世界先进智能交通技术国家之间的差距。

1.2.2 智能交通技术的发展现状

(1) 智能交通技术发展第一阶段（1993～1997年）

1993年左右对于智能交通技术来讲是具有重大技术变革的时间。在这个时间段内，智能交通技术主要表现在车辆全球定位系统的报警与控制方法和车辆导航的控制及安全系统等车辆控制系统的发展，在1993年加入导航系统技术，实现了通过动态控制处理器来感知和控制车辆的操作及状态，并允许发送紧急信号。美国GPS（全球定位系统）技术的发展史，基本从1990年末首颗Block ⅡA卫星发射开始，持续到1997年美国完成19颗Block ⅡA卫星的发射；1993年美国GPS卫星导航定位系统就具备初步作战能力，并提供给民用用户使用，从而反映出GPS技术于1993年在美国广泛应用。

1994年通过GPS技术应用在汽车领域，完成汽车速度控制系统和车辆定位报警系统，通过GPS导航计算机和接收器，将导航地图数据与车载引擎计算机相互连接。

1974～1997年间，智能交通技术在无线电相关领域热度较大，其主要研究了无线电导航、无线电定向、采用无线电波的反射或再辐射的定位，但后期该技术领域发展缓慢；交通控制系统、电子传输、电子装置在该时期研究热度前期较低，但是后期研究数量急剧增加，智能交通技术选择交通控制系统、电子传输、电子装置等相关技术进入下一个技术发展阶段。

在1974～1997年间，交通控制系统发展缓慢，导航技术和全球定位技术发展迅速。通信领域中的移动通信、蜂窝通信、无线通信在智能交通技术领域中出现较晚，并且一直持续到1994年都是平稳发展，但是在1994年以后通信领域在智能交通领域中得到快速发展。

(2) 智能交通技术发展第二阶段（1998～2008年）

该阶段，导航技术、全球定位技术在智能交通技术领域中已经进入稳定发展的态势，导航和全球定位技术已经达到完整布局；控制系统在该阶段依然得到稳步发展；该阶段无线通信、移动通信、蜂窝通信等技术的发展，对车辆通信的应用附加在车辆控制系统中；通信领域在该阶段得到发展并带动控制系统的发展，在该阶段通信领域对控制系统的带动作用慢慢大于导航技术产生的作用。该阶段智能交通技术主要融合了无线通信技术和数字信息传输技术，交通控制系统处于平稳发展。

(3) 智能交通技术发展第三阶段（2009～2016年）

该阶段美国一直处在智能交通技术领域的领先地位，但是欧盟和日本的发展也不容小觑。从专利上看，主要集中在通信网络领域，包括蜂窝电话、减少移动设备电池损耗、编码信息发送到所标识的目的地组件、移动网络的流量管理、移动设备中优化无线网络。

该时期控制系统相关领域与通信系统相关领域成为智能交通技术发展的主流，并且通信领域和控制领域之间在该时期融合比较多。

综合三个阶段分析，可以得出如下结论。

智能交通技术的发展是技术融合的结果，1987～1997年为智能交通功能实现阶段，该阶段主要研究全球定位系统，实现汽车定位功能，射频识别技术实现车辆自动识别功能，传感器网络实现车辆信息搜集功能，主要将相关的技术应用在智能交通技术相关的技术功能模块，这些技术功能模块因需求应用而产生，但彼此相互独立。

1998～2008年为智能交通信息交互阶段，该阶段主要实现了车内通信和车外通信，车外通信包含了汽车和道路通信，汽车和人通信，汽车和汽车通信。在此阶段主要利用通信技术、互联网技术、数据库技术、传感器技术等实现智能交通技术的信息交互，该阶段的通信是独立的，在智能交通子系统建设中实现要素之间信息的交互。

2009～2016年为智能交通信息到功能的反向开发阶段，该阶段随着大量的交通数据的产生和交通信息交互，利用信息管理、云计算等方法研究智能交通在城市化服务中心的停车收费问题、智能交通领域违章检测、安全驾驶等；通过对当下物联网和云计算等新兴技术的应用结合，实现智能交通在移动互联、数据融合、数据通信、智能识别等技术突破，将智能交通相关的技术要素进行互联互通，达到元素间相互协作的状态，实现交通的智能化管理和运行。

就智能交通技术的发展而言，1987～1997年为智能交通要素涌现阶段，为基本功能的实现提供基础，形成智能交通技术相关的基本功能模块。

1998～2008年为智能交通结构技术的形成阶段，该阶段主要实现了车内外通信，实现智能交通要素之间信息的交互；2009～2016年为智能交通要素和结构的进一步升华阶段，引进了大数据和云计算等要素，从而使智能交通在城市化服务中心具有了停车收费、违章检测、安全驾驶、自动驾驶等功能。而下一个阶段，智能交通的发展方向是形成新的技术范式和技术标准，并通过“人工智能工艺的创新”，使智能交通技术成熟化。深度学习、文本挖掘和数据挖掘等人工智能技术实质上是“数据和信息”的加工技术，全球定位、射频识别和传感器网络实现“数据和信息”的收集功能；互联网、5G、云计算等结构技术，实现信息和数据的流通、整合和控制；而人工智能等“数据和信息”的加工技术属于智能交通的“工艺技术”。

因此智能交通技术的发展史为“功能-信息”的信息采集技术应用模式研究开发向“信息-功能”的信息资源开发应用模式研究开发转变的过程，该过程的转变涵盖技术的变革，从模块化的要素的研究开发转为结构完善和系统优化的研究开发过程，再到技术范式的形成，和人工智能等数据和信息加工技术的创新。总之在互联网、大数据、通信网络、物联网技术的背景下，智能交通逐渐成为改造传统交通的主要技术方向。智能交通通过及时、快速、准确地获得各种交通要素的信息，通过大数据和物联网技术对信息分析、整合、处理、

应用，实现整体系统化、信息化管理和控制，从而提升当下交通的管理服务能力，改善人们的交通生活。

1.3 智能交通系统的构成

从应用领域来看，目前我国智能交通系统主要包括交通信息服务系统、交通管理系统、公共交通系统、车辆控制系统、电子收费系统、紧急救援系统等。

(1) 交通信息服务系统 (ATIS)

ATIS 是建立在完善的信息网络基础上的。交通参与者通过装备在道路上、车上、换乘站上、停车场上以及气象中心的传感器和传输设备，向交通信息中心提供各地的实时交通信息；ATIS 得到这些信息并通过处理后，实时向交通参与者提供道路交通信息、公共交通信息、换乘信息、交通气象信息、停车场信息以及与出行相关的其他信息；出行者根据这些信息确定自己的出行方式并进行路线选择。更进一步，当车上装备了自动定位和导航系统时，该系统可以帮助驾驶员自动选择行驶路线。

(2) 交通管理系统 (ATMS)

ATMS 有一部分与 ATIS 共用信息采集、处理和传输系统，但是 ATMS 主要是给交通管理者使用的，用于检测控制和管理公路交通，在道路、车辆和驾驶员之间提供通信联系。它将对道路系统中的交通状况、交通事故、气象状况和交通环境进行实时监视，依靠先进的车辆检测技术和计算机信息处理技术，获得有关交通状况的信息，并根据收集到的信息对交通进行控制，如信号灯、发布诱导信息、道路管制、事故处理与救援等。

(3) 公共交通系统 (APTS)

APTS 的主要目的是采用各种智能技术，促进公共运输业的发展，使公交系统实现安全、便捷、经济、运量大的目标。如通过个人计算机、闭路电视等向公众就出行方式和事件、路线及车次选择等提供咨询，在公交车站通过显示器向候车者提供车辆的实时运行信息。在公交车辆管理中心，可以根据车辆的实时状态合理安排发车、收车等计划，提高工作效率和服务质量。

(4) 车辆控制系统 (AVCS)

AVCS 的目的是帮助驾驶员实行车辆控制的各种技术，从而使汽车行驶安全、高效。AVCS 包括对驾驶员的警告和帮助，障碍物避免等自动驾驶技术。

(5) 电子收费系统 (ETC)

ETC 是目前世界上最先进的路桥收费方式。通过安装在车辆挡风玻璃上的车载器与在收费站 ETC 车道上的微波天线之间的微波专用短程通信，利用计算机联网技术与银行进行后台结算处理，从而达到车辆通过路桥收费站不需停车而能交纳路桥费的目的，且所交纳的费用经过后台处理后清分给相关的收益业主。在现有的车道上安装电子不停车收费系统，可以使车道的通行能力提高 3～5 倍。

(6) 紧急救援系统 (EMS)

EMS 是一个特殊的系统，它的基础是 ATIS、ATMS 和有关的救援机构及设施，通过 ATIS 和 ATMS 将交通监控中心与职业的救援机构联成有机的整体，为道路使用者提供车辆故障现场紧急处置、拖车、现场救护、排除事故车辆等服务。发生交通事故时，该系统能够快速做出处理，合理疏导交通。该系统分为车辆故障、事故救援、事故救援派遣和救援车辆优先通行四个方面。

在高速公路上，通过尽早发现和异常情况排除，可以减少交通延误，大大降低交通事故的伤亡率。利用视频监控或检测发现拥堵或交通事故后，交警、消防、医疗等部门及时到达现场，采取处理事故、抢救伤员、对车辆进行牵引、改变交通管理控制方法、给过往驾驶员提供道路信息等措施，实现部门的紧急联动，使意外能够在最短的时间内得以解决，降低伤害程度。

(7) 智能交通缉查布控系统

2013 年，公安部交管局在全国组织推广了机动车缉查布控系统联网。卡口系统，其学名为公路车辆智能监测记录系统，通过对道路上行驶的车辆进行监测，并记录车辆的图像、号牌信息，形成车辆轨迹数据。多个卡口联网后，就成为缉查布控系统。

缉查布控系统是为了规范各类机动车监控系统，形成统一的行驶机动车特征信息的存储、发布、共享、利用模式和机制，实现被盗抢、事故逃逸等涉案车辆信息的迅速发布、布控、缉查、报警，通过各类机动车监控系统资源建立统一的机动车监控系统平台，挖掘和提高机动车监控系统的潜在功能和应用效果，为公安机关打击机动车违法犯罪行为提供技术保障。近年来随着智能交通、移动业务的发展，缉查布控系统联入互联网移动报警信息，可以实现实时报警处理。

一般缉查布控系统集成指挥平台提供即时的路面各个路口的流量、各类车辆的通行、车辆速度等情况，发现嫌疑车辆后报警，指挥中心在接到预警后，进行签收，并对预警信息进行有效性比对，将无效信息直接进行反馈，将有效信息通过对讲机向辖区中队民警下达拦截指令，辖区中队民警出警拦截。如果未拦截到车辆，要向指挥中心做未拦截反馈，指挥中心进行系统反馈。车辆拦截后要检查车辆违法状态，开具现场处罚文书，拍摄嫌疑车辆及驾驶员的现场照片，并将处罚文书及现场照片反馈至指挥中心。指挥中心根据中队反馈信息，进行现场处罚文书录入，录入后向系统进行拦截反馈，最后将现场拦截照片上传至集成指挥平台。

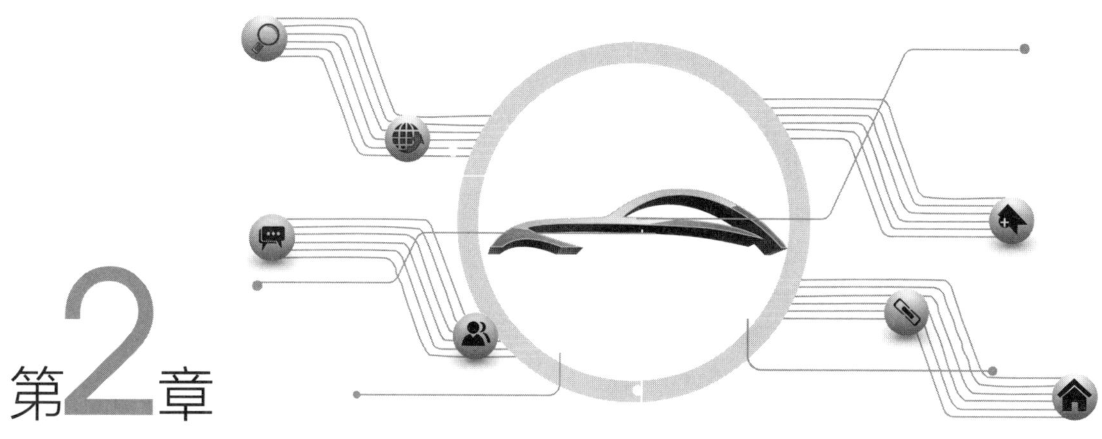

第2章 智能交通信号控制技术

2.1 信号交叉口分析

2.1.1 信号交叉口

城市道路交叉口是城市道路网络的基本节点，交通流的中断多发生在此，同时也是城市道路网络交通流的瓶颈所在，交通堵塞也多发生在此。一般来说，城市道路交叉口是城市交通堵塞、交通事故频发及交通污染等交通问题的主要发生区域。城市道路交叉口的交通问题一直是交通管理领域研究的主要问题，如交叉口控制方式、交叉口交通流特性等内容。城市道路交叉口可分为有信号灯控制（简称信号交叉口）和无信号灯控制（简称无信号交叉口）两种，其中无信号交叉口是最基本、最普通的交叉口类型，是信号交叉口研究的基础。对信号交叉口而言，通行能力是设计信号配时、分析信号交叉口交通状况的基础，衡量信号交叉口的服务水平一般有延误和排队长度等指标。

信号交叉口车流的运行特性及其通行能力，与信号配时有一定的关系。为便于研究，主要采取固定式配时的单信号交叉口。首先介绍两个概念：相位和绿灯间隔时间。所谓相位，就是指在一个信号周期内一股或几股车流，不管任何瞬间都获得完全相同的信号灯显示，那么就把它们获得不同灯色的连续时序称作一个信号相位。绿灯间隔时间指一个相位绿灯结束到下一个相位绿灯开始之间的时间，这是为了避免下一个相位头车同上一相位尾车在交叉口内相撞所设，也叫交叉口清车时间。

交叉口交通特性如下。

(1) 排队长度 (queue length)

交叉路口停车线后排队的车辆数或所占路段长度。

(2) 车辆检测器 (vehicle detector)

检测车辆的存在及通过状态的装置。

(3) 交通流特性 (characteristics of traffic flow)

交通流的流量、密度和速度的特征。

(4) 延误 (delay)

车辆通过交叉路口或路段所需时间与正常行驶同样距离所需时间的差值。

（5）交通流密度（traffic flow density）

某一时刻单位道路长度内的车辆数。

（6）车头时距（headway）

对于同向行驶的两连续车辆，前车头与后车头通过道路某截面的时间间隔。

（7）临界间隙（critical gap）

一股交通流能够给车辆或行人安全穿越的最小时间间隔。

（8）车队离散（platoon dispersion）

车队在行驶过程中车头时距逐渐增大的交通现象。

（9）进口车道通行能力（approach lane capacity）

在一定信号控制条件下，车辆通过交叉口某进口车道停止线的最大当量流率，即饱和流量与绿信比之积。

（10）交叉口通行能力（intersection capacity）

交叉口各进口车道通行能力之和。

（11）转弯类型（turn type）

① 许可型转弯（permitted turn）：穿过冲突的行人或对向车辆实现的转弯，例如对于左转，可视为对向直行交通流的许可转弯；对于右转，可视为冲突人行横道上行人流的许可转弯。

② 保护型转弯（protected turn）：没有任何冲突的转弯，例如专用左转相位或禁行冲突行人过街的右转相位内的转弯。

③ 无冲突转弯（not opposed turning movements）：指虽然没有专用的左转相位，但因为交叉口的特性，这些左转从来不会与直行相冲突，例如单向街道、T 形交叉口或信号相位将冲突中的所有流向在时间上进行彻底分离。

（12）可接受间隙（acceptable gap）

支路车辆可接受的能够穿越主要道路车流的时间。

（13）红灯右转（right turn on red）

即使面对是红灯，车辆也可以右转通过交叉口。

（14）临界间隙（critical gap）

主要道路上连续行驶的车辆之间，支路上车辆能够穿越的最小时间。

（15）服务水平（level of service）

描述交通流内部运行状态的量化指标，通常使用速度、旅行时间、延误、交通间断、驾驶自由度等服务指标描述。

（16）流向（movement）

对放行信号做出反应的交通流的运动方向。典型的流向分为左转流向、直行流向和右转流向。

（17）进口道（approach）

交叉口的一个方向包括左转、直行、右转的一系列车道。

（18）信号灯组（signal light group）

一组控制车辆或行人的信号灯。

（19）车道组（lane group）

由一条或多车道组成，具有同样的停止线，服务同一股交通流向，其通行能力被在同一组里的所有车辆所共享。

2.1.2 饱和流量和有效绿灯时间

（1）饱和流量

当信号灯转为绿灯显示时，原先等候在停车线后面的车流便开始向前运动，车辆越过停车线，其流率由零很快增至一个稳定的数值，即饱和流量 S（或称饱和流率）。此后，越过停车线的后续车流将保持与饱和流量 S 相等，直到停车线后面积存的车辆全部放行完毕，或者虽未放行完毕但绿灯时间已经截止。在绿灯点亮的最初几秒，流率变化很快，车辆从原来的静止状态开始加速，速度逐步由零变为正常行驶速度。在此期间，车辆通过交叉口（停车线）的车流量要比饱和流量低些。同理，在绿灯结束后的黄灯时间（许多国家的交通法规允许车辆在黄灯时间越过停车线）或者在绿灯开始闪烁后，由于部分车辆因采取制动措施而已经停止前进，部分车辆虽未停止但也已经开始减速，因此通过交叉口（停车线）的流量便由原来保持的饱和流量水平逐渐地降下来。当然这里主要是指直行车流而言的，左转车流在黄灯期间通过交叉口的流量反而会变得更大一些，这是因为由于对向直行车的存在，使得左转车在绿灯期间只能聚集在路口中央等候区待机通行。这样在绿灯结束时便积存下一些左转车，它们只能利用黄灯时间迅速驶出路口，只是对左转车流另做些特殊考虑。右转车流若不受信号灯控制，其运动特性也应另做考虑。

必须注意的是，只有当绿灯期间停车线后始终保持有连续的车辆时，车流通过停车线的流率才能稳定在饱和流量的水平上。在绿灯结束之前，始终都有车辆连续不断地通过停车线。可计算出一个平均周期内实际通过交叉口的车辆数。

（2）有效绿灯时间

用来为交通流提供服务的时间称为有效绿灯时间。绿灯信号的实际显示时段与有效绿灯时段是错开的。有效绿灯时间的起点滞后于绿灯实际起点，这一段滞后的时间差称为“绿灯前损失”。同样，有效绿灯时间的终止点也滞后于绿灯实际结束点（这当然指黄灯期间允许车辆继续通行的情况），将这一段滞后时间差称作“绿灯的后补偿”。由此可得到有效绿灯时间。

某相位实际显示的绿灯时间与间隔时间之和减去该相位总损失时间后实际用于该相位车辆通行的时间即为该相位的有效绿灯时间。一个周期的有效绿灯时间则为周期时长减去周期内总损失时间。有效绿灯时间用 g_e 表示，单位通常为 s。

信号周期中相位 1 的有效绿灯时间表示如下。

$$g_{e_1}=G_1+A_1+AR_1-l_1$$

式中　g_{e_1}——相位 1 的有效绿灯时间，s；

G_1——相位 1 的显示绿灯时间，s；

A_1——相位 1 的黄灯时间，s；

AR_1——相位 1 的全红时间，s；

l_1——相位 1 的总损失时间，等于启动损失时间与清场损失时间之和，s。

2.2 许可型左转通行能力

2.2.1 许可型左转研究现状

目前，城市道路信号交叉口研究一直是道路交通管理方面研究的热点问题，许多学者从不同角度、不同侧面进行了剖析，涉及多种场景，采用了多种方法，如概率统计、随机过程、排队论、图形法、观察法等，提出了多种模型，并分析了各种模型的优缺点，也即是适应于不同的交通流。在对信号交叉口的研究中，左转交通流是整个交叉口交通流研究的重点和难点。一个交叉口，为了解决通行权在时间上的分配，可用交通信号来控制，其中左转交通流的左转控制，常用的有保护型左转和许可型左转。按照道路交通安全法实施条例的规定，绿色信号允许车辆直行和左转，左转车辆不得妨碍对向放行直行车辆，故许可型左转车辆只能利用可接受间隙左转；而保护型左转只能在左转相位内左转，其运行特征与直行车辆的运行特征相似。因此，许可型左转与保护型左转有较大区别，许多学者对左转交通流的研究重点是许可型左转，有学者研究的场景为：在对向只有一股直行车流的情况下，单个左转车道、两个左转车道、多个左转车道。当对向有两股或多股直行车流时，研究的内容不多。还有学者研究了在无信号交叉口的情况下，两股对向直行车流的车头时距服从负指数分布时，左转车流的通行能力。当两股对向直行车流车头时距更贴近实际的爱尔朗分布时，左转车流的通行能力很少有学者研究，有的只讨论了特例。本节利用随机过程与排队论理论，重点研究城市道路信号交叉口许可型左转的情况，这种情况随着城市道路的发展出现得越来越多，尤其是城市道路快速发展的今天，左转车流穿越对向多股直行车流是信号交叉口研究领域的难点和重点。这类信号交叉口的运行特征，包括通行能力、排队长度、等待时间、延误时间等，是设计控制信号的基础。本节重点讨论的是一股左转车流穿越两股对向直行车流的情况，假设两股对向直行车流车头时距服从爱尔朗分布，给出了左转车流的通行能力计算公式。通过观察法找到了参数的取值，计算出现有信号交叉口左转车道的通行能力。本节的讨论可为这类信号交叉口设计和渠化提供理论支撑，研究采用的方法也适用多股对向直行车流和多股左转车流。

2.2.2 许可型左转通行能力分析

(1) 信号交叉口模型

信号交叉口为双向 6 车道，许可型左转，其中进口处 2 条直行道，2 条左转道（右转道为专用道，设在提前进入交叉口的位置）。如图 2-1 所示，当绿灯亮起时，左转和直行同时放行，每一条左转道的左转车辆都要通过对向两股直行车辆，整个路口左转车道通行能力为每条左转车道通行能力之和。现假设左转车流泊松达到，负指数分布，两股对向直行车辆车头时距分布独立，同服从爱尔朗分布。

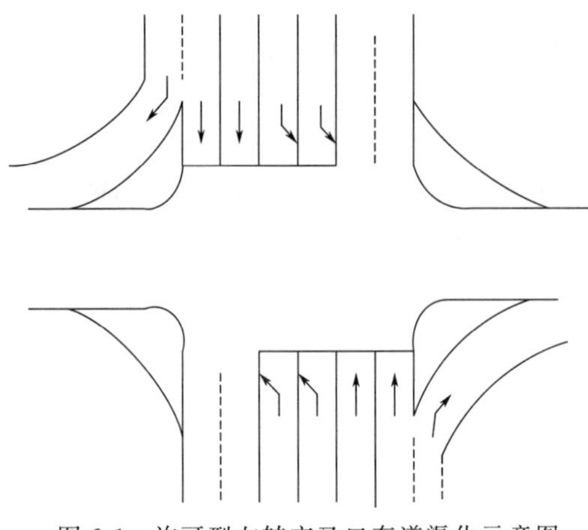

图 2-1 许可型左转交叉口车道渠化示意图

爱尔朗分布的概率密度函数为

$$f(x)=\lambda \mathrm{e}^{-\lambda x}\ \frac{(\lambda x)^{l-1}}{(l-1)!} \qquad x\geqslant 0 \tag{2-1}$$

式中 λ——参数 $\lambda>0$；

l——1,2,3…的正整数。

λ 和 l 可用样本的均值和方差算出。

在许可通过的时间内，左转车辆要穿过对向两股直行车流，左转车辆只能按间隙穿过。

设 t 是直行车流的间隙，$g(t)$ 是在 t 时间内能进入的左转车流的车辆数，$f(t)$ 是直行车流间隙分布的概率密度函数，q 是两股直行车流的流量总和，则左转车流的通行能力 q_n 可由下式计算得出。

$$q_n = q\int_0^h f(t)g(t)\mathrm{d}t \tag{2-2}$$

式中　h——有效绿灯时间。

式(2-2) 中 $g(t)$ 一般有固定的表达式。

$$g(t)=\begin{cases}0 & t<t_0 \\ \dfrac{t-t_0}{t_f} & t\geqslant t_0\end{cases}$$

式中，$t_0=t_c-\dfrac{t_f}{2}$（t_f、t_c 为常数，t_f 为跟随时间；t_c 为临界时间）。

(2) 左转车流计算公式

以上是一般的左转车辆流量的计算公式，对于我们的模型，$f(t)$ 应是左转车辆穿过两股对向直行流车辆间隙的概率密度，即左转车辆利用两股对向直行车流的间隙连续穿过。依据排队论观点，将左转车辆利用对向直行车流的间隙穿过的行为视为服务，则穿过一个对向直行车流可视为接受一次服务，连续穿过两股对向直行车流可视为连续接受两次服务，这是多服务台串联单队列排队模型。因为两股对向直行车流车头时距独立同分布，现假设 X、Y 分别为两对向直行车流车头时距随机变量。左转车辆穿越两对向直行车流的模式可以视为左转车流穿过一个由两股对向直行车流合成的一股对向直行车流，而这股合成的对向直行车流的车头时距也是随机变量，左转车流要按间隙穿过，若用 Z 表示这个由两股对向直行车流合成的直行车流车头时距随机变量，则 $Z=X+Y$，设 $f_Z(z)$ 是 Z 的密度函数，要想利用公式(2-2)，应先求出 $f_Z(z)$。下面求解 $f_Z(z)$，设 $f(x,y)$ 是 X、Y 的联合密度函数，因 X、Y 独立同分布，则

$$f(x,y)=f_X(x)f_Y(y)=\begin{cases}\lambda \mathrm{e}^{-\lambda x}\dfrac{(\lambda x)^{l-1}}{(l-1)!}\lambda \mathrm{e}^{-\lambda y}\dfrac{(\lambda y)^{l-1}}{(l-1)!} & x>0,y>0 \\ 0 & \text{其余}\end{cases}$$

$$=\begin{cases}\lambda^2\dfrac{(\lambda x\lambda y)^{l-1}}{[(l-1)!]^2}\mathrm{e}^{-\lambda(x+y)} & x>0,y>0 \\ 0 & \text{其余}\end{cases}$$

$Z=X+Y$ 的值域为 $(0, \infty)$，当 $z>0$ 时，有

$$F_z(z)=P(Z\leqslant z)=P(X+Y\leqslant z)=P[(x, y)\in D_z]=\iint_{D_z}P(x, y)\mathrm{d}x\mathrm{d}y$$

其中 $D_z=\{(x,y):x>0,y>0 \text{ 且 } x+y\leqslant z\}$，如图 2-2 所示。

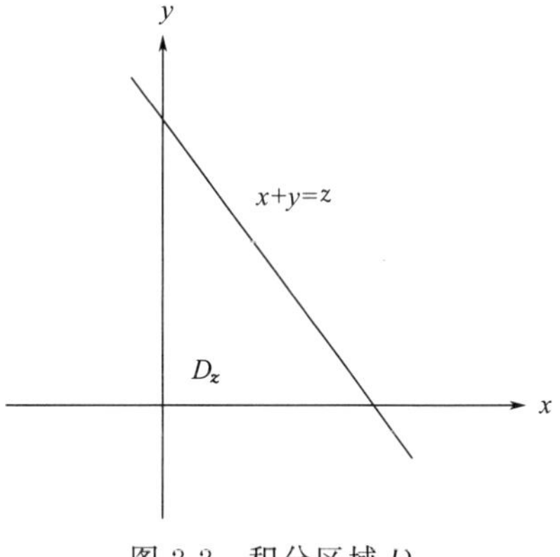

图 2-2　积分区域 D_z

从而，当 $z>0$ 时，有

$$F_Z(z)=\int_0^z \mathrm{d}x\int_0^{z-x}\lambda^2 \mathrm{e}^{-\lambda(x+y)}\ \frac{(\lambda x\lambda y)^{l-1}}{[(l-1)!\ ]^2}\mathrm{d}y$$

$$=\int_0^z \lambda \mathrm{e}^{-\lambda x}\ \frac{(\lambda x)^{l-1}}{(l-1)!}\mathrm{d}x\int_0^{z-x}\lambda \mathrm{e}^{-\lambda y}\ \frac{(\lambda y)^{l-1}}{(l-1)!}\mathrm{d}y$$

$$=\int_0^z \lambda \mathrm{e}^{-\lambda x}\ \frac{(\lambda x)^{l-1}}{(l-1)!}[-l(\mathrm{e}^{-\lambda(z-x)}-1)]\mathrm{d}x$$

$$=-\int_0^z \frac{\lambda l}{(l-1)!}(\lambda x)^{l-1}\mathrm{e}^{-\lambda z}\mathrm{d}x+\int_0^z \lambda l\ \frac{(\lambda x)^{l-1}}{(l-1)!}\mathrm{e}^{-\lambda x}\mathrm{d}x$$

$$=-\frac{1}{(l-1)!}(\lambda z)^l \mathrm{e}^{-\lambda z}-l\mathrm{e}^{-\lambda z}+1$$

所以，$f_Z(z)=F'_Z(z)$

$$=-\frac{\lambda l}{(l-1)!}(\lambda z)^{l-1}\mathrm{e}^{-\lambda z}+\frac{\lambda(\lambda z)^l}{(l-1)!}\mathrm{e}^{-\lambda z}+l\lambda \mathrm{e}^{-\lambda z}\cdots \tag{2-3}$$

当 X、Y、Z 的概率密度函数都为爱尔朗分布的情况是特例，但根据计算得到的式(2-3) 可知，Z 的分布不一定是爱尔朗分布，因此有的学者讨论的只是特殊情况。

利用式(2-2)，代入随机变量 Z 的密度函数的表达式。

$$q_n=q\int_0^h f_Z(t)g(t)\mathrm{d}t$$

$$=q\int_{t_0}^h \left[\lambda l\mathrm{e}^{-\lambda t}+\frac{\lambda(\lambda t)^l}{(l-1)!}\mathrm{e}^{-\lambda t}-\frac{\lambda l(\lambda t)^{l-1}}{(l-1)!}\mathrm{e}^{-\lambda t}\right]\frac{t-t_0}{t_\mathrm{f}}\mathrm{d}t$$

$$=\frac{q}{t_\mathrm{f}}\int_{t_0}^h \left[\lambda l\mathrm{e}^{-\lambda t}t+\frac{\lambda(\lambda t)^l}{(l-1)!}\mathrm{e}^{-\lambda t}t-\frac{\lambda l(\lambda t)^{l-1}}{(l-1)!}\mathrm{e}^{-\lambda t}t\right]\mathrm{d}t$$

$$-\frac{qt_0}{t_\mathrm{f}}\int_{t_0}^h \left[\lambda l\mathrm{e}^{-\lambda t}+\frac{\lambda(\lambda t)^l}{(l-1)!}\mathrm{e}^{-\lambda t}-\frac{\lambda l(\lambda t)^{-l1}}{(l-1)!}\mathrm{e}^{-\lambda t}\right]\mathrm{d}t$$

$$=\frac{q}{\lambda t_\mathrm{f}}\left[2l(\mathrm{e}^{-\lambda t_0}-\mathrm{e}^{-\lambda h})+\frac{\Gamma(l+2)}{(l-1)!}(\mathrm{e}^{-\lambda t_0}-\mathrm{e}^{-\lambda h})-\frac{l\Gamma(l+1)}{(l-1)!}(\mathrm{e}^{-\lambda t_0}-\mathrm{e}^{-\lambda h})\right]$$

$$-\frac{qt_0}{t_f}\left[(l\mathrm{e}^{-\lambda t_0}-\mathrm{e}^{-\lambda h})+\frac{\Gamma(l+1)}{(l-1)!}(\mathrm{e}^{-\lambda t_0}-\mathrm{e}^{-\lambda h})-\frac{l\Gamma(l)}{(l-1)!}(\mathrm{e}^{-\lambda t_0}-\mathrm{e}^{-\lambda h})\right]$$

$$=l(\mathrm{e}^{-\lambda t_0}-\mathrm{e}^{-\lambda h})\left(\frac{3q}{\lambda t_\mathrm{f}}-\frac{qt_0}{t_\mathrm{f}}\right)$$

$$=ql(\mathrm{e}^{-\lambda t_0}-\mathrm{e}^{-\lambda h})\ \frac{3t_\mathrm{f}-\lambda t_0}{\lambda t_\mathrm{f}} \tag{2-4}$$

(3) 某实际许可型左转交叉口通行能力计算

选择某市一个交叉口。此处为信号交叉口，南北向为双向 6 车道，进口处 4 车道，双左转双直行，右转道已提前，许可型左转，有效通行时间为 45s。下面以这个交叉口为例，说明式(2-4) 的应用。

式(2-4) 表明，左转车道的通行能力与两股对向直行车辆的流量以及参数 λ、l、q 有一定关系，要计算 q_n，应先求出这些参数。

一条单车道通行能力计算公式为

$$q_1=\frac{1000u}{\bar{h}_\mathrm{d}} \tag{2-5}$$

式中　q_1——通行能力；

u——稳态交通流的车速；

$\overline{h}_d$——车头间距，它与速度 u 有一定关系（也有相应的模型，在此不多叙述）。

根据这个模型，车速在 30～40km/h 时，一条车道的理论通行能力最大，约为 1200 辆/h。

对于以上的信号交叉口，在有效通行时间内，获得 10 个周期的直行道的车流量和车头时距的平均值，见表 2-1。

表 2-1　某交叉口直行车流量与车头时距的平均值

项目	周期 1	周期 2	周期 3	周期 4	周期 5	周期 6	周期 7	周期 8	周期 9	周期 10
直行车道 1 流量	7	8	5	4	5	7	5	7	8	5
直行车道 2 流量	6	7	8	3	4	8	3	4	5	6
直行车道 1 车头时距	6.7	5.8	8	10	8	5	8	6	5.5	8.5
直行车道 2 车头时距	9	6.5	5.5	13	10	5	12	6.5	9	7.5

由此可得 X 的样本均值 $\overline{X}$ 的观察值为 $\overline{x}=7.015$，样本方差 S^2 的观测值为 $s^2=2.53$；Y 的样本均值 $\overline{Y}$ 的观测值为 $\overline{y}=8.4$，样本方差 S^2 观测值为 $s^2=7.3$。

而 $EX=\dfrac{l}{\lambda}$，$DX=\dfrac{l}{\lambda^2}$，用 $\overline{X}$ 的观测值代替 EX，S^2 的观测值代替 DX，可得到参数 λ、l 的值。

式(2-4) 中的 t_0、t_f 一般可取 $t_c\approx 2t_f$，则 $t_0=\dfrac{3}{2}t_f$。在实际中可取 $t_f=2$。q 是两对向直行车道的通行能力之和，单车道的通行能力可由式(2-5) 计算得出，这样可用式(2-4) 求得 q_n。

在计算许可型左转通行能力时，我们假设 t_c 和 t_f 为常值，这意味着驾驶员的行为是一致的，但实际上这是不可能的，因为同一个驾驶员在不同时间有不同的临界间隙，这会导致实际的通行能力要大于或小于用式(2-4) 计算的通行能力。另外，不同的场景有不同的 q 值，因此对应有不同的 q_n。

2.3 智能交通信号控制

2.3.1 交通信号控制的历史与发展

(1) 交通信号控制发展的初期阶段

交通信号控制，就是依靠交通警察或采用交通信号控制设施，随交通变化特性来指挥车辆和行人的通行。交通信号控制系统从最初的手动控制，经历了机械式控制、电动式控制以及计算机控制四个阶段。控制范围也从最初的单点交叉口信号控制系统发展到主干线的协调控制系统乃至整个交通网络的区域控制系统。控制方式也由离线定周期控制策略发展到在线实时控制策略。

最早控制交通的设备是 1868 年在英国伦敦安装的色灯交通信号机。它用煤气灯照亮，后因煤气爆炸而毁坏。1914 年在美国克利夫兰开始使用电光源定时信号机。1918 年在纽约开始使用手动红、黄、绿三色信号机。用信号机控制单个交叉口的交通信号称为点控制。

随着交通量的增加，逐渐地从对单个交叉口交通信号的控制发展到对同一条道路若干个相邻交叉口交通信号的控制，即线控制。世界上第一个实现交通线控制的系统于 1917 年出现在美国盐湖城。这是一种内联式线控制系统，它把一条道路上 6 个连续的交叉口的信号灯用电缆连接，使用手动开关。此后 10 年间，先后又试验成功了同时式、交变式、推进式线控制系统，它们都是机械联动。

到了 20 世纪 50 年代，一些国家的汽车保有量进一步增加，线控制系统已不能满足城市道路交通的需要。1952 年美国在丹佛市试验用电子计算机对道路网各交叉口的交通信号进行控制，这就是面控制。与此同时，在高速公路上也安装了交通控制系统。1959 年加拿大多伦多市进行实验并于 1963 年正式安装了世界上第一个实现面控制的系统。此后，许多国家也都采用新型电子计算机，使一个区域内的信号灯协调运转。

20 世纪 60 年代早期出现了微处理控制器的信号控制系统。自 20 世纪 60 年代以来，世界各国交通学者着手研究一种适用于较大范围的信号联动控制系统，该研究包括交通信号控制硬件和软件的开发，以及大规模数据传输系统和各类终端设备的研发。随着微处理技术的发展和各种新型微处理器的广泛应用，出现了以微处理控制器作为主控机的区域交通信号控制系统，而且各种终端设备（比如交通信号控制机、可变交通标志、交通检测器、交通状况记录仪以及系统故障检测装置等）也开始广泛应用微处理技术，从而使控制技术产生了飞跃性变革，控制系统功能更加完善。

我国于 1932 年在广州开始采用手动信号灯，1976 年在北京安装了第一台单点感应式信号机，1978 年在北京试用线控制系统。控制系统的检测设备包括地磁式车辆检测器、二次谐波式车辆检测器等。

1987 年北京利用引进技术开通了 SCOOT 系统，1988 年上海开通了 SCATS 系统，此后的 10 年内，深圳、沈阳、南京、广州、天津、大连等城市相继建设了不同系统、规模各异的交通信号控制系统。

同在 1987 年，公安部组织研发“七五”国家重点科技攻关项目“城市交通控制系统”。由公安部交通管理科学研究所、同济大学、电子工业部 28 研究所、南京市交警支队共同研发，该系统是我国自行研制开发的第一个实时自适应城市交通控制系统。

由于早期计算机控制能力薄弱，且交通流变化不大，当时控制方式主要靠经验和历史交通数据确定单台信号机的信号周期和绿信比，由计算机实现自动控制，为定周期控制和多时段控制。

(2) 信号控制系统的改革

2000 年后的 10 年间，随着“畅通工程”的开展及各地城市交通指挥中心的建设，道路交通信号控制系统进入应用发展阶段，国内厂商研发了一系列的道路交通信号控制系统并在全国开始大范围应用，相关标准也逐步发布实施。

2001 年中，SMOOTH 系统信号机、线圈车检器样机投入试点，运行感应控制；2002 年末，系统平台上线试运行，实现绿波控制等功能，率先采用了 GPRS 无线联网；2003 年末，信号机、车检器升级为嵌入式平台，实现自适应控制、公交优先控制等。

2004 年，浙江浙大中控信息技术有限公司斥巨资研发了 Intelliffic 交通信号控制系统，主要为城市交通提供实时控制软件及与软件兼容的信号机。系统功能包括：多时段多相位单点配时控制、多时段多相位多点协调配时控制、多时段多相位多点联网协调控制、单点感应控制、区域联网协调感应控制、完全交通自适应控制。

2005 年，中控信息信号控制系统成功应用于杭州市滨江区江南大道双向绿波控制，实现全国第一条真正意义上的双向绿波控制。

2005 年 12 月，HiCon 自适应交通信号控制系统以性能测试第一名的成绩中标 2008 年奥运城市北京市智能化交通管理投资建设项目，彻底打破国外公司在高端信号控制器方面的

垄断局面，在我国交通信号控制发展史上具有重要的里程碑意义。

HiCon交通信号控制系统采用多层次分布式控制结构，分为控制平台层、控制中心层、通信层和路口层四层，具有完整的算法体系，包括区域协调控制算法、感应式协调控制算法、行人二次过街算法、城市快速出入口与城市路口的协调算法以及突发事件的检测算法，支持NTCIP开放协议。

2008年，国家标准GB/T 20999—2007《交通信号控制机与上位机间的数据通信协议》正式出台，该标准适用于交通信号控制系统信号机与上位机间的通信，此项标准的发布，对我国信号控制系统来说无疑是一大进步。

这一时期，国内道路交通信号控制系统偏重于联网控制管理功能，道路交通流优化功能不强，道路交通信号控制系统大多运行于单点的多时段或感应控制以及干线的固定配时协调控制。

(3) 互联网数据融入

2010年以后，随着公安部“两化”工作的推进，交通信号控制的智能化和“互联网+”、视频图像处理技术的结合又有了很大的发展。发展主要在于：检测手段的提升，地磁、视频、雷达等新检测方式开始出现，检测精度也在不断提升，明显变化是“互联网+”，控制系统中逐渐加入互联网数据（图2-3）。

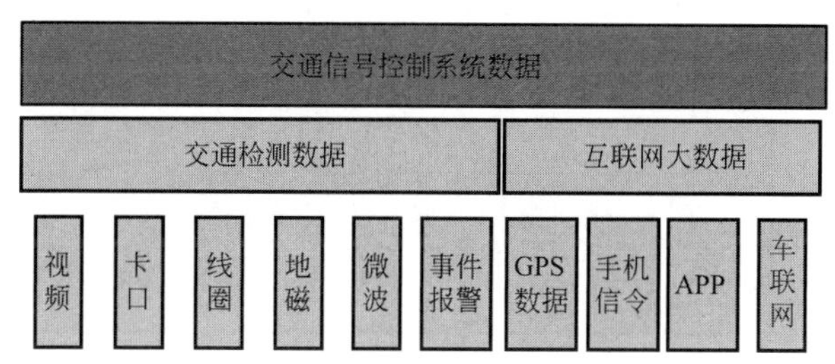

图2-3 交通信号控制系统数据示意图

在2016年“杭州·云栖”大会上，“城市大脑”发布。“城市大脑”通过各类数据感知交通态势进而优化信号灯配时。此外，融合高德地图、微波检测和视频数据去感知交通事件，包括拥堵、违停、事故等，同时触发机制进行智能处理，并实现了120救护车等特种车辆的优先调度，事件报警、信号控制与交通勤务快速联动。

2017年，滴滴智慧交通“互联网+信号灯”首个项目在济南落地。滴滴公司的加入主要为行业带来了海量互联网轨迹数据和先进算法，可以评估区域实时车流量。之后，滴滴智慧交通“互联网+信号灯”相继在武汉、贵阳、成都等多座城市落地。

受互联网的影响，传统智能交通企业也在信号控制系统上发力。北京易华录信息技术股份有限公司发布“易慧”和“易策”产品，通过结合大数据，利用人工智能技术，实现区域路网路权调控，对路口情况进行分析，让警力跟着警情走，包括干线信控评价等。海信“智慧心脏”的着力点就在信号上，目的是实现全城信号控制的自动无人化。

在此期间，单点自适应控制、干线绿波动态协调、基于GPS/北斗定位及RFID的特种车辆优先控制得到广泛应用，面向饱和交通的区域均衡控制策略也已开始实施。

相关标准也逐步落实，2017年7月21日，公安部交通管理科学研究所在无锡组织召开交通信号控制系列标准征求意见会，国家标准《道路交通信号控制系统通用技术要求》对系统结构、功能要求、性能指标、通信要求、安全要求、测试要求、运维管理作出了规定，适用于信号系统的规划、设计、建设、测试及应用整个生命周期。

2.3.2 系统架构

交通信号控制系统主要由路口信号机、维护工具、数据交互平台、区域服务、公共服务、Web 服务和 Web 客户端几个部分组成。系统架构如图 2-4 所示。

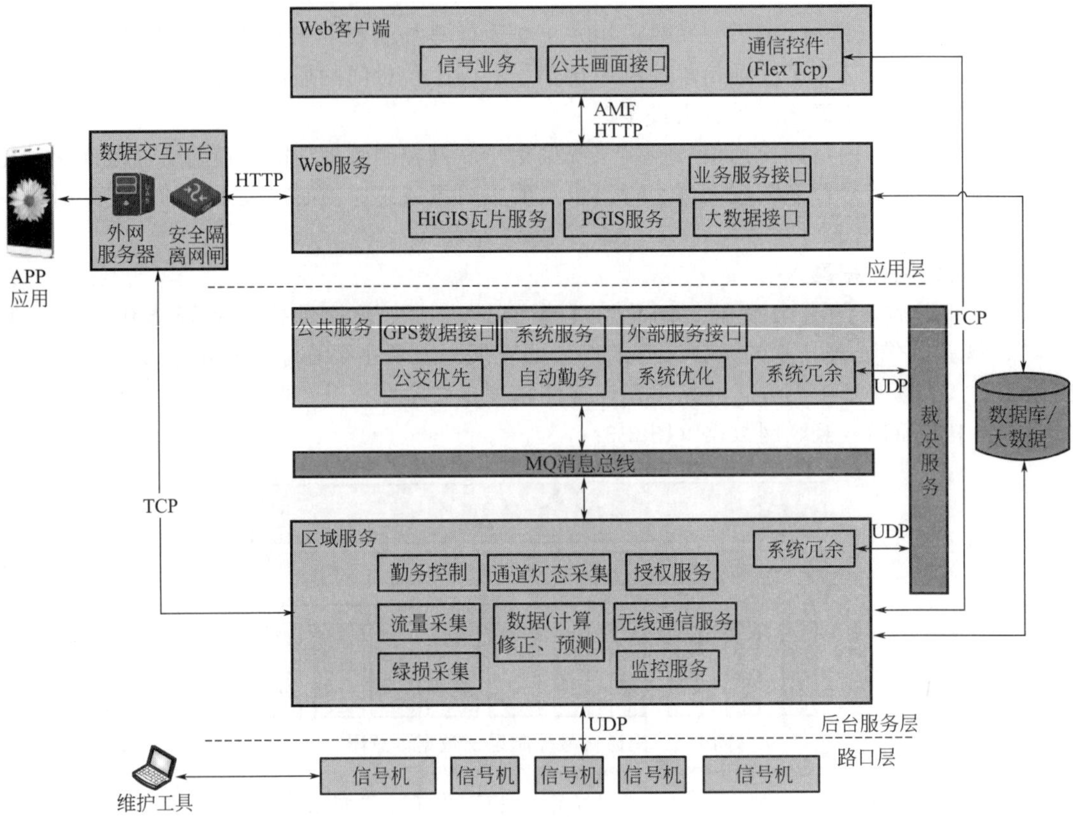

图 2-4 交通信号控制系统架构

应用层：是系统的用户交互接口，是 B/S 结构的 Web 客户端，基于 IE 浏览器运行，应用层包括后台 Java 服务和前端 Flex 展示。

后台服务层：是系统运行和数据处理的基础，包括区域服务、公共服务、系统冗余。

路口层：是控制管理信号机的嵌入式服务程序，路口层与后台服务采用 UDP 通信方式。

APP 应用：采用移动终端控制和管理信号系统，APP 应用通过公安网的安全网闸与信号系统对接。

2.3.3 业务架构

系统业务架构，主要由信号控制、信号监视、交通管理、统计分析、效果评价、系统运维、系统管理七大部分组成。

2.3.4 控制架构

系统采用路口控制级、区域控制级和指挥中心控制级三级控制（图 2-5）。路口控制包括车辆检测器、信号机和信息传输三个部分；区域控制包括区域控制机；指挥中心控制包括

控制计算机和管理软件。

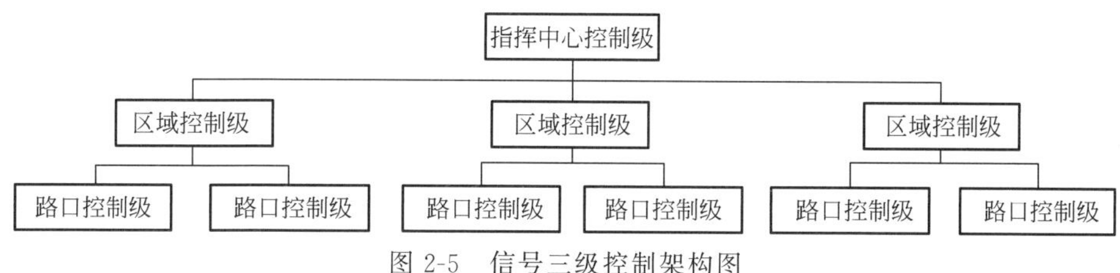

图 2-5 信号三级控制架构图

(1) 路口控制级

路口交通信号机及检测器采集路口各检测器提供的实时交通数据并加以初步分析整理，通过通信网络传送到上层控制机，用以调整配时方案；接收上层控制机的指令，控制本路口各个信号灯的灯色变换。

(2) 区域控制级

区域包括区域机服务、路由任务模块、服务器端通信任务模块，用于通信机接收连接并负责通信，可以进行中心系统的交通流量实时采集、信号机事件（故障采集）采集、数据统计、系统优化、信号机自动对时等。

(3) 指挥中心控制级

为交叉口及协调控制系统的控制方案设计提供集中式输入工具；提供集中监控功能，监控系统中各个路口级和区域级控制设备的运行情况。可同时控制多个路口，且可以扩展；中心控制软件对控制方案基本数据进行安全保护，即通过硬件或软件系统保护各项基本数据的安全，只有授权人员才能接触；自动记录各路口信号机的故障，便于及时抢修。

2.3.5 功能

在对整个城市路网进行科学、合理的交通组织规划的前提下，交通信号控制系统在功能上能够实现高效、务实的点、线、面交通信号控制策略和信号配时方案优化，形成城市路网点、线、面三级信号控制系统结构。

(1) 交通信息检测

交通信号控制系统能够按照用户设定的间隔上传信号机检测的交通信息。信号机可连接微波、视频、地磁等检测器，信号机最大能连接 32 路机动车检测器。

信号机能够准确地自动采集交通数据，包括：流量、占有率、速度等数据，并根据各种交通控制需求，按相应的数据格式进行预处理。

(2) 交通流数据统计

交通信号控制系统具有统计分析功能，能够以路口为查询目标，查询某一路口在不同时间段、不同时间间隔下的各方向流量、各车道流量、路口总流量，可对比多个路口的数据，查询数据可导出。

路口或指定车道流量统计与对比：不同时间段指定时间间隔日/周/月/年流量、饱和度、交通强度、指定方向流量统计的对比。

干线流量统计与对比：不同时间段指定时间间隔干线正向与反向流量的统计与对比。

区域流量统计与对比：不同时间段指定时间间隔内的月/年区域驶入与驶出流量统计与对比。

(3) 路网管理功能

可实现区域、子区和路口的添加、删除、修改、查询等管理功能，可进行子区或区域的隶属关系及节点信息的配置。

(4) 联网控制

能够通过以太网口和串口与控制中心联网，实现系统的联网控制。每台联网路口信号机都能够接收并响应控制中心的命令，控制路口交通运行。

(5) 远程管理

系统维护中心可通过远程接入方式，注册进入业主系统，进行故障诊断和软件维护。系统具有中心授权管理功能，限制非法用户登录使用系统。中心客户端和区域客户端能够实现信号机的控制参数设置、多路口放行状态控制及手动预案控制等远程管理功能，同时可调看和快速修改信号机的配时参数，并可实现路口信号控制运行状态及设备运行状态的有效监视、故障记录与日志管理。信号机应能通过内置 Web 服务进行远程升级，或通过 USB 接口进行现场升级。

(6) 交通状态监视

状态监视：系统运行状态、路口设备状态、相位、优先、协调状态等。

子区交通状态：子区各控制点的饱和度、子区各控制点的平均延误、子区各控制点的排队长度。

流量监视：流量、占有率、平均速度、车头时距等；支持流量报警。

子区时距图：最多应可绘制 8 个周期，可以查看历史时距图。

(7) 仿真系统建设及与信号系统的无缝对接

自适应信号控制系统可与仿真系统实现无缝对接，信号系统可支持交通仿真软件连接，通过模拟信号机模块将灯色变化状况经过数据转换后输入交通仿真软件，同时通过转换平台将流量传入仿真软件。交通仿真软件根据传入的流量情况模拟车流，并根据信号系统的灯色控制信息进行路网模拟仿真，形成评价数据，经转换后传递到信号中心系统。信号中心系统与交通仿真软件通过数据、控制的双向交互实现两者的无缝对接。

可以利用交通仿真软件根据实际的路网建立模型，主要包括：路段模型（路段包括路段之间的连接，路段的曲化，交叉口，人行横道），车辆模型，信号灯模型，检测器模型，数据采集器、延误采集器、排队计数器模型。

同时，利用系统的客户端软件将控制方案下载到模拟信号机，模拟信号机根据系统的控制算法生成实际的信号控制序列，并将该序列传送到交通仿真软件进行模拟。

最后，交通仿真软件将模拟结果发送给模拟信号机，模拟信号机生成控制方案的控制效果，报告的内容主要包括平均延误、停车次数等。

(8) 根据交通流变化进行自适应控制

能够检测到包括交通流量、时间占有率等交通信息，信号机能够将上述交通信息上传到控制中心，控制中心根据这些交通信息实时优化交通控制三要素：周期、绿信比和相位差，形成最终的优化控制方案，并下载到信号机运行，以达到合理控制子区中每个路口的目的。

系统根据控制子区关键交叉口的交通状态，如果交通状态比较类似，即子区关键路口的交通强度类似，自动合并控制子区，实现子区之间的协调控制；如果子区边界交通强度差别很大，控制子区自动断开，执行各自子区的控制方案。

自适应控制应包括以下基本控制策略：单点控制、协调控制、行人过街控制、拥堵控制、优先控制。

控制区内的路口交通信号机都在区域计算机的控制之下，信号配时方案使用的是依据实时自适应优化结果并具有较好交通效益的配时方案，该配时方案可通过人机会话进行修改。

系统既可以执行经过优化下发的固定配时方案，也可根据道路流量检测执行全感应或半

感应控制模式。

感应控制是在路口各方向距离停止线0～30m处设置检测器，信号机接收由车检板检测的交通信息，然后针对路口实际交通需求状况，实现合理、优化的行车管制，达到减少车辆延误时间、降低空气污染及合理的相位控制等目标，信号机处理各方向车辆检测器的输入信息，确认红灯期间是否有车辆在等待，或检测绿灯延长期间的交通需求。

系统可以根据交通流变化情况，自动分析高峰、平峰、低峰时段，并调整切换控制方案以适应交通状况变化。

针对畅通、拥堵、阻塞三种交通状况，根据交通流变化，进行自适应控制。

(9) 重大活动状态下的勤务控制

勤务预案控制是根据勤务路线和车队制定的行驶速度，对信号控制路口提前制定勤务预案，保证警务车队准时、安全到达目的地，尽量减少对社会车辆的影响。

中心系统能够进行勤务控制，远程控制多个勤务路口放行状态，根据勤务级别、持续时间、涉及范围选择相应的控制预案。

可以根据实时采集的勤务路线沿线的交通信息和接收到的勤务车队GPS位置及速度等信息，启动预设的算法，实时生成勤务方案，下发到车道灯执行。核心是根据当前勤务车队的位置和速度，计算邻近车道灯状态转换的时刻。

还可以实时监控勤务车队和勤务路线的交通流状况，对勤务预案进行实时调整，保障勤务车队到达之前，勤务路线达到勤务任务的要求。

中心控制软件的“勤务方案组件”可以编辑勤务路线，强制执行勤务路线，解除勤务路线，也可以按照设定好的时间执行勤务路线。

在特殊情况下，如警卫、消防、救护、抢险等，信号灯按预定的路线进行绿波推进，以保证车辆畅通无阻，系统具备优先路线选择功能。

(10) 区域拥堵减缓的需求控制

通过区域主要路口的拥堵程度来判别区域的交通拥堵状态，当区域发生交通拥堵时，减少区域外围路口的绿灯时间，降低区域的交通需求，缓解区域的交通拥堵。

(11) 瓶颈控制

通过路段上埋设的拥堵检测器检测路段拥堵情况，当车辆排队到达路口即将溢出时，上游路口停止放行绿灯，避免排队溢出路口，造成路口拥堵。下游路口增加绿灯时间，尽快消散路段的排队，缓解路段交通压力。

有的信号机开发有新的倒计时方案，在启动瓶颈控制时，剩余绿灯时间若大于6s则跳到6s进行倒计时，增加驾驶员反应时间。

(12) 支持行人过街控制

行人过街控制是专门放行行人信号相位，保护行人安全，同时又能尽量减少对机动车的干扰，行人过街控制功能主要有以下几方面。

行人很少的路口或时段，采用行人按钮感应控制，最大限度保护机动车通行。

中小学门口、商业区等专门行人过街信号灯的放行时间和上游交叉口的信号放行整体协调控制。为保证平低峰部分主干道协调控制和行人过街需求，可采取此种方式。

正常时段和路口情况下，行人过街信号的持续时间根据道路宽度、行人数量、行人种类进行专门设置，调研每个路口的道路宽度、行人的数量、行人种类（“上班族”、老年人、中小学生占比情况)，配置不同的行人绿灯时间。

具备条件的路口使用行人二次过街控制。通常状态下，机动车灯常绿，行人请求过街时需要按钮。行人有请求时，行人过街信号灯按顺序依次亮绿灯，两组行人过街信号灯并不同时亮绿灯，减少对机动车的干扰。

(13) 非拥堵状态下的分时段干线绿波控制

中心系统具备自适应协调优化控制，系统可根据检测器实时采集的交通流数据，由中心生成最优方案下发给前端信号机，在平峰期可实现道路动态绿波效果。

控制区内的路口交通信号机都在区域计算机的控制之下，双向线协调信号配时及相位差方案依据交通流和干线车流速度实时情况由线协调自适应优化算法软件实时生成。

在城市交通中，交通干线承担了大量的交通负荷，干线交通的畅通对改善城市交通状况往往具有很大的作用。干线信号协调控制实际上就是把干线上一批相邻交叉路口的交通信号进行协调配时，使得进入干线的车辆按某一车速行驶时，能不遇或少遇红灯。

(14) 效果评价

通过建立一套完善的交通控制效果自动评价体系，由系统完成信号优化控制前后的效果对比，解决行业内信号效果评价采用人工方式工作量大且评价结果可信度低的问题。评价内容全面，准确性高，并以代替人工采集数据的方式进行评价，节省效果评价的人力投入。

(15) 公交优先平台

通过获取公交车辆实时 GPS 数据，建立公交优先平台，实现干线级和路口级的两级公交优先控制，优化公交线路信号配时方案，缩短公交车在路口的等待时间，提高公交运行效率；该功能实现多条交叉线路优先，能够同时处理多条交叉线路优先请求并处理不同类型、不同状态下的公交优先请求，提高公交优先车辆平均行驶速度，有效减少公交优先车辆平均停车次数。

2.4 智能信号机技术

智能交通信号机是“物联网”智能城市交通系统的重要组成之一，主要用于城市道路交通信号灯、信息展示屏、停车位诱导屏、车辆检测与测速器的控制和管理，可与控制中心平台相连接，实行区域管控及交通优化。

2.4.1 智能信号机功能

智能交通信号控制机的主要功能是网络化实时协调控制，通过与指挥中心通信机的通信，实现两个方向的数据传输；信号机可以及时报告各种交通参数和工作状态；中央控制系统可以实时发出控制命令，远程进行同步遥控。

(1) 感应控制

根据检测到的交通流数据来实时改变信号绿灯时间。相位至少运行最小绿灯时间，若有车辆通过，则延长一个绿灯时间，在延长绿灯时间内继续有车辆到达，则继续延长绿灯时间，直至运行到最大绿灯时间。

通过感应可以实现相位驻留、行人一次过街等特殊功能。

自适应感应控制根据交通流的状况，实时地自动调整信号控制参数以适应交通流变化的控制方式。

定周期控制按照预先设定的控制方案进行相位信号输出。在方案运行期间周期长、绿信比、相序不随道路状况的变化而变化。

多时段控制在不同的时段，交叉口的交通状态也不相同，为了达到较好的控制效果，应设置不同的控制方案。

信号机可以将 1 天 24h 分成若干个时段，每个时段运行相应的周期、绿信比方案。

(2) 动态方案选择控制

动态方案选择控制是以方案选择模型为基础，根据实际的交通状况动态选择适合的方案执行。

(3) 单点优化控制

单点优化控制是通过路口实时交通数据进行周期和绿信比优化的一种控制方法。单点优化控制根据感应检测器 5min 的数据，进行交通强度-周期优化，根据进口道感应检测器流量进行绿信比优化。每 5min 进行一次周期和绿信比优化，新旧方案转换时无过渡方案。

(4) 无缆线协调控制

无缆线协调控制是线协调控制的一种，信号机之间不进行通信，要求信号机时钟完全同步，并在时段表中设定相同的时段方案，执行无缆线协调控制，通过设定相位差来实现各交叉口的交通信号协调。

无缆感应式线协调控制信号机根据交叉口关键相位的车辆到达情况，利用感应控制原理，实时优化各相位的绿灯时间，并维持协调相位的起亮时刻不变，从而保证理想的交叉口相位差不发生变化，进而达到主路绿波控制，次路车流绿灯时间有效利用的目的。

无缆感应式线协调控制较无缆线协调控制有以下优点。

① 在保证整体绿波带的基础上，可部分增大绿波带的宽度。

② 可实时调整各相位的绿灯时间，减少绿灯时间的损失。

③ 提高交叉口运行效率，降低交叉口车辆的延误。

紧急优先控制信号机可以将硬件的 IO 输入信号作为紧急优先输入信号，在接收到信号后按照预设的优先方案进行控制，通过延迟、过渡、清轨、驻留、退出几个阶段完成优先控制，达到对紧急车辆触发的优先控制。

(5) 公交优先控制

公交优先控制是实现公交车辆在通过交叉口时获得时间优先的一种控制方式。可适用于普通公交车辆优先控制和 BRT 车辆优先控制。

公交优先控制以定周期协调控制为基础，可在保证公交车辆优先的同时保证协调相位的协调效果。

公交优先控制可实现：

① 公交相位的绿灯时间延长；

② 公交相位的绿灯提前启亮；

③ 公交优先控制后交叉口的周期、相位差不变；

④ 通过参数配置保证非公交相位的绿灯时间，限制非公交相位排队长度；

⑤ 通过参数配置实现公交车辆不同的优先程度，灵活性高。

(6) 特殊功能

① 可变标志。

a. 信号机具有驱动可变标志的功能。

b. 可变标志是一种实现特殊功能的相位，一般情况下，可变标志和其他相位一样正常输出。当作为可变标志时，如果输出，它将输出到相位对应端口的绿灯端子上，可以根据时段表参数进行控制。

② 倒计时牌。信号机支持实时通信的倒计时牌，接口和通信协议采用 RS-485 标准。

③ GPS 接口。信号机提供 GPS 对时接口，可以采用 GPS 授时的方式保证系统的时钟精确。

④ 时钟精度

a. 黄闪信号频率为 60 次/min 或 120 次/min 可调，其中信号亮暗时间比为 1∶1。

b. 时钟精度在 24h 内为±2s。

c. 在控制模式转换、配时方案变化时，信号应实现平滑过渡。

⑤ 启动时序。当信号机通电开始运行时应先进行自检，在正常情况下，按正常时序启动。

⑥ 信号持续时间要求。

a. 绿灯信号、红灯信号的持续时间及周期时间应根据路口实际情况设置，调整范围为 0～255s，调整步长为 1s。

b. 黄闪信号、绿闪信号持续时间可调，调整范围为 0～99s，调整步长为 1s。

⑦ 控制模式转换。

a. 信号机从自动控制模式转入手动控制模式时，手动开关作用以后，应保持原有相位的最小安全时间，最小安全时间根据路口实际情况设定。

b. 从手动控制模式转入自动控制模式时，信号状态不能突变，各相位信号应保持转换时刻的状态，并从当前信号状态开始以自动控制模式运行。

⑧ 现场设置。

a. 信号机支持彩色液晶屏，支持触摸操作，可在现场进行可视化配置信号控制方案。

b. 信号机具有 U 盘升级功能，可通过 USB 口现场升级嵌入式程序，且内置 Web 服务，可通过浏览器远程升级信号机嵌入式程序，需公安部等权威检测机构出具的检测报告证明。

c. 信号机应能通过操作面板或其他外接设备进行控制模式的设置和信号参数的调整，并按设置的控制方式正常运行。

d. 信号机具备“一带多”功能，每个路口的方案可单独配置，并在液晶屏上分别显示，需公安部等权威检测机构出具的检测报告证明。

e. 信号机在每秒 1 万包数据以下的网络风暴环境下，能够正常运行，不黄闪，需公安部等权威检测机构出具的检测报告证明。

⑨ 故障监测及处理。

a. 信号机应具备完备的故障监测和自诊断功能，信号机能够监控信号机机柜及整机状态，实现及时报警，具有故障及事件采集、记录、存储功能，信息可在中心系统查看。

b. 主控单元故障后，信号机能继续执行定周期工作方式；信号机主控单元故障排除后，自动恢复自主控制，需公安部等权威检测机构出具的检测报告证明。

⑩ 信息采集。

a. 信号机最多可容纳 64 路检测器，可任意设定为系统检测器，自动采集交通数据，包括流量、速度、占有率。

b. 在系统传输正常的情况下，通过通信接口，以设定的时间间隔上传统计数据，时间间隔以分为单位设定。

c. 当系统传输中断时，路口信号设备能存储检测器的信息，存储容量满足储存最近 72h 内每 15min 的检测器数据，系统传输恢复正常后，依据中心指令上传存储数据。

⑪ 通信功能。至少具备 4 个串行接口（两个 RS-232 串行孔型 DB9 接口，其中一个用于连接通信网，一个用于系统调试；另两个为可编程接口）。

⑫ 控制方式。

a. 信号机手动控制具有中心授权功能，只有在中心授权情况下才可以进行手动控制，防止误操作，需公安部等权威检测机构出具的检测报告证明。

b. 本地控制：包括手动控制（闪光、全红、关灯、步进）、多时段定周期控制、线协调

控制、感应（线圈、视频、地磁）控制、自适应感应控制、行人二次过街控制、动态方案选择控制、拥堵控制等。

c. 系统控制：包括多时段定周期控制、线协调控制、感应控制、方案选择控制等。

⑬ 倒计时显示控制。支持与倒计时显示屏实时通信，显示灯色倒计时。

⑭ 主备电源切换。信号机能够提供单独的备用主电源接入端子，备用主电源通过转换开关接入电源总开关。

⑮ 相位接管。信号机主控单元发生故障时，信号机能继续执行定周期工作方式，当前路口放行状态不受影响，不会出现灭灯现象；此时当信号机出现信号冲突、信号灯组红绿灯同时点亮、某信号组所有红灯均熄灭、相位控制板之间通信故障时，信号机能立即转入黄闪控制方式。

⑯ 绿波控制。信号机应具备感应式绿波控制功能，在保证协调方向绿波效果的前提下，非协调方向可根据车辆到达情况实时调整绿灯时间，降低支路绿灯损失，并可以增大主路绿波效果，需公安部等权威检测机构出具的检测报告证明。

⑰ 瓶颈控制。信号机应具备拥堵控制功能，配置检测器后，能够及时发现拥堵，避免排队上溯，避免大范围拥堵；减少上游路口绿灯，极限时不放行绿灯；增加下游路口绿灯时间。

⑱ 待行区控制。信号机应支持待行区控制，能同时控制待行区信号灯与条形信息屏。

⑲ 具有故障及事件采集、记录和存储功能。信号机应至少具有对 3 类、45 种故障及事件采集、记录、存储功能，所存储的信息能在信号机或与信号机相连的外部设备上显示、查阅，并能在中心系统查看。

⑳ 面向拥堵区域的需求控制。能够解决大范围的拥堵控制方法；通过控制区域内的交通强度触发；减少外围进入控制区域的绿灯时间。对于大量过境车辆，要求能够使用该控制功能进行控制。

2.4.2 智能信号机性能

① 信号机采用模块化设计，更换电路板方便。信号机的主要单元分为：电源单元（含交流和直流电源）、控制器单元［含 7in（1in＝2.54cm）全彩触摸式 LCD 屏］、故障检测单元、车辆行人检测器单元、灯控信号输出单元、通信接口单元、时钟单元、附加设施（照明装置、风扇系统等）。

② 中央微处理器（CPU）。需用 32 位以上微处理器。

③ 相位需求。最大支持 32 个相位，具备 64 路 I/O 口，96 个灯控端子。

④ 时钟校正需求。支持 GPS 校时模块，可以自动校正信号机时钟。支持中心系统校时功能，可以与中心控制系统连接，接收并执行中心校时命令。

⑤ 通信接口需求。交通控制系统提供规范合理的通信信道，在控制中心与现场系统间沟通有效的数据通信链路、监控数据通信状态并准确地传递控制中心与现场系统间上/下行信息。

为了保证系统的扩展能力以及保护现有投资，新建交通信号控制机必须采用开放的通信协议，并兼容 NTCIP 协议。

支持脉冲式和通信式倒计时显示器。

信号机主控板具备 3G 通信功能，无须额外配置其他通信设备。

⑥ 信息检测需求。需要检测到交通流量、占有率和速度等信息。可接多种类型的车辆检测器（环形线圈、地磁、视频等）。

⑦ 信号灯控制。基本 48 路灯控输出，逻辑上可扩充到 96 路灯控输出，并可与倒计时牌连接，具备全程/半程倒计时功能。

⑧ 信号机整机功耗＜100W。

⑨ 机柜内部应设有内部照明装置。

2.5 交通流量采集技术

2.5.1 交通流分类

道路交通流信息采集与发布技术的主要研究服务对象是行驶在道路上的交通流。按道路的类型及车辆的行驶规则，交通流可分为下述三类。

(1) 受控交通流

所谓受控交通流是指受交通信号灯控制，绿灯行、红灯停的交通流。例如行驶在受控的地面交叉口以及各种交织路段的交通流。对于受控交通流，交通流信息采集系统的第一要务是准确识别交通状况异常及交通事件。

(2) 自由交通流

自由交通流是无矛盾冲突、无交通信号约束的交通流。例如行驶在高速公路、快速路、高架道路以及各类行程较长的封闭路段上的交通流。对于自由交通流，交通流信息采集系统的第一要务是及时发现交通状况异常及交通事件。

(3) 交织交通流

交织交通流是存在矛盾冲突的交通流。例如行驶在各类道路的交叉、汇合以及分叉处的交通流。在道路交通压力不大、无须信号控制时，车辆按让行规则行驶，当交通拥堵不堪、让行规则无效、交通事故频发时转为信号控制，变成受控交通流。

2.5.2 交通流信息的分类

道路交通流信息按用途可以分为静态和动态两类。无论谁投资建设交通流信息采集与发布系统，都应具备这两类交通流信息供不同用户分享。

(1) 静态交通流信息

静态交通流信息是按交通主管部门制定的车辆类型、折算系数以及基础时段长度等标准统计的各种交通量调查数据，主要包括：按时段整合的分类流量；时段内车辆的平均速度；时段内车辆占有时间合计与时段长度之比，简称时间占有率等。静态交通流信息是被时域分割冻结的交通流信息。虽然在有效压缩海量的动态车辆信息数据的同时丧失了个体车辆的时间戳信息，但是对于主要用于交通规划设计、路网改造、道路维护等道路交通工程而言，则是一个合理的选择。因为这些简约粗略的静态交通流信息已经足以真实地反映交通设施的供需情况。

(2) 动态交通流信息

动态交通流信息是连续不断运动变化的交通流信息，是全体交通参与者共同关注的交通流信息。主要包括：交通状况及交通图像；交通事件；旅行信息等。动态交通流信息的主要用途是为道路交通监控、交通信息发布、公众车辆导行以及交通信号控制等智能交通系统提供道路交通流实时的运行状况信息。动态交通流信息是高层次的交通流信息，是现代智能交通系统重要的支撑信息，也是公众检验智能交通系统性能优劣的“试金石”。

上述静态交通流信息和动态交通流信息归根结底均源于车辆信息，车辆信息按时间属性

也可以分为下列两类。

(1) 静态车辆信息

静态车辆信息是按时段分割整合、无时间戳的车辆信息，主要包括：时段内车辆的分类流量合计；时段内车辆行驶速度的算术平均值；时段内所有车辆占有时间的合计。将分段的静态车辆信息依次组合在一起就构成了静态交通流信息。

(2) 动态车辆信息

动态车辆信息是带时间戳的车辆信息，主要包括：车辆驶入时刻；车辆驶离时刻；驶离车辆的车型和车速。在海量的动态车辆信息中蕴藏的突变交通对象是交通状况及交通事件检测的“珍宝”，可是因信息量实在太大，除了在交通现场才能获得外别无选择。

2.5.3 交通流信息采集方法

交通状况及交通事件自动检测的性能指标是交通流信息采集与发布系统最基本的技术要求。为了客观有效地对其进行检验，通常采用下列两种检验方法。

(1) 实况检验法

这是在真实场景下的检验方法，为捕捉随机发生的异常交通状况及交通事件，要求被检验系统至少具备下列条件：应具有针对交通现场的不间断数码录像设备；录像设备的时钟和被检验系统的时钟应保持一致；录像画面应叠加年、月、日、时、分、秒；被检验系统自动记录的交通状况及交通事件检测过程应能与上述实况录像反复同步回放，以便核查。

(2) 模拟检验法

真实的交通事件是偶发的，在没有条件进行不间断数码录像或者需要当场检验时，可以在交通现场人为制造一起模拟的交通事件。例如在车辆通行的车道上持续停一辆车，把交通现场和被检验系统的检测过程全部录制下来同步回放核查。

2.5.4 交通流采集技术分类

(1) 技术分类

根据检测器的安装位置及形态的不同，可以分为4类：固定式交通流传感技术，如固定安装的感应线圈、微波雷达、视频设备等；高空探测技术，如采用红外、雷达等手段在卫星、直升机或飞机上进行拍摄等；浮动车技术，记录行驶在交通流中离散的浮动车辆的位置、速度等信息；其他，如RFID（Radio Frequency IDentification）、公交IC卡（Integrated Circuit Card）、手机检测等技术。

GPS检测器用于交通事件检测。可以利用GPS数据研究交通事件发生时的交通流动力学特性，并预测交通时间和位置的算法。

红外探测器是一种非接触式传感器，可以方便地检测交通事故。但对于红外探测器来说，克服天气的影响并不容易。

微波检测系统主要用于交叉路口每个进入方向的交通参数的采集、车辆驾驶行为跟踪、实时速率检测和车流排队长度检测，支持多种信号控制系统接口，为交叉路口智能信号控制决策提供依据。通过微波检测器对道路交通信息进行采集，不仅能提供车流量、平均速度及占有率等基础交通数据，同时能提供排队长度超限、异常停车、超高/低速、逆行行驶等交通异常事件报警输出，并辅助判断路口的交通状况。

(2) 检测设备性能对比

不同类型的检测器具有不同的优缺点，因此能够适用于不同的检测环境和检测目的。当前交通流量采集设备类型基本上分为两类，即视频流量检测和非视频流量检测。表2-2是对两类设备主要性能进行的对比。

表 2-2　检测器主要性能对比

设备类型	视频流量检测设备	非视频流量检测设备
数据准确率	白天≥95% 夜间≥85% 特殊天气≥80%	白天≥95% 夜间≥95% 特殊天气≥95%
检测范围	只能检测一个方向，最多可同时检测同方向 3 个车道 无论何种道路，两个方向都需要各安装 1 个设备，成本极其浪费	微波检测器可检测相同道路两个方向，一般用于车道较多的主干道，最多可检测双向共 12 个车道 地磁检测设备可灵活扩展检测两个方向的典型车道，用于车道较少的支路，实际效果不受影响，且成本较低
对道路环境的要求	视频检测器易受道路两侧树木、标志牌、广告牌、灯箱等影响，造成检测盲区，影响效果	监测器优缺点互补，布设位置灵活、抗环境干扰能力强
工程费用及难易程度	视频检测器需要安装倒 L 形立杆或龙门架，钢结构及基础较大，施工复杂、难度大、风险高，施工费用高	专用检测器中的地磁中继器、微波检测器的立杆为 I 形，钢结构及基础简单，施工安全快捷，施工费用低
使用年限	一般户外视频设备 3 年	专用检测器可正常运行 5 年
技术应用成熟度	技术起步晚，成熟的应用案例较少，一般只用于针对小范围进行事件检测，例如高速公路等环境简单的场景	微波及地磁设备属于交通流量检测行业的第二代专业产品，技术成熟度高，适应范围广，全国成功的应用案例多，可以满足多种路况环境下的应用需求

根据以上对两类检测器的对比发现，视频流量检测设备通过安装摄像机来监控道路的交通状况，并分析路段的交通状态分布。这样，得到车流量、车速、车道占用率、车长和行车时距等交通参数，并用于交通事故检测。还能识别车辆类型和车辆运行轨迹等更多的交通流信息，可以监视远距离、大范围场景，且平均检测时间远小于基于线圈的交通事件检测系统。随着模糊识别、数字图像处理和计算机视觉技术的发展，基于视频的交通事件检测系统将大量应用于交通管理领域。但是此类事件检测方法受环境影响太。视频流量检测设备技术成熟度不高、准确性易受不同的天气环境影响，应用条件苛刻、检测范围局限性大、工程成本高、风险大、施工困难，大范围成功应用案例较少。摄像机的视频容易受到天气和光线的影响，例如，在雨天和雪天，交通事件检测的精度将显著降低。视频检测技术存在的难点：从目前国内外的研究及发展情况来看，快速有效地实现视频图像中目标的分割和跟踪是解决视频事件检测问题的关键。目前在目标分割和跟踪方面主要存在两大难点：其一，缺乏自适应性是运动目标分割的一大难题，如实际场景中的恶劣天气、路边树木的随风摇动，以及目标间的相互遮挡使得目标的准确检测难以实现；其二，目标跟踪的精度和实时性较差，如果目标间发生互相粘连或分裂时都会影响精度，目前开发的多种跟踪算法计算复杂，难以实现目标的实时跟踪。

而非视频交通流量监测设备技术成熟度高、可全天候准确稳定运行、检测范围互补长短、应用灵活，几乎不受道路环境影响，且工程过程安全、快捷、成本较低，适合城市道路环境中大范围应用，国内成功案例较多。非视频流量检测设备，包括超声波检测器、线圈检测设备、微波检测器、地磁检测器等。表 2-3 为常用各类检测器能够检测的数据类型。

表 2-3 常用各类检测器能够检测的数据类型

检测器类型	流量	车速	车辆分类	占有率	车辆存在	其他
感应线圈	√	√	√	√	√	
磁力线圈	√	√	√	√	√	
被动式红外	√	√	√	√	√	
主动式红外	√	√	√	*	*	
微波雷达	√	√	√	√	√	车头时距
超声波	√	*	*	*	√	
视频检测器	√	√	√	√	√	车头时距、密度、空间占有率、交通事件、车辆转向等

注：√表示能够检测；*表示不能检测。

(3) 视频检测技术

交通系统中应用到的视频检测技术，又被称为数字图像处理技术，该技术将计算机模式识别技术与视频图像技术进行了有效融合，是一种应用于交通系统中的新型技术。

视频检测系统可以具体分为被动与主动两种工作方式。主动视频检测系统的工作以虚拟线圈为基础，将假想线圈设置在车道上的某一横断面上，与检测线圈的工作运行理论类似，在有车辆驶过该点的情况下，系统就会自动进入计数状态，从而通过这样的形式准确地获取路面上的车流量信息、每辆车的行驶速度以及车道占有率等相关信息参数。被动视频检测系统实际上指的就是一种图像处理系统，该系统能够跟踪某一特定方向上100～200m范围内行驶的车辆。系统中的视频检测器在运行的过程中能够针对不同类型的交通运行指标进行检测，例如车辆的行驶速度、车头间距、车流密度等。总体来讲，视频检测技术的突出性特点为：第一，相关机械设备的安装与日常运维工作不会影响正常交通，也不会对路面造成影响；第二，视频检测道的范围比较广泛；第三，检测设备的维护工作方便且低耗，只需要将问题设备摘除替换或者直接进行修理即可；第四，视频检测过程具有可视性，可以完成视频图像向交通管理者的实施传递。鉴于视频检测技术具有众多突出性特点，除处理交通系统以外，还可以应用于更多领域。

视频检测技术的具体应用分析如下。

① 在车辆安全与辅助驾驶中的应用分析。我国ITS体系框架中的服务领域之一就是车辆安全与辅助驾驶，包括视野的扩展、安全状况、自动车辆驾驶等几项服务，而在这几项服务中不同程度地应用到了视频检测技术。增强道路基础设施，在必要情况下，也可与视频检测技术结合使用。这里的增强道路基础设施，实际上就是指将传感器铺设在路面上，这样就可以借助探测器的功能来实现对车辆自动行驶的引导作用。但是这种方式的突出性弊端在于适用范围太过受限。同时前期建设与运作的成本较高。相比较而言，增强车辆这种方式的可取件就多一些，不需要对道路基础设施进行任何改变即可完成建设，成本投入低，值得应用和推广。

运用视频技术模仿人工视觉实现车辆的自动驾驶就属于后一种方式。它的实现通过摄像机拍摄前方车道，并应用计算机处理技术对相关图像加以分析和处理，这种处埋形式一般都是结合道路模型，在掌握路面基本信息之后获取车辆及路面间的相应关系，对车辆的自动驾驶行为进行引导。在边界或者路面车道线不清晰的情况下，一般都选择更复杂的道路模型进行实际检测。另外是驾驶员疲劳度检测，目前在我国每年发生的交通事故当中，有相当比例的事故都是由于驾驶员的疲劳驾驶导致的，而通过视频检测技术的应用，在无须与驾驶员本人直接接触的情况下即可完成检测。具体来讲，就是通过车辆行驶状态中偏离车道中心情况或者驾驶员的眼睑状态进行自动检测，一旦状态异常就会自动发出警报，或者是直接自动进行校正。

② 在交通管理与规划中的应用。

a. 应用于交通流量的检测方面。在我国交通部门中，道路车流量信息作为保证路面交通畅通的基本前提，通过视频图像技术的应用可以有效辅助系统进行各个路段二维交通流信息的准确获取，以此对相关信息进行分析与统计。而信息的提取则需要通过对路面车辆情况进行检测，这可以通过特定图像处理算法检测路面监控范围内有无车辆经过，此外还有一点比较重要的就是车辆行驶速度的检测。

b. 交通安全监视方面。交通安全的提高离不开有效的交通安全监视工作，将视频检测技术应用于交通安全监视方面能够对车辆的具体行为加以监测，比如检测事故性停车并可以自动报警。同时，由于环境因素对驾驶会造成一定程度的影响，因此在遇到影响驾驶的环境下，例如雨雪雾天等，即可通过视频检测技术及报警系统降低事故的发生率。

（4）微波流量采集技术

微波检测器采用道路侧向或者正向安装方式，连续发射低功率的调频微波，覆盖路段上大区域范围内、单双向多条车道，可同时检测 6 车道 160m 范围内多达 64 个目标的交通信息。微波检测器连续发射调频微波波束，探测道路上的车辆信息，通过反射回来的回波判定车辆相对距离、速度及方位角，区分识别车辆并定位车辆的坐标位置，实现对波束覆盖范围内车辆的轨迹跟踪式检测。如图 2-6 所示是微波检测器在十字路口应用中的波束和功能示意图。

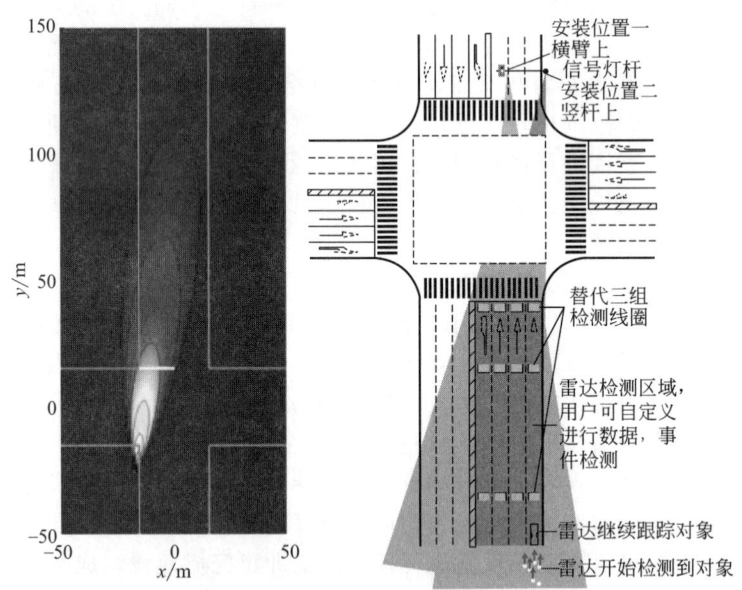

图 2-6　微波检测器在十字路口应用中的波束和功能示意图

通过对目标的跟踪式检测，可精确测得车辆的位置、车型、速度、占有率、车头时距、车型分类、排队长度、预计到达停车线的时间等参数。利用毫米波的衍射性质，可以很好地解决大车遮挡小车的情况，防止漏检，提高检测精度。

利用微波检测器对交叉路口的实时交通信息进行采集，支持多种信号接口模式及数据协

议，可无缝接入国内外主流信号控制系统，为优化交通信号配时、提高路口通行能力提供科学依据。

系统可以全天候正常运行，确保全天24h的数据完整性。所有的数据通过网络传输到交通指挥中心，方便用户进行数据查询和分析。

可采集的交通信息，主要包括以下内容。

① 即时交通信息。

a. 目标二维坐标（x，y），方位角。

b. 目标的即时行驶速度。

c. 目标的存在信息。

d. ETA（车辆到达时间预估）。

e. 目标的类型（行人、非机动车、小车、大车、其他）。

② 周期统计数据。

a. 车流量。

b. 平均速度。

c. 占有率。

d. 85%位速度。

e. 车头时距。

f. 排队长度及超限。

g. 车辆存在信息。

③ 交通事件信息。

a. 异常停车报警。

b. 逆向行驶报警。

c. 排队超限报警。

d. 超高速报警。

e. 超低速报警。

(5) 大数据采集技术

交通大数据的数据采集是指将各个系统或设备生成的结构化数据或非结构化数据传输到大数据平台加以存储。从业务角度划分，数据可以分为业务数据和监控数据。

① 业务数据：与联网收费系统相关的数据，包括车辆通行出入口时间、通行费用、车辆类型、货车称重、站点信息等结构化数据。一般存储在Oracle、MySQL等关系型数据库中。

② 监控数据：与视频监控网络相关的数据，包括卡口摄像头所拍摄的视频、车检器的采集信号、交通调查站的过往车辆统计等非结构化数据。一般以文件的形式存储在前端设备。传统的数据采集技术来源比较单一，通常是使用中间件将数据通过网络传输到数据中心并存储到关系型数据库中，同时使用大规模并行处理（Massive Parallel Processing）技术来提升处理效率。但大规模处理技术追求高度一致性和可靠性，可用性和扩展性相对较低，不足以应对交通大数据体量快速增长的需求。

新一代的数据采集方法通常以高可用、高性能和易扩展为主要设计目标，多数采用分布式计算架构。

为了保证数据的可靠性，数据存储也会使用分布式存储系统。目前主流的数据采集平台包括Apache Flume、Apache Kafka等。Apacheflume Flume是高性能、高可用的分布式日志收集系统，是Cloudera公司的开源项目，于2011年重构后成为Apache的顶级项目，其优点是除了高可靠、可扩展性强之外，也提供了通用的接口。

在文件格式匹配的情况下，仅需配置即可搭建起数据采集应用，而不需要开发封装接口。在交通监控系统中，监测设备如车检器会产生大量的监测数据，这类数据类似于日志，分布在各个前端设备中，可以使用 Apache Flume 进行采集加以分析。

Fluentd 是一个开源的数据采集框架，使用 JSON 文件来统一日志数据。其架构特性是可插拔的，支持各种不同种类和格式的数据源及数据输出，同时提供了高可靠和很好的扩展性。

Apache Kafka 主要用于处理实时流式数据，是 2010 年 12 月 Linkedln 公司的开源项目，在大数据平台中起到数据分发中间件的作用。在大数据分析的使用场景中，数据采集上来以后，需要传输到后端进行下一步处理。由于采集前端与处理后端通常是一对多的关系，所以需要数据分发中间件来负责消息转发，以保证消息的可靠性，平衡前后端的速度差。

（6）浮动车技术

随着定位技术和通信技术的发展，很多单位如出租车公司、物流公司等为了监管车辆而安装定位设备，记录车辆行驶位置和状态。这些车辆就像路网中的移动传感器，它们的行驶状态随着交通状况浮动实时反映交通信息。这种安装了车载定位设备，在完成任务的同时定期记录自身位置和状态的车辆称为浮动车（Floating Car）。浮动车所记录的行驶过程中的位置，方向和速度等信息称为浮动车轨迹数据（Floating Car Data，FCD）。浮动车技术（Floating Car Technology）就是基于 FCD 采用各种数据挖掘、图形识别、智能算法等获取价值信息的知识发现过程。目前浮动车技术已经成为一个重要的研究领域，在全世界很多项目中得到了测试和应用展示，在很多部门都有其应用前景。

FCD 主要包括车辆的位置和瞬时行驶状态（速度、方向等）信息。随着传感技术的发展，通过浮动车可采集到更多数据（Extend Floating Car Data，EFCD），例如外界温度、雨刷状态等。

如图 2-7 所示，FCD 技术框架包括：数据预处理层、轨迹配准层、挖掘算法层、应用层。浮动车轨迹处理包括 FCD 数据的采集、存放和去噪。轨迹配准是通过弥补轨迹形状的损失，还原车辆的实际行驶轨迹。配准是所有基于 FCD 挖掘应用的基础，配准的准确性和实时性直接影响挖掘有价值信息的准确性和实时性。挖掘算法层本质上就是知识发现的过程，根据挖掘应用层需要挖掘的价值信息及应用场景的不同，所采用的挖掘算法也不尽相同。

浮动车就像内置在交通中移动的分布式传感器，随时采集车辆位置和车辆行驶状态等信息。作为新型的交通信息检测技术，浮动车利用定位技术获得车辆的位置信息，通过车身传感器获得速度、方向等状态信息，使用无线通信技术把采集的数据传输到数据中心，经过处理、挖掘，然后发布交通数据信息。

（7）RFID 交通信息采集技术

RFID 即射频识别，俗称电子标签，是一种非接触式的自动识别技术，通过射频信号自动识别目标对象并获取相关数据，识别工作无须人工干预，可工作于各种恶劣环境。同时，RFID 技术可识别高速运动物体并可同时识别多个标签，操作快捷方便。RFID 技术应用于集成平台业务开发，作为一种新型的交通信息采集方式，比传统交通信息采集手段更精确。近年来，随着 RFID 技术标准的建立和推行，RFID 应用于交通领域，作为交通信息采集方式已逐渐得到推广。

RFID 用于作为汽车电子标识（又称电子车牌），是一种将普通车牌与超高频 RFID 无线射频识别技术相融合，形成的车辆唯一的电子身份证。这项全新的技术改变了现有的车牌信息采集方式，并与交通管理集成平台相融合，能满足公安交警“实时监控、联网布控、自动报警、快速响应、科学高效、信息共享”的要求，并实现数字化、智能化、精细化的交通管理。

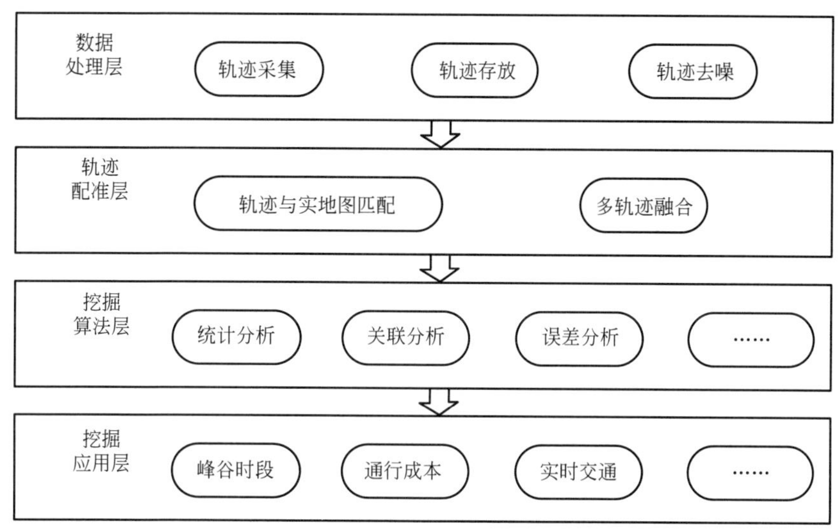

图 2-7　FCD 技术框架

RFID 基本工作原理为：标签进入磁场后，接收读卡器发出的射频信号，凭借卡内内嵌的线圈以及外部的电感与电容产生振荡，从而获得能量，以发送出存储在芯片中的产品信息（无源标签），或者主动发送某一频率的信号（有源标签），解读器读取信息并解码后，送至中央信息系统进行有关数据处理。

通过 RFID 进行交通信息采集方法主要包括以下内容。

车辆在车窗正上方贴汽车电子标签，在城市主要交通干道的平交路口增设 RFID 基站，包括固定基站、手持基站和车载移动基站等。

依托已有的警务工作站和交通违法信息采集基站系统，建设 RFID 技术与视频技术有机融合集成的“双基识别”型汽车信息采集系统。所以信息采集系统中除汽车电子标签和读卡器外，还有视频监控设备。

表 2-4　RFID 采集技术与传统交通信息采集技术比较

采集方式	工作原理	采集交通参数	优点	缺点
感应线圈	通过预埋的感应线圈感知	断面流量、断面速度、占有率	技术成熟、成本低	维护困难，拥堵严重时，精度下降
微波检测器	通过车辆反射回波分析检测	断面交通流量	路测安装，不影响路面	大车遮挡时效果不佳
视频检测器	视频采集范围内设置虚拟检测区	车辆号牌、车速、流量	路测安装，不影响路面	受天气等影响
浮动车	通过车辆定位轨迹检测	路段车速、流量	可以直接计算交通数据	采集样本受检测车辆限制
车牌匹配	基于图像处理后的采集技术	交通状态数据	可获得较多状态数据	车牌匹配受车牌检测技术限制
RFID	无线射频技术	车辆信息和综合信息	可获得单一车辆特征数据	对安装要求高

传统的交通数据采集技术侧重于对交通流信息的采集，对单个车辆信息的关注来说不高，虽然个别方法如车牌匹配技术考虑到了车辆的识别信息，但识别受到图像处理技术和复杂交通环境的限制，仍需采用更加先进的技术加以完善和提高（表 2-4）。而物联网技术，特别是以 RFID 技术为代表的车联网技术发展，为单一车辆特征数据的采集奠定了技术基础，使得车辆信息和车流信息的综合采集成为可能，为实现道路交通系统的综合感知提供了前提。

RFID 在公安领域应用主要作用在于对车辆身份的精准管理，可以服务于区域交通动态管制组织、重点查控车辆的区域性运行状态记录及回溯、对肇事逃逸车辆追溯查证、交通违章管理和车辆年检管理等。RFID 在公安领域的应用见表 2-5。

表 2-5　RFID 在公安领域的应用

使用场景	主要功能
交通违章管理	假牌、套牌识别
	交通驾驶违章
	车辆年审
治安侦察	假牌、套牌稽查等车牌防伪类检测
	卡口监控、电子围栏管理
	车辆盗抢、肇事逃逸追查
	区域交通动态管制
	路查路检
交通流量监控	路网交通流量监测
交通信号调优	特定车辆交通信号优先(公共交通)

2.6　智能信号控制设计

主-支、支-支相交的交叉口，支路交通流量较小，这些路口的信号灯在某方向没有车辆通行时，该方向依然显示绿灯，但主干道相交方向车辆却在等待红灯。产生这个问题的主要原因是，这些路口的信号灯放行时间不能根据车流量自动改变对应方向的绿灯放行时间，造成了路口绿灯空放，通行效率低下。

2.6.1　原理

根据路口情况的不同，控制策略如下。

(1) 主-支交叉路口

主路方向绿灯常亮，当支路车辆检测器检测到支路有车辆到达时，通行权转为支路，支路放行时间为最小绿灯时间；当支路放行结束时，通行权转为主路。

(2) 支-支交叉路口

每个方向都按照最短绿灯时间轮流放行，但是在放行绿灯期间，如果该方向一直有车辆连续通行，则相应的绿灯时间也会一直持续增加，直至达到最大绿灯时间，最大绿灯时间是该方向在高峰期需要放行的绿灯时间。

以峭山路-永兴街交叉口为例，峭山路为贯穿某市东西向城市主干道，承担着该区域主要的交通量，永兴街为连接南北向的支路，车流量相对较小。永兴街方向，没有车辆通行

时，该方向依然显示绿灯，绿灯空放严重，但峭山路方向车辆却在等待红灯。产生这个问题的主要原因是，这个路口的信号灯放行时间不能根据车流量自动改变对应方向的绿灯放行时间，造成了路口绿灯空放，通行效率低下。

迫切需要引入感应、单点自适应优化等丰富信号控制策略，根据路口变化的车流量调整信号配时方案，提高平低峰时段车流通行量，实现精细化城市交通信控。

2.6.2 感应控制解决方案

通过在峭山路-永兴街交叉口的南北进口布设车辆检测器，实现感应控制策略。当永兴街的车流检测器检测车辆到达路口时，信号系统切换永兴街方向信号为绿灯，时间为最小绿灯时间（保障行人过街）。当永兴街放行结束时，切换峭山路信号灯为绿灯，恢复主路常绿（图 2-8）。

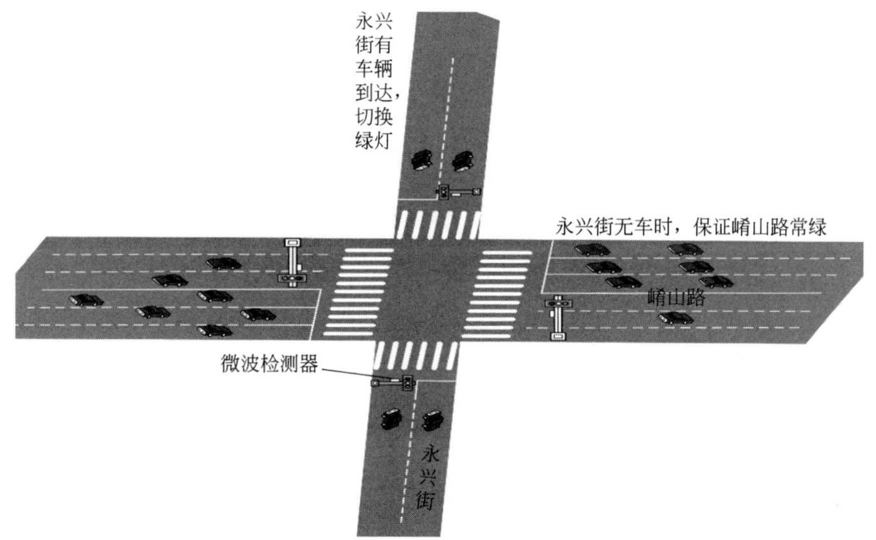

图 2-8 峭山路-永兴街感应控制示意图

2.6.3 预期效果

峭山路-永兴街交叉口实行感应控制策略，可以实现信号系统根据车辆到达的情况，及时调整路口通行权，提高路口通行率，减少支路无车绿灯空放情况，最大限度保证主干道通行效率。

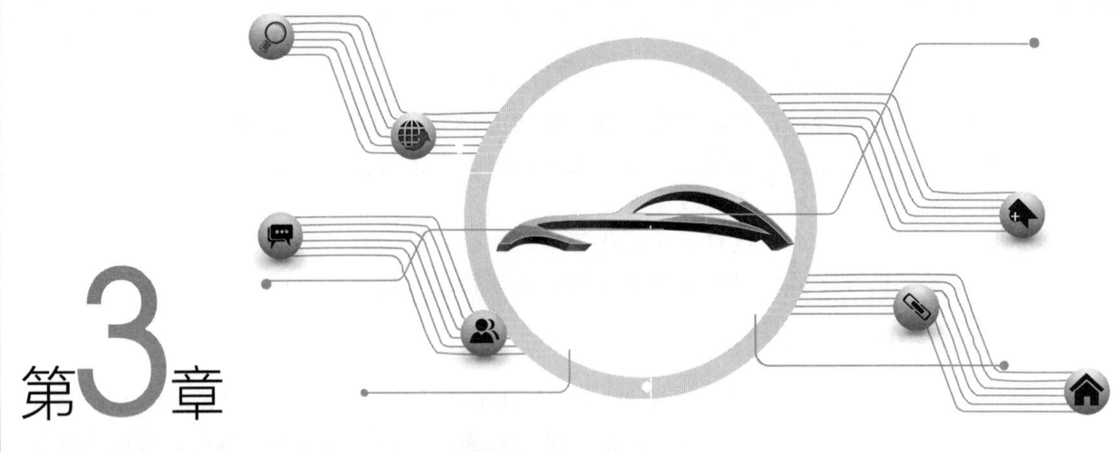

第3章 智能交通物联网技术

物联网（Internet of Things，IoT）是物物相连的网络。其目的是让每个目标物体通过相关技术方法接入网络，让我们在享受“随时随地”两个维度的自由交流外，再增加一个“随物”的第三维度的自由交流途径。物联网是新一代信息技术的高度集成和综合运用，具有渗透性强、带动作用大、综合效益好的特点。我国已将物联网作为战略性新兴产业的一项重要组成内容。目前，在全球范围内物联网正处于起步发展阶段，物联网技术发展和产业应用具有广阔的前景和难得的机遇。

3.1 物联网概述

3.1.1 物联网定义及特征

(1) 物联网定义

20世纪90年代有关物联网的研究开始萌芽，此后其概念不断演进和发展，但至今没有得到统一认识。物联网概念最早由美国MIT Auto-ID Center于1999年提出。当时，Auto-ID Center的研究人员只是想通过条码、智能卡、RFID等实现物体的识别与管理，提高工业自动化系统的自动化程度，降低故障率。这是物联网发展初期提出的概念和物联网的用途，强调物联网用来标识物品身份的特征。后来，IoT概念被人们迅速接受，演化成“物物相连的互联网”。2005年，国际电信联盟（ITU）在《The Internet of Things》报告中对物联网概念进行扩展，提出任何时刻、任何地点、任何物体之间的互联，无所不在的网络和无所不在计算的发展愿景，除RFID技术外，传感器、纳米、智能终端等技术将得到更加广泛的应用。

欧盟委员会定义物联网是计算机网络的扩展，是一个实现物物互联的网络。这些物体可以有IP地址，嵌入到复杂系统中，通过传感器从周围环境获取信息，并对获取的信息进行响应和处理。我国物联网年度发展蓝皮书定义物联网是一个通过信息技术将各种物体与网络相连，以帮助人们获取所需物体相关信息的巨大网络。物联网通过使用射频识别（RFID）、传感器、红外感应器、视频监控、全球定位系统、激光扫描器等信息采集设备，通过无线传感网、无线通信网络（如WiFi、3G等）把物体与互联网连接起来，实现物与物、人与物之间实时的信息交换和通信，以达到智能化识别、定位、跟踪、监控和管理的目的。2010年第十一届全国人民代表大会第三次会议上温家宝总理所作的政府工作报告中将物联网注释为：通过信息传感设备，按照约定的协议，把任何物品与互联网连接起来，进行信息交换和通信，以实现智能化识别、定位、跟踪、监控和管理的一种网络。它是在互联网基础上延伸和扩展的网络。

国际电信联盟（ITU）发布的ITU互联网报告对物联网做了如下定义：通过二维码识别设备、射频识别（RFID）装置、红外感应器、全球定位系统和激光扫描器等信息传感设备，按约定的协议，把任何物品与互联网相连接，进行信息交换和通信，以实现智能化识别、定位、跟踪、监控和管理的一种网络。

各国对物联网的概念都存在不同的认识和理解，但这些定义在一些基本特性方面还是取得了共识，比如物联网是一个动态网络，它具有基于标准和互操作通信协议的自组织能力，其中物理的和虚拟的“物”具有身份标识、物理属性、虚拟的特性和智能的接口，并与信息网络无缝整合。

根据国际电信联盟（ITU）的定义，物联网主要解决物品与物品（Thing to Thing，T2T）、人与物品（Human to Thing，H2T）、人与人（Human to Human，H2H）之间的互连。但是与传统互联网不同的是，H2T是指人利用通用装置与物品之间的连接，从而使得物品连接更加简化，而H2H是指人之间不依赖于计算机而进行的互连。因为互联网并没有考虑到对于任何物品连接的问题，故我们使用物联网来解决这个传统意义上的问题。物联网顾名思义，就是连接物品的网络，许多学者讨论物联网时，经常会引入一个M2M的概念，可以解释为人到人（Man to Man）、人到机器（Man to Machine）、机器到机器，从本质上而言，人与机器、机器与机器的交互，大部分是为了实现人与人之间的信息交互。

（2）物联网特征

物联网中的“物”，需要具备特有的性质才能被纳入物联网范围，主要包括：要有数据传输通路；要有一定存储能力；要有一定处理能力；要有对应的控制和管理系统；要有专门应用程序提供信息交互和使用接口；应遵循物联网中的通信协议标准；要具有可被识别的唯一编号。根据物联网的产生、概念和本质，与传统的互联网相比，物联网有其鲜明的特征，主要体现在以下几个方面。

① 它是各种感知技术的广泛应用。物联网中部署了海量的多种类型传感器，每个传感器都是一个信息源，不同类别的传感器所捕获的信息内容和信息格式不同。传感器获得的数据具有实时性，按一定的频率周期性地采集环境信息，不断更新数据。因此，感知是物联网的第一特征，也是区别于互联网的重要特征。正是物联网的感知，才实现了物理实际在虚拟世界的“映射”，才使得信息世界反馈控制物理世界有实现可能。国内业界和标准化组织都曾在很长一段时间进行了争论，其核心是感知的是否只是单向的采集数据。但我们从物联网的本质和特征分析来看，感知不仅是采集数据，才有反馈控制的功能，而且这种控制具有广义性，并不是传感器直接施加某种控制才称为反馈，只要是因为采集的数据分析后对现实世界产生了某个相应行为就可认为是反馈控制。

② 它是一种建立在互联网上的网络。物联网技术的重要基础仍旧是互联网，通过各种有线和无线网络与互联网融合，将物体的信息实时准确地传递出去。物联网上的传感器定时采集的信息需要通过网络传输，由于其数量极其庞大，形成了海量信息，在传输过程中，为了保障数据的正确性和及时性，必须适应各种异构网络和协议。因此，现有的数据通信网络是物联网的重要支撑基础设施，可能这些网络本身并不一定是专门为物联网而开发的，但物联网一定离不开这些网络设施，否则不可能实现物联网的整个信息链路。

③ 物联网不仅仅提供了传感器的连接，其本身也具有智能处理的能力，能够对物体实施智能控制。物联网将传感器和智能处理相结合，利用云计算、模式识别等各种智能技术，

扩充其应用领域。从传感器获得的海量信息中分析、加工和处理出有意义的数据，以适应不同用户的不同需求，发现新的应用领域和应用模式。面向应用服务是物联网的重要特征，这也是理解物联网本质的切入点。无论物联网的采集、反馈控制还是数据处理，都是为了更好地为人类提供新服务。在比较物联网和互联网时，仅从拓扑结构来进行比较就会陷入难以说清楚的局面，但是从提供服务的角度来比较就能更好地进行区分。

3.1.2 物联网架构

（1）物联网体系架构

通常情况下，人们认为物联网具有三个基本层：感知层、网络层和应用层。感知层提供泛在化的感知网络，网络层提供融合化的信息通信基础设施，应用层提供普适化的应用服务支撑体系。物联网基本架构如图 3-1 所示。

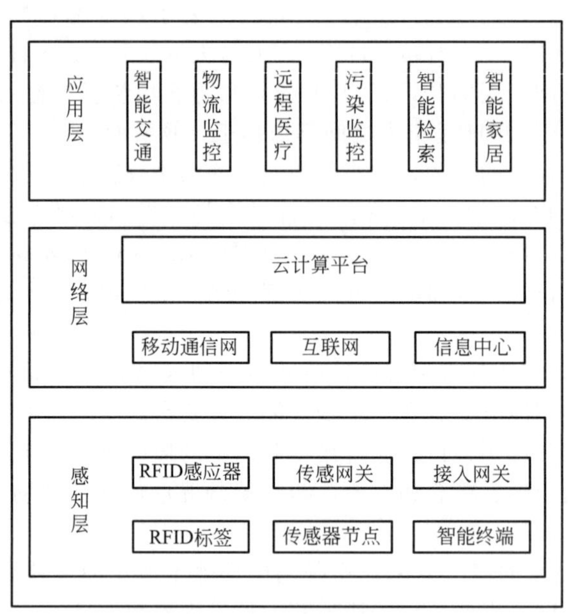

图 3-1 物联网基本架构

感知层：感知层像是物联网的面部皮肤和五官，主要是识别物体和收集信息。感知层包括二维条形码标签和读出器，RFID 电子标签和读写器，照相机，GPRS，传感器，终端和传感网络。其主要任务识别对象，收集信息。

网络层：网络层就像物联网的大脑和神经网络，它的主要任务是传递和处理信息。网络层包括一个通信融合网和互联网，网络管理中心，信息中心和智能处理中心等。网络层将会传输和处理从感知层得到的信息。

应用层：为了实现广泛的智能化，应用层综合了物联网的社会分工和产业需求。像人类社会劳动力的分工之后，形成人类社会一样，应用层结合需要实现智能化的行业，是物联网和应用技术最深的融合。该模型层从技术层面上描述了物联网的架构。在初始发展阶段这种划分是合理的。我们可以看到，在这种构架中提到的多种技术基本上都有不同程度的发展和应用。

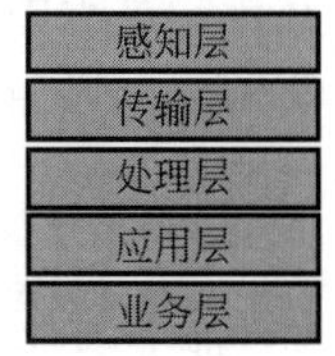

图 3-2 物联网五层架构

部分学者提出了一种包括感知层、传输层、处理层、应用层、业务层在内的五层式的物联网架构，如图 3-2 所示，这种架构如下。

感知层：感知层的主要任务是利用不同的探测器（例如红外传

感器、RFID、二维码等）感知物体的物理特性（例如温度、位置等），并且将这些信息转换成更易于网络传输的电信号。感知层中不同的探测器和设备就像电信管理网络中的网络元素。这一层的主要技术是探测技术，如RFID探测技术（包括标签和读写）、二维码、GPS等。因此感知层的主要功能是感知信息转化成电信号。许多对象不能直接被感知到，因此我们需要在它们的体内植入芯片。这些芯片可以感知温度、速度等，甚至能够处理这些信息。这涉及利用纳米技术使芯片足够小从而被植入到每一个物体体内，因此纳米技术和嵌入式智能技术也是感知层的关键技术。

传输层：又叫作网络层，负责把从感知层接收到的数据通过不同的网络，如无线网和有线网甚至是企业局域网（LAN）传输到处理中心。这一层的主要技术包括光纤接入、4G、WiFi、蓝牙、无线、UMB、红外技术等，所以运输层的主要功能是运输。在这一层，我们可以找到许多协议，如IPv6（互联网协议版本6），这对上亿件事情的寻址是必须的。物联网将会是一个巨大的网络，它不仅连接上亿件事情，也包括多种多样的网络。因此，不同的网络和实体之间的通信是非常重要的。

处理层：处理层主要是储存、分析和处理从传输层接收的物体信息。笔者特意从其他的模型中抽象出这个新的层，由于有大量的物体携带了大量的信息，存储和处理这些大量数据是很重要也很困难的。主要技术包括数据库、智能处理、云计算与普适计算等。云计算和普世计算是这一层的主要技术，在将来甚至会出现更适合物联网的新的计算技术。因为这个原因，笔者认为处理层的研究和发展对于将来物联网的发展是重要的。

应用层：应用层的任务是在处理层的数据处理上，发展物联网的多种应用，就像智能传输、智能运输系统、物流管理、身份认证、基于位置的服务（LBS）和安全等功能。这一层的功能是给不同的行业提供多种多样的应用。因为不同的应用加快了物联网的发展，这一层对推动物联网大规模发展有重要的作用。

业务层：业务层像物联网的一个“经理”，包括管理应用、相关业务模式和其他业务。业务模式不仅管理各种应用的释放和收费，同时也进行经营模式和利润模式的研究。正如我们所知，一项技术的成功不仅取决于技术优先，同时也有商业模式的创新和可行性。基于这一点，如果没有经营模式的研究，物联网就不能获得长期有效的发展。同时，这一层也应该管理用户优先权问题，这对物联网是同样重要的。

综上所述，对飞速发展的物联网技术而言，其体系架构也在不断变化。但是，其设计时都遵循以下几条基本原则。第一，物联网体系架构必须根据物联网节点类型的不同，分成多种类型的体系架构。第二，物联网体系架构必须能够满足物联网的时间、空间和能源方面的需求。第三，物联网体系架构必须能够平滑地与互联网连接。第四，物联网体系架构必须能够防御大范围内的网络攻击。第五，物联网体系架构必须具备坚固性和可靠性。

（2）物联网技术架构

物联网的技术架构涉及数据采集技术、短距离通信技术、协同处理技术、网络支撑技术、服务支撑技术及应用领域技术等。

从技术架构的角度考虑，物联网的感知层应由两个不同功能的子层组成，一个是数据采集子层，一个是通信延伸子层。数据采集子层实现对物理世界的感知识别、信息采集处理和自动控制。通信延伸子层通过通信终端模块直接或组成延伸网络后将物理实体连接到网络层中。数据采集了层通过各种类型的传感器获取物理世界中发生的物理事件和数据信息，如各种物理量、标志、音/视频多媒体数据等。物联网的数据采集涉及传感器、RFID、多媒体信息采集、二维码和实时定位等技术。感知层中间件技术旨在解决感知层数据与多种应用平台间的兼容性问题，包括代码管理、状态管理、时间同步、定位等。在有些应用中还需要通过执行器或者其他智能终端对感知结果做出反应，实现智能控制。该部分除 RFID、短距离通信、工业总线等技术较为成熟外，尚需研制大量的物联网特有技术标准。

从技术架构角度考虑，物联网的网络层应由两个不同功能的子层组成。一个是接入网子层，另一个是核心网子层。接入网子层负责解决感知层与网络层之间数据的互联互通，不仅需要提供标准的网络接口，而且需要支持专门化的网络接入方式。核心网子层负责解决网络层与应用层之间数据的传递，以及异构网络融合的问题。网络层可以依托公众电信网和互联网，也可以依托行业专用通信网络。网络层将来自感知层的各类信息通过基础承载网络传输到应用层，包括移动通信网、互联网、卫星网、广电网、行业专网及形成的融合网络等。根据应用需求，可以作为透传的网络层，也可升级以满足未来不同内容传输的要求。经过十余年的快速发展，移动通信、互联网等技术已经比较成熟，在物联网的早期阶段基本能够满足物联网中数据传输需要。网络层主要关注来自于感知层的、经过视频处理的数据经由各类网络传输问题，这涉及智能路由器、不同网络传输协议的互通、自组织通信等多种网络技术。其中，全局范围内的标志解析将在该层完成。该部分除全局标志解析外，其他技术较为成熟，以采用现有标准为主。

从技术架构角度考虑，应用层处于物联网三层架构的最顶层，是物联网应用服务的体现层。应用层应包括支撑技术子层和应用服务子层。支撑技术子层接收和处理来自于网络层的数据，并根据应用需求和服务模式进行数据处理，以获得加工后的信息。应用服务子层负责将这些信息以一种服务的方式呈现出来，供用户选区，提供用户对物联网服务的体验。物联网的核心功能是对信息资源的采集、开发和利用。因此，应用层是物联网服务的呈现。支撑技术子层的主要功能是根据底层所采集的数据，形成与业务需求相适应、实时更新的动态数据资源库。该部分将采用元数据注册、发现元数据、信息资源目录、互操作元模型、分类编码、并行计算、数据挖掘、数据收割、智能搜索等各项技术，需要重点研制物联网数据体系结构、信息资源规划、信息资源库设计和维护等技术，建立物联网数据模型、元数据、本体、服务等标准，从而根据业务需求，开展相应的数据资源管理。应用服务层的主要功能是根据物联网业务需求，采用建模、企业体系结构、SOA 等设计方法，开展物联网业务体系机构、应用体系结构、IT 体系结构、数据体系结构、技术参考模型、业务操作视图设计。物联网涉及面广，包含多种业务需求、运营模式、应用系统、技术体制、信息需求、产品形态均不同的应用系统，因此必须统一规划和涉及系统的业务体系结构，才能够满足物联网全面实时感知、多目标业务、异构技术体制融合等需求。各业务应用领域可以对业务类型进行细分，包括绿色农业、工业监控、公共安全、城市管理、远程医疗、智能家居、智能交通、环境监测等，根据业务需求不同，对业务、服务、数据资源、共性支撑、网络和感知层的各项技术进行“裁剪”，形成不同的解决方案，该部分具有人机交互功能。应用层将为各类业务提供统一的信息资源支撑，通过建立、实时更新和可重复使用的信息资源库与应用服务资源库，使得各类业务服务能够根据用户的需求按需组合，提高物联网应用系统对于业务的适应能力。应用层能够提升对应用系统资源的重用度，为快速构建新的物联网应用奠定基础，满足在物联网环境中复杂多变的网络资源应用需求和服务。该部分内容涉及数据资源、体系结构、业务流程类领域，是物联网能否发挥作用和受惠于大众的关键，可采用的通用信息技术标准不多，因此尚需研制适用的标准。

（3）物联网服务架构

物联网面对的是海量数据，那么如何分析和共享这些数据是一个值得关注和需要解决的问题。构建一个开放的物联网服务体系，封装物联网数据智能处理过程，最终成为数据服务的平台提供者，让第三方能够通过标准开放的服务接口，实时访问真实、可靠的物联网数据，并可以基于物联网服务平台提供的数据服务，构建自己的物联网应用。物联网服务架构由物联网服务支撑平台和物联网应用系统组成。

从物联网提供的数据服务内容与方式来考虑，首先要规划物联网数据服务的内容，构建开放的服务目录。物联网提供的数据服务可以分为以下几大类。第一类，数据采集转换服务。根据已注册终端上传数据，进行数据关联和格式转换，实现数据分层组织和并行加载，使不同终端上传数据能够按照标准格式进行存储和使用。第二类，数据存储服务。支持存储空间大小的申请，可根据预设的规则对存储空间大小进行动态调整。第三类，数据查询服务。根据传感终端号码、时间、位置、事件等信息，对原始数据、分析结果数据进行单个/批量、实时/非实时查询，如在页面实时显示环境监控数据，具体可根据物联网行业数据特征或应用功能需求涉及各种参数的查询服务。第四类，数据统计服务。能够根据地域、终端类型、时间段等维度，输出数据统计结果，具体可根据物联网行业数据特征或应用功能需求涉及各种参数的统计服务。第五类，数据融合服务。多传感器在空间或时间上所观察得到的内容或互补信息可以依据某种规则，通过融合算法进行组合，形成对被观测对象的一致性描述，如从不同角度观测数据的合成。第六类，数据挖掘服务。通过数据筛选和集成，生成并分析相关数据，选择不同的数据挖掘算法，设定不同的参数建立挖掘模型，进行数据挖掘操作，输出挖掘结果，可根据需要提供定时或实时挖掘服务。数据挖掘算法包括决策树算法、贝叶斯算法、聚类算法、时间序列算法、关联规则算法、序列聚类算法等，通过算法的选择和参数配置，实现分类和预测、异常和趋势发现等应用挖掘需求。第七类，数据分析服务。支持对物联网数据的多维分析，提供数据切片、切块、钻取、旋转等服务，如按时间、地域等维度对感知数据进行分析。第八类，数据主动化服务。主动化的信息处理可以有效提供经过筛选的信息和信息主动推送服务，提供辅助决策支持的客观依据，如实时主动监控、例外或错误的主动处理和自动恢复功能、系统瞬时状态输出或关键点状态输出、协同分布式数据管理与维护等。第九类，数据可视化服务。为方便数据应用，可以提供数据可视化支持服务，如车辆行驶路线的电子地图展现、数据分析统计结果的图标展现服务等。实际应用环境中，由于传感数据不同、行业间存在差异及未来潜在物联网应用的不可预测性，基于物联网数据的服务数量可以说是无限的，这需要在服务设计时进行合理“裁剪”和分类规划，防止数据服务数量泛滥，难以管理和使用。除了数据服务外，可以利用现有的物联网行业应用，向上拓展，封装和开放流程与应用服务，为第三方开发物联网应用提供更多便利。

3.2 物联网应用分析

3.2.1 物联网应用模式

通用的物联网应用基本模型包括六个基本模块：感知模块、通信模块、处理模块、应用模块、标准模块和安全模块。其中感知模块、通信模块、处理模块和应用模块对应物联网基本架构中各个层次所需完成的功能；标准模块和安全模块是共性的支撑模块。

从应用研发的角度考虑，物联网应用的基本模型呈现给开发设计人员六个基本面。支撑非功能性需求的是接口面和控制面。支撑功能性需求的是数据面、传输面、知识面和服务面。接口负责实施标准，提供协议和接口，这是物联网应用得以部署的基本条件。对于任何技术而言，标准都是部署和推广的关键，几乎所有成功的商用技术都通过一系列的标准化来实现对于市场的渗透和占有。没有标准的物联网是无法实施的。控制面负责解决安全、认证和隐私保护问题，不可见的且持续的数据在人与人之间、人与物之间、物与物之间的交换对于使用者和持有者而言都可能是不可知的，那么，在我们周围的环境中谁将最终控制那些实现数据采集的“眼睛”和“耳朵”？让用户接受物联网新技术的最大挑战是对于私人数据安全性的保障，更重要的是，私密性要通过技术方案来解决，而不是基于规则、市场或社会伦理等方面的考虑。没有安全的物联网是没有人使用的。数据面主要用于感知数据的采集，并解决现场数据或局部数据的分组传递（上行），以及实施控制指令（下行）到达前端设备。数据面是实现感知与控制的最前端界面，也是基于实现物联网的互联与服务的基础。传输面通过向数据面发送配置保温，优化数据面的吞吐量及可靠性；同时解决异构多源网络的互联互通，实现海量数据的分类集成传输，解决接入网与核心网之间的融合等问题。知识面接收并存储来自于传输面提交的海量数据，依据业务规则进行对应的分析处理，形成面向行业的信息，构建面向领域的知识库，提供决策分析使用，这里涉及许多计算机软件技术，是物联网应用的核心所在。服务面提供整个物联网的完整服务视图，是物联网应用的最终体现，其中提炼出来的知识可以反馈于知识面的适应性处理。服务面与知识面的交互，提供了物联网的自主与智能的处理能力。

基于通用的物联网应用模型，构建物联网通常需要分成标志物品、建立物品联网系统和建立物联网应用系统三方面的工作。因此，目前物联网应用系统大致可以分为三个大类：基于标志的应用、基于感知网络的应用和基于 M2M 的应用。

(1) 基于标志的应用

电子标签是一种能够灵活把“物”改变为智能物件的有效途径，其主要应用是把移动和非移动物件贴上标签，实现各种记录、跟踪和管理。EPC Global 提出了 Auto-ID 系统由五大技术组成，分别是 EPC（电子产品码）标签、RFID 标签阅读器、ALE 中间件实现信息的过滤和采集、EPCIS 信息服务系统及信息发现服务（包括 ONS 和 PML）。

(2) 基于感知网络的应用

一般指无线传感网络（WSN），此外还有视觉传感网络（VSN）、人体传感网络（BSN）等其他传感网络；WSN 由分布在自由空间里的一组“自治的”无线传感器组成，共同协作完成对特定周边环境状况，包括温度、湿度、化学成分、压力、声音、位移、震动、污染颗粒等的监测与控制。WSN 中的一个节点一般由一个无线收发器、一个微控制器和一个电源组成。WSN 一般是自制重构网络，包括无线网中网和移动自重构网（MANET）等。事实上，包括视频监控等传统数据采集的方式同样为物联网提供了有效的感知物理世界的方法。

(3) 基于 M2M 的应用

业界认同的 M2M 理念和技术架构覆盖的范围应该是最广泛的，包含了 EPC Global 和 WSN 的部分内容，也覆盖了有线和无线两种通信方式；M2M 覆盖和拓展了工业信息化（两化融合）中传统的数据采集与监控（SCADA）系统。虽然 M2M 和 SCADA 几乎是一样的，但由于 M2M 基于物联网等新技术，有标准化做基础，它和传统的 SCADA 有着本质上的区别：我国的通信运营商从投入物联网应用开始就直接做 M2M 业务。但目前 M2M 的发展尚缺乏像 ONS 和 PML 那样的“物联网”标准规范和统一体系架构。

3.2.2 物联网应用现状

(1) 物联网已经得到初步应用

早在 1993 年启动的国家金卡工程，其中基于 RFID 技术的非接触式智能卡已广泛应用于移动信息终端、不停车收费、路桥管理以及电子证照身份识别等方面。目前，我国各类智能卡发卡总量超过 70 亿张。2004 年国家金卡工程还启动了物联网的重要应用——无线射频识别的行业应用试点工作，主要涉及农业领域的生猪、肉牛的饲养及食品加工的实时动态与

可追溯的管理，工业领域的煤矿安全生产，工业生产的托盘管理，物流领域的邮政包裹、民航行李、铁路货车调度监管，远洋运输集装箱动态监管，以及“电子口岸”自动化通关，铁路机车动态监管等。现在较新的应用是电信智能卡与银行电子钱包功能整合后，推出的移动支付服务以及把手机作为 RFID 的读写器开展对食品、药品、烟酒与贵重物品的识别防伪等。所以，物联网应用就在我们身边，只不过应用的深度和广度不同而已。

在国外，物联网也得到了初步应用。例如，瑞典斯德哥尔摩交通拥挤非常严重，道路交通管理部门决定采取措施将交通拥挤降低 10%～15%。他们构建一套系统，自动向在周一至周五 6：30～18：30 之间进出市中心的注册车辆收税。通过使用 RFID 技术以及利用激光和视频监控，设计并实施了一个随需应变的解决方案，可以检测、标识车辆，并收取费用。这套系统的应用取得的效果显著，交通拥堵降低了 25%（远远高于预期目标），交通排队所需的时间下降 50%，出租车收入增幅超过了 10%，城市污染级别下降 10%～15%。耐克（Nike）公司通过物联网健身产品为跑步者提供帮助。耐克在跑步鞋上安装了传感器，可以跟踪使用者的跑步，然后把跑步数据发送到网络上。该产品甚至还有自己的社交网络，它可以自动发布状态消息到推特（Twitter）和脸书（Facebook）。联邦快递为包裹推出了一种新型跟踪装置和网络服务，名字叫作 SenseAware，它可以显示包裹的温度、地点和其他重要信息，如是否被打开过。此外，联邦快递还同 50 家保健公司和生命科学公司展开了试点合作，用于跟踪手术工具包、医疗设备和器官等。

（2）物联网应用领域广泛

物联网本身是信息化发展的新阶段，物联网可以应用于社会生产和生活的各方面，可运用于智能交通、环境保护、政府工作、公共安全、平安家居、工业监测、环境监测、老人护理、个人健康、花卉栽培、水系监测、食品溯源、敌情侦查和情报搜集等众多领域，具有产业链长、涉及产业群多的特点，如图 3-3 所示。

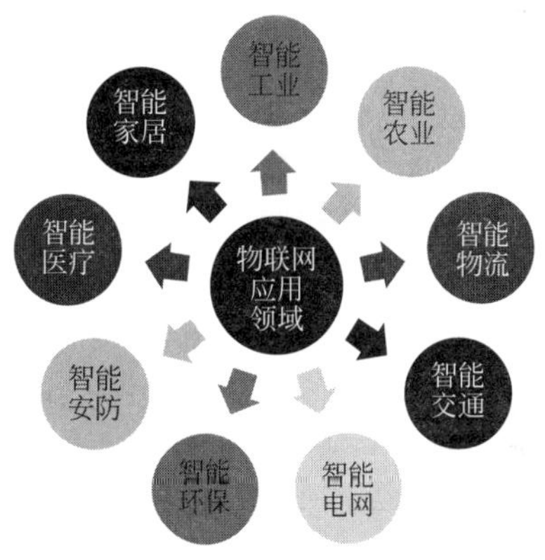

图 3-3　物联网的应用领域

① 智能家居。智能家居产品融合自动化控制系统、计算机网络系统和网络通信技术于一体，将各种家庭设备（如音视频设备、照明系统、窗帘控制、空调控制、安防系统、数字影院系统、网络家电等）通过智能家庭网络联网实现自动化，通过宽带、固话和 3G 无线网络，可以实现对家庭设备的远程操控。与普通家居相比，智能家居不仅能提供舒适宜人且高品位的家庭生活空间，实现更智能的家庭安防系统，还将家居环境由原来的被动静止结构转变为具有能动智慧的工具，提供全方位的信息交互功能。

② 智能医疗。智能医疗系统借助简易实用的家庭医疗传感设备，对家中病人或老人的生理指标进行自测，并将生成的生理指标数据通过固定网络或 4G 无线网络传送到护理人或有关医疗单位。根据客户需求，提供相关增值业务，如紧急呼叫救助服务、专家咨询服务、终生健康档案管理服务等。智能医疗系统真正解决了现代社会子女们因工作忙碌，无暇照顾家中老人的无奈，可以随时表达孝子情怀。

③ 智能交通。智能交通系统包括公交行业无线视频监控平台、智能公交站台、电子票务、车管专家和公交手机一卡通五种业务。公交行业无线视频监控平台利用车载设备的无线视频监控和 GPS 定位功能，对公交运行状态进行实时监控。智能公交站台通过媒体发布中心与电子站牌的数据交互，实现公交调度信息数据的发布和多媒体数据的发布功能，还可以利用电子站牌实现广告发布等功能。电子门票是物联网技术应用于手机凭证业务的典型应

用，从技术实现的角度，手机凭证业务就是手机+凭证，是以手机为平台、以手机身后的移动网络为媒介，通过特定的技术完成凭证功能。“车管专家”利用全球卫星定位技术、无线通信技术、地理信息系统技术、3G等高新技术，将车辆的位置与速度、车内外的图像和视频等各类信息及其他车辆参数等进行实时管理，有效满足用户对车辆管理的各类需求。公交手机一卡通将手机终端作为城市公交一卡通的介质，除完成公交刷卡功能外，还可以实现小额支付、充值等功能。

④ 智慧环保。智慧环保产品通过对实施地表水水质的自动监测，可以实现水质的实时连续监测和远程监控，及时掌握主要流域重点断面水体的水质状况，预警或预报重大或流域性水质污染事故，解决跨行政区域的水污染事故纠纷，监督总量控制制度落实情况。

3.2.3 物联网面临的挑战

物联网时代来临，人们的日常生活将发生翻天覆地的变化。然而，由于技术瓶颈、成本过高以及个人隐私等潜在的挑战，要全面进入“物联网”时代还需要一段时间。经过多年发展，我国在物联网技术研发、标准研制、产业培育和行业应用等方面已初步具备一定基础，但也存在关键核心技术有待突破、产业基础薄弱、网络信息安全潜在隐患，一些地方出现盲目建设现象等问题。

(1) 核心技术自主不够

物联网涉及技术范畴十分广泛，但作为重要支撑的传感器和专用芯片核心技术不具有优势，这对我国物联网发展具有重要阻碍。物联网的效果要能发挥出来，需要应用大量的传感终端。但是如果传感设备单元依靠进口，其价格会影响应用数量，从而影响物联网应用效果。在物联网领域，我国起步与发达国家相比并不晚，但这并不代表我们站在同一起跑线上。我国的传感器芯片绝大部分来自进口，缺乏核心技术是产业发展的最大瓶颈，正是由于缺乏核心技术，使得标准的制定工作举步维艰。要想在物联网行业掌握话语权，并不是制定出标准就能做到的，而是要掌握核心技术。如果我们能生产出高质量的传感器芯片而不依赖进口，使用怎样的标准可以完全自主，就不会像现在这样困难。以物联网的核心技术RFID为例，这些年来RFID普及始终面临着技术瓶颈。在很多地区物联网的标准化还处在初期，甚至还在孕育之中。很显然，管理和培育快速创新对很多国家和产业而言是一种挑战。国内企业在RFID底层专利上，并无主导权。全球RFID专利布局战已延续多年。美国更是一马当先，申请总量超过了欧盟、世界知识产权组织、日本、中国等多个区域专利申请总量的总和，比例高达53%。

(2) 物联网标准缺失

任何行业都要有各自的标准，无规矩不成方圆，若无标准，行业内产品的性能和质量很难去衡量，行业技术也将参差不齐，不利于行业发展。物联网发展正处在初期，由于缺乏规范标准，物联网技术推广进程受到影响，这也是所有行业在发展初期面临的普遍问题。国际上在发展物联网的同时也不断有相应的物联网标准出台，仅电子标签的标准就有很多，但是我国不能一味地总用别人的标准，“拿来主义”在最后注定要吃亏，采用国外标准涉及知识产权问题。我们可以看到，在很多关键领域，美国与欧洲的标准也并不统一。

我国制定物联网标准时，是在与国外标准进行利益的“博弈”，使得标准制定工作艰难，在国内，这种利益“博弈”现象也同样严重存在，不容忽视。例如智能家电，由于企业之间的利害关系，一些标准的制定必然会存在利益竞争。除智能家电外，移动支付也存在标准化利益“博弈”问题。中国移动有自主研发的产品和标准，银联也有相应的成熟的国际标准，为什么最后统一为银联的标准而没有采用拥有自主知识产权的移动2.4GHz的移动支付标准

呢？移动的 2.4GHz 标准固然有其不成熟之处，可银联的 13.56MHz 标准也有其缺陷，但若采用移动标准，银联将流失一大部分市场，这必然是所有银行都不愿意看到的结果。这种情况发生在物联网行业标准的制定工作中，利益问题的协调将大大阻碍标准化统一的进程。

物联网在发展初期应做到标准制定与技术研发并重。我国物联网产业发展过程中遇到的两大困难之一是标准体系不成熟，这也是国际普遍存在的问题，另一个是关键技术急需突破瓶颈。物联网研发瓶颈是传感器和芯片，我国缺乏核心技术，所以初期必须大力加强传感器的研究和发展。我们必须认识到，技术的研发和物联网标准的制定同样重要。目前我国的传感器芯片绝大部分来自国外，国产芯片的质量有待提高，从技术研发角度看，如果没有技术，何来标准？标准是核心技术成熟的产物，如果仅制定标准而没有成熟的核心技术支持，标准将无法发挥其作用。所以核心技术研发和标准的制定要结合在一起。制定标准与技术研发必须双管齐下，两者互相交替，制定标准一定要有专门的研发人员参与，只有研发人员知道哪些技术需要标准的统一，一边进行技术研发，一边出台标准是比较行之有效的方法。

(3) 成本偏高

物联网技术设备的成本过高也在一定程度上限制了产业的发展。电子标签的价格一直居高不下，最便宜的标签价格在 20 美分以上，有源标签最便宜也要超过 1 美元，这直接制约了廉价商品的 RFID 应用。此外，IT 系统与解读器等硬件设施也需要庞大的一次性投资。与 RFID 标签相比，微型传感器的成本更高，而且厂商稀少。日本、欧洲在传感器技术上拥有巨大优势，制约了我国物联网技术的市场应用。不过，随着我国自主核心技术越来越多，国产化程度越来越高，物联网应用规模越来越大，这种局面会得到改善。比如，用于服装行业的国产 RFID 芯片，目前价格可以低到 1 元以下。

(4) 商业模式缺乏

任何产业的成功发展，绝不是只靠政府大力支持、学术界的积极参与就行，归根到底是要有成熟的商业模式。因为只有实现客户价值最大化，才能把各种要素整合起来，形成一个完整的、高效的、具有独特核心竞争力的运行系统，实现可持续发展。物联网的发展需要物联网产业链涉及的政府部门、科研院所、芯片生产商、终端生产商、系统集成商以及电信运营商等各方进入自身环节以外开展合作，进行各种要素的整合，这样才能推出符合市场需求的新产品。目前的物联网商业模式研究，比较集中的研究方向是分析商业模式运营核心平台的搭建以及市场运营过程中运营商、系统集成商、服务提供商等主要个体的相互关系、服务提供方式和收入分配方式。现在有一些学者和运营商提出了商业模式，如将物联网的商业模式分为通道型、合作型、自营型和定制型四类；从运营商主体性出发提出了合作开发、独立开发和定制服务的物联网商业模式类型。中国移动根据已有业务结构，分析 7 种物联网商业模式，包括：企业投资自建型、企业自建运营型、定位平台免费开放型、全租赁佣金型、运营商系统集成型、运营商与系统集成商合作型、运营商产品库型。当前物联网商业模式的研究主要体现为系统集成商和运营商的运营主体竞争以及服务方式的多样化扩展，强调的盈利方式仍然是用户单次设备购买、日常通信服务以及网络运营商的佣金收入。关于物联网商业模式的市场运作、盈利模式以及个体关系类型的研究取得较多成果，其中对于广告平台建设的思维也符合网络产业商业模式中低资费、规模平台、广告支撑的发展趋势。但由于缺乏对用户需求的综合挖掘和行业拓展，研究的群体和行业范围偏窄，忽视了物联网公共特性以及政府在产业发展中的作用，商业拓展的广度和深度都有一定欠缺，导致相关业务市场渗透能力差，用户接受程度低，推广周期长，不利于产业发展。同时，对电信领域的创新商业模式借鉴不够，忽视了物联网潜在的多价值主体特性，对运营商、系统集成商之外的价值创造研究不够。

(5) 安全隐私保护不够

物联网产业的一个重要挑战是对数据安全和个人隐私的保护。对数据和隐私的关注是广泛的，在追踪用户位置变化、收集用户兴趣和喜好的传感器和智能标记这些方面更甚。当日常物件能够拥有各种感觉（如视觉和嗅觉）时，再加上计算和通信能力，物和人之间、物和物之间不可见而持续的数据交换，很有可能给数据所有者和数据接触者带来未知隐患。

推广物联网技术，必须要确保用户的知悉应允，数据机密和安全。隐私保护不能仅局限在技术解决方案上，在市场和社会伦理上都要贯彻实行。如果和政府、市民团体和隐私关注者的协商不能达成一致，物联网的发展就会受到阻碍乃至终结。只有通过广泛宣传物联网的技术优势并保证解决这些敏感问题，所有人才能从未来公平的以用户为中心的物联网中受益。

尽管各个地方对物联网建设投入了极大的热情，但应该看到，物联网的发展模式和技术实现手段仍不十分成熟，也面临成本较高的问题。从当前阶段来看，物联网本身的特点将表现在网络经济性差别于互联网，这使得物联网发展在“十二五”初期仍主要依靠政府推动，社会效益的考量要远高于经济效益。因此，物联网的发展必然会与城市的发展密切结合，会在典型的应用领域中高速发展，成为解决城市发展面临的各种问题的重要手段。

3.3 智能交通应用的物联网关键技术

物联网在交通领域的应用主要由交通要素身份识别、信息感知、信息传输、信息处理和应用服务五部分技术组成，本节将根据物联网预期的技术发展方向，结合我国交通领域面临的实际需求，研究分析推动物联网在交通领域应用中需要开展的技术攻关方向。

3.3.1 交通要素身份特征标识体系技术

交通要素身份特征标识体系的建设是物联网在交通领域应用的重要基础性工作，也是智能交通系统资源整合应用，以及交通领域与其他相关领域资源整合应用的重要基础，对物联网在交通运输领域应用的技术体系搭建和智能交通的发展具有举足轻重的影响。在“物物相连”的物联网系统中，每一个交通环境中的要素都应有其特殊的标识码，使其在系统中能够方便地被寻址、被感知，使所有交通运输领域内的要素成为交通身份特征标识体系的一部分。

(1) 交通运输领域需要进行标识的要素

交通要素由交通基础设施、交通对象和交通工具三部分构成。在公路、水路、城市交通、民航等不同的交通领域，交通要素的构成不尽相同。

在公路交通领域，交通基础设施包括道路、桥梁、隧道和场站 4 类；交通对象包括人员、货物两类，其中人员可分为行业管理人员、营运车辆驾驶员、其他车辆驾驶员和乘客，根据危险程度，货物可分为普通货物和危险货物；交通工具主要指车辆，可分别按运输车辆的技术特征、行驶方式、车体结构、车辆用途和车辆使用的能源种类分类。

在水路交通领域，交通基础设施包括航道、码头、桥梁和船闸 4 类；交通对象包括人员、货物两类，其中人员分为行业管理人员、船员和乘客，货物可分别按货物种类、运载货物的贸易性质、运载船舶航行区域、运输船舶类型分类；交通工具主要指船舶，一般船舶可分别按船舶航行的不同航区、船舶材质、船舶用途、船舶技术状况、船舶国籍、船龄和船舶的登记吨位等分类。

在城市交通领域，交通基础设施包括道路、隧道、车站、桥梁和停车场 4 类；交通对象

主要指人员、货物两类，其中人员分为行业管理人员、公交/出租车驾驶员、普通车辆驾驶员和乘客，根据危险程度，货物可分为普通货物和危险货物；交通工具主要指公交客车、出租车和轨道运输车辆及其他车辆。

在民航交通领域，交通基础设施包括航站楼、跑道、仓库、停车场4类；交通对象主要指人员、货物两类，其中人员分为机场管理员、航空公司管理人员、空管人员、飞机驾驶员、乘客、地勤人员、乘务员，货物分为普通货物和危险货物；交通工具主要指飞机和地面服务车辆，飞机包括客运飞机、货运飞机。

（2）标识编码技术及发展现状

正是因为TCP-IP协议的应用，才使全世界的计算机能够连接起来，使得互联网成为可能；要在物联网领域将大量的对象连接在一起，同样需要统一的标识体系，这是物联网能够发展的首要前提。

为了保证交通要素标识信息能够被其他行业识读，确保信息共享，交通要素的编码方法应该在结合自身特点的基础上和国家编码体系保持一致。目前，国际上比较常用的物体标识编码体包括对象标识符（Object Identifier，OID）、产品电子代码（Electronic Product Code，EPC）、泛在网络身份技术（Ubiquitous Identifier，UID）等。

在ISO/IEC/ITU标准中指出，OID是指通信和信息处理中的任何事物都是可标识、可注册的，它是网络通信中间对象的“身份证”。其表达可以采用树的方式，每个应用领域都可以认为是树的根节点，例如“X.509”就是信息安全领域的一个基础标准，而“.48”分支是信息安全领域中负责不同安全机制之间进行转换的子分支。通过这种树形结构，OID的每个对象都可以用从树的根到节点的路径来表示，例如，中国电子技术标准化研究院就可以用“1.2.156.1”来表示。

OID的最大特色是它的解析方式分为通用和应用两个环节，它重点解决的是各个标识之间的解析问题，而每个标识本身的解析方案并不需要进行改动。正因如此，国际上对于不同标识体系的转换正考虑采用OID来完成，在2009年就已经开始将“2.27”分支用于基于标签应用和服务的OID的注册，也就是用于目前国际和国内不同RFID标识编码机制之间的转换。

我国在2006年已经由工业和信息化部批准建立了国家OID注册中心，目前已经分配了一些OID的号码，用于电子认证、密码算法、医疗影像等领域。在标准研制方面，已经制定了GB/T 15969国家标准，并发布了《OID的国家编号体系和注册规程》。

因此，根据OID编码体系的特点，交通行业可以先按照行业需要对交通要素进行编码，再在国家的统一协调下，将我国OID的某个分支分配给交通行业，从而实现不同行业不同编码的转换和识读。

（3）标识载体

虽然公路、水路、城市和民航4个交通领域的交通要素存在一定差异，但它们都具有一些相同的特点，因此，可根据交通要素的特点分类来确定标识载体技术。

① 交通基础设施标识载体。交通基础设施具有空间位置固定且命名或标识码规范的特点，可供选择的标识载体技术主要有射频识别（RFID）和地理信息系统（GIS）、路侧设备、智能航标等技术。

② 交通对象——人的标识载体。从需求出发，交通对象标识载体建设以营运车/船/飞机驾驶员和行业管理人员为主，可以借鉴我国第二代身份证技术，选择IC卡（高频RFID）、个人数字终端（手机、平板电脑等）或其他类似技术作为标识载体。

③ 交通对象——物的标识载体。从支持非接触式识别和低成本应用两方面考虑，交通

对象中的货物可供选择的标识载体技术主要有RFID和条码（条形码、二维码等）等技术。

④ 交通工具标识载体。

a. 从车-车、车-路、车-人识别通信的需求出发，车辆可供选择的标识载体技术主要有RFID、车载数字终端和红外信标等技术。

b. 从船-船、船-岸、船-人识别通信的需求出发，船舶可供选择的标识载体技术主要有RFID、船载定位终端、AIS等技术。

c. 从飞机之间、飞机与地面识别通信的需求出发，飞机可供选择的标识载体技术主要有通信和RFID等技术。

二维码是用某种特定的几何图形按一定规律在平面（二维方向上）分布的黑白相间的图形来记录数据符号信息的。在代码编制上巧妙地利用构成计算机内部逻辑基础的“0”“1”比特流的概念，使用若干个与二进制相对应的几何形体来表示文字和数值信息，通过图像输入设备或光电扫描设备自动识读以实现信息自动处理。二维条码/二维码能够在横向和纵向两个方位同时表达信息，因此能在很小的面积内表达大量的信息。

二维码不需要连接数据库，本身可存储大量数据，可应用于医院、驾驶证、物料管理、货物运输等领域，当二维码受到一定破坏时，错误纠正功能可以使二维码能够正确解码。二维码是一个多行、连续性、可变长、包含大量数据的符号标识。每个二维码有3～90行，每行有一个起始部分、数据部分、终止部分。它的字符集包括所有128个字符，最大数据含量是1850个字符。一维二维码只是在一个方向（一般是水平方向）表达信息，而在垂直方向则不表达任何信息，其一定的高度通常是为了便于阅读器的对准。

3.3.2 RFID技术及产业化发展现状

由于RFID具有无须接触、自动化程度高、耐用可靠、识别速度快、适应各种工作环境和多标签同时识别等优势，并能与唯一识别码结合用于自动识别，所以它是物联网中最受关注的标识载体技术之一，也是目前应用最广的自动识别技术之一。

(1) 国内外RFID技术研究现状

RFID是一种利用空间电波的传播，无接触、远距离进行识别、定位和跟踪的技术。其主要频率包括低频（Low Frequency，LF）125kHz，高频（High Frequency，HF）13.56MHz，甚高频（Ultra High Frequency，UHF）433MHz和800～900Hz，以及微波（Micro-Wave，MW）2.45GHz和5.8GHz等。涉及环节包括标签芯片研发与制造、读写设备设计与制造，以及系统集成与应用软件开发。

目前，RFID物体识别技术相对较为成熟，开始步入发展期。美国占据了RFID技术的领先地位，TI、Intel在芯片研发，Symbol在RFID标签和阅读器，IBM、微软和HP在软件及应用系统方面具有强大优势。当前，国际RFID技术研发集中在远距离RFID技术。

我国低频和高频段RFID技术相对成熟，特别是经过第二代身份证和公交一卡通等方面的应用，HF电子标签已经实现了规模化量产，获得广泛应用。但是在UHF电子标签方面，虽然得到了国家政策的大力支持，且上海坤锐电子科技有限公司也推出了我国第一个产业化EPC Class1 Gen2标准的电子标签芯片，但由于未得到大范围应用，该技术与国外仍存在较大差距。

EPC是基于射频识别、无线数据通信以及互联网的一项物流信息管理新技术。EPC在全球的管理机构是EPC Global（全球产品电子代码管理中心），其由EAN（European Article Numbering Association）和UCC（Uniform Code Council）两大标准化组织联合成立，是一个中立的、非营利性标准化组织。EPC的基本思想是给每一个需要标识的实体对象分配一个全球唯一的代码，同时通过国际互联网的支撑来实现对该实体信息的实时查询和修改，从而构建一个全球物品信息实时共享的实物网络，以此来有效提高供应链管理水平，降低成本。

（2）国内外产业发展现状

据 RFID 产业联盟的统计，2009 年，全球 RFID 产业规模为 50.3 亿美元。高频 RFID（13.56MHz）设备占主流，市场份额约为 83%。但是，根据中国工程院的研究，从发展趋势看，未来 RFID 产品和应用将更加多样化。

2010 年，我国 RFID 产业市场规模快速增长，RFID 纯收入达到 125.1 亿元，在全球居第三位，仅次于英国和美国。但是 RFID 产业各环节实力较强的企业仍然集中在美国和欧洲国家。虽然近几年我国 RFID 产业在射频芯片、封装、应用支撑软件、系统集成等领域逐渐壮大，但仍以中、小企业为主，整体实力不强。我国低频和高频段 RFID 技术相对成熟，超高频产业链正在逐渐成熟，微波频段产业链和国外差距较大，超高频有源 RFID 等产品领域还没有形成整体产业能力，RFID 中间件产品与国外相比仍有较大差距。

在中国工程院的“联网及其在重要领域的应用（总报告）”中指出：对于标签芯片设计，国内芯片厂商起步较晚，但近 10 年取得了长足发展，缩小了与国际芯片设计水平的差距。国内公司在 RFID 芯片设计上完全有机会赶上甚至超过国际先进水平。

在标签封装（含天线设计）环节，我国引进的 RFID 产品封装设备性能已经达到与国际接轨的水平，但设备操作人员的水平还有待提高。国内 RFID 卡片形式的封装技术已经十分成熟，但欠缺封装超高频、微波标签的能力等。此外，在提供防水、抗金属的标签方面我国仍需提高生产工艺。

在读写机具的设计与制造上，国内在研发方面处于领先水平。在 13.56MHz RFID 识别系统设计与生产方面技术成熟，拥有大量的厂商和产品，竞争力较强；但在 UHF 段技术实力和国外厂商的差距较大，主要依靠进口。

在中间件上，目前，大型 RFID 项目中以国际大型厂商为主，国内软件开发商相比还比较弱，但在中、小型项目上，则以本土厂商为主，具有本土优势。

在系统集成与系统软件开发上，国内的系统集成厂商具备一定大型系统的集成能力，也开发出了拥有自主知识产权的软件产品和系统，国外的系统软件则通过与国内的系统集成商合作来进入我国。

在标签打印机和贴标机领域，目前基本上被国外厂商垄断，国内厂商基本没有切入。

从应用方面看，RFID 发展已从技术研发阶段进入应用驱动阶段。RFID 技术的应用领域正在不断扩大，与新技术的融合产生的新需求起到了推动作用。但 RFID 应用仍以局部的闭环应用和政府主导项目应用为主，跨行业、跨部门、应用链长的应用相对较少。

一方面用户总成本投入高，对投资回报信心不足；另一方面，缺乏有针对性的行业解决方案限制了大规模应用，RFID 应用市场相对保守。另外，RFID 大部分的应用都仅限于身份识别层次，尚未达到“感知、互联、处理”特征的物联网应用。

（3）交通运输领域 RFID 技术应用

在交通运输领域，无论是车辆与道路之间进行信息交换，还是车辆与车辆之间进行信息交换，一般都需要在高速运动中进行，而且距离较远，因此用于交通要素身份标识的 RFID 技术必须能满足高速、远距等要求。

远距离 RFID 技术主要使用 3 个工作频段，即 800MHz/900MHz 的超高频段、2.45GHz 频段和 58GHz 频段。从已经建成的交通运输领域应用系统来看，800MHz/900MHz 频段主要应用于北美地区，尤其是集装箱识别系统；而 5.8GHz 专用短程通信

(Dedicated Short Range Communications，DSRC) 系统主要应用于欧洲、亚洲及大洋洲地区；245GHz 频段在国内水路领域开始逐步得到应用。

DSRC 是一种高效的无线通信技术，它可以实现在特定小区域内（通常为数十米）的高速运动下移动目标的识别和双向通信，例如车辆的“车-路”“车-车”双向通信，实时传输图像、语音和数据信息，将车辆和道路有机连接。DSRC 设备的研发是车联网研究中的一个重要课题，可以广泛地应用于不停车收费、出入控制、车队管理、信息服务等领域，并在区域分割功能即小区域内车辆识别、驾驶员识别、路网与车辆之间信息交互等方面具备得天独厚的优势。目前，在我国交通领域，RFID 技术的应用处于 5.8GHz、2.45GHz 和 800MHz/900MHz 并存的局面。

① 在使用范围方面。对于 58GHz RFID，从 2008 年电子收费（ETC）国家标准的制定完毕到目前为止，我国在 28 个省（自治区、直辖市）已开通基于 58GHz 的 ETC 车道约 1300 个，全国 ETC 用户突破 50 万，而且近期交通运输部发布了促进高速公路应用 ETC 的若干意见，要求各省级交通运输主管部门负责区域内高速公路 ETC 的组织实施和协调指导，各级财政发展改革（物价）部门分别从资金保障、项目审批、价格管理等方面给予支持和指导。

对于 2.45GHz RFID，通过国家信息化试点项目“中美集装箱电子标签国际航线应用”的实施，以及在上海港—烟台港电子标签集装箱示范航线、中国上海港美国萨凡纳港电子标签集装箱航线等方面的应用，已经实现了逐步推广。

② 在技术特点方面。5.8GHz RFID 技术在数据传输速率、通信距离、安全性等方面，都比 800MHz/900Hz 无源 RFID 具备优势。在数据传输速率上，5.8GHz 系统数据传输速率是下行 50kb/s（写入功能），上行 250kb/s（读出功能），不仅可以确保电子收费的正确完成，而且可以满足物联网对车辆通信的其他要求。在通信距离上，5.8GHz 系统 DSRC 协议的基础技术保证其至少有 10m 的双向通信距离，反向散射原理使下行和上行的通信互不干扰，从而使得标签可以在有限的功率范围内进行可靠的通信。在安全性上，基于 DSRC 的 5.8GHz 系统在用户界面上提供了一套较完备的信息安全管理机制，这些安全性能有一系列国际标准作保障，使它们都能符合世界范围内各国银行所要求的安全性能水平。但国家无线电管理局的专家指出：因为 5.725～5.850GHz 频段是划分给无线局域网通信所使用的，并且随着目前移动运营商在城市内布设无线热点（Hot Spot）的增多，5.8GHz ETC 在城市内肯定会受到较大的干扰。

2.45GHz RFID 技术的特点与 5.8GHz 类似，其数据传输速率、通信距离、安全性都非常出色，但国家无线电管理局的专家指出：由于目前 2.45GHz 频段内包含了蓝牙、WLAN 等多种类型的无线设备，且数量巨大，因此其受到的干扰最大。

而 800MHz/900MHz RFID 技术在使用寿命、适用范围、成本及防拆卸等方面具有优势。

在使用寿命上，有源 5.8GHz、2.45GHz 电子标签的寿命取决于电池的寿命，一般只能工作 2～3 年，而无源标签的寿命取决于其物理寿命，一般在 10 年左右。在适用范围上，2007 年 4 月底，工业和信息化部（工信部）发布了《关于发布 800MHz/900MHz 频段射频识别（RFID）技术应用试行规定的通知》。通知中规定，我国 UHF RFID 技术的试用频率为 840～845MHz 和 920～925MHz，该规定的出台为 RFID 大规模普及提供了重要保障；而且无论是在城市领域还是在公路领域，此频段上的干扰源相对较少。在成本方面，由于不使用电池，寿命长，所以成本低。在防拆卸方面，无源标签固定在车窗玻璃上，无论是撕扯还是玻璃破碎，都会造成标签损毁，具有极好的防拆卸性。在安全性方面，无源标签可以与汽车挡风玻璃等效破碎，保证驾乘人员的安全。

③ 在技术、产业发展现状方面。对于 5.8GHz RFID 技术，目前我国仅在电子收费（ETC）应用方面颁布了相关标准。但是，根据中国工程院对微波芯片产业化的分析，与国际技术相比，我国微波频段产业链与国外差距较大，超高频、有源 RFID 等产品领域还没有形成整体产业能力。同时，江苏云联科技有限公司技术总监祝辰博士指出：目前 5.8GHz 射频芯片在制造时采用的是砷化镓（GaAs）技术，国内的生产工艺还不成熟，因此还没有形成自主的芯片。

④ 关键技术发展方向。作为应用性行业，交通运输领域在应用推广 RFID 技术时，不仅要考虑技术的先进性和适应性，更要考虑技术的成本和应用推广的可行性。同时要考虑形成自主知识产权的产品，通过打破国外垄断，降低整个 RFID 技术的使用成本，拉动我国 RFID 产业发展。针对 5.8GHz、2.45GHz 和 800MHz/900MHz 技术各有所长，且我国三方面的技术与产业均处于局部应用和试点应用阶段的实际情况，交通运输部已经组织力量开展 RFID 技术在交通领域应用的专题研究，从技术先进性、实用性、安全性等方面充分论证各种频段 RFID 适用的业务领域，制定交通领域 RFID 应用指南，指导交通行业有序推广和应用相关技术。

a. 交通要素身份标识体系应用指南。深度调研，梳理公路、水路、城市交通、民航各业务领域对 RFID 应用的需求，结合 RFID 技术和产业发展现状，编制并提出交通应用 RFID 指南，指导行业基于物联网技术的智能交通建设，并研究身份标识的编、解码规则，标识的管理技术，标识的认证技术及相应的电子载体。

b. 异频异构 RFID 一体化接入技术。如果要同时试行 800MHz/900MHz RFIO、2.45GHz RFID 和 5.8GHz RFID 技术，那么必然涉及不同标签的读取问题，而且驾驶员的身份卡是临时放置、可插拔的 13.56MHz 电子标签，这 4 种标签在基材电气特性、配装方式、微波工作介质层上完全不同，因此必须研究异频异构 RFID 通用读取设备，从而实现多种标签能互不干扰地工作于同一微波视场，并被等效识别。

c. RFID 信息安全和用户隐私权防护技术。RFID 采用的是信息交互技术，其卡内的用户隐私可能被识别和非法跟踪，特别是 800MHz/900Hz 的无源标签，其加密能力较弱，通信易被监听，因此必须研究数据认证和加密技术，以及标识的化名识别技术，以保护用户隐私。

d. 标识载体与设备快速安装、快速自动检测、修复技术。标识感知设备的快速安装、快速自动检测和修复技术是物联网系统实施的重要环节之一。以车辆为例，现行市场上国家批准销售的车型众多，不同车型挡风玻璃的倾斜角度、材质以及离地高度各不相同，因此，必须研究不同车型上的装卡位置和方法，才能保证所有安装身份标识 RFID 的车辆都能被顺利识别。

3.3.3 交通要素运行信息精准获取技术

交通要素运行信息数据获取体系建设是物联网在交通领域应用的重要基础支撑性技术的研发工作。核心建设内容是研发轻型、多模、低成本、长寿命、高可靠、自适应、芯片化、集成化、智能化、网络化的交通对象、交通工具，以及交通基础设施运行状态实时采集传感设备，为大规模实时交通信息采集提供手段。

公路、水路、城市交通和航空运输的感知要素不同，身份标识及载体也不尽相同，但是感知需求非常类似。

（1）交通基础设施感知需求

交通基础设施感知信息主要依附于基础设施空间位置的交通事件信息、基础设施运行状态信息、交通运行状态信息和交通气象、环境信息。

交通事件是造成偶发性交通拥堵的主要原因。由于交通事件的发生时间和地点是随机的、不可预测的，因此很难采取控制交通需求或提高通行能力等对策来处理，解决的关键是尽早发现事件、确认事件的性质并及时采取救援措施和为其他驾驶员提供相关信息，对事件实现快速、高效、恰当的处理。因此，交通事件感知的信息主要包括事件类型、发生地点和时间。

基础设施运行状态直接影响交通运行的顺畅，特别是路网、航道网设施、机场和航线的维护管理水平直接影响其服务能力的有效发挥。因此，根据管理需求，公路和城市交通基础设施运行状态感知的信息主要包括路面灾害、隧道灾害和桥梁状况等。水路交通基础设施运行状态感知的信息主要包括桥梁状况和航道尺度等信息。民航交通基础设施运行状态感知的信息主要包括跑道状况和停车场状况等。

交通运行状态信息是开展交通诱导和应急智能控制，实现路网或航道网结构、路面和路基结构、航线和跑道优化的重要基础，因此，根据管理需求，公路、城市交通运行状态感知的主要信息包括路网的车流量、车流速度及道路行车辆轴载谱等。水路交通运行状态感知的主要信息包括船流量、船流速度等。民航交通运行状态感知的主要信息是交通气象、环境信息等。这些信息既是管理部门向社会提供服务的重要内容，也是控制交通运行的手段。

（2）交通对象感知需求

交通对象感知信息包括对营运性运载工具驾驶员行为和对货物运输状态两方面的感知需求。

为了提高交通运输安全水平，从管理需求出发，交通对象感知的重点是营运性交通工具和驾驶员，感知的主要信息是驾驶员的持续驾驶时间和错误操作信息。为了提高货物运输服务水平和服务效率，实现危险货物运输的全过程跟踪，需要知道的主要信息是货物的位置信息、货物运载环境信息等。

（3）交通工具感知需求

根据交通运输部的职能划分，从行业管理需求出发，感知重点是营运性交通工具运行状态，具体包括交通工具所在位置、行驶路径、速度、实时性能、载客货量等。

（4）通领域应用传感技术现状

① 交通事件感知技术。对交通事件中事件类型、发生地点和时间等信息的自动感知主要使用视频采集技术，它能同时检测事件的性质、发生的时间和发生的地点，具备直观可靠、安装和维护方便等优点，但目前使用的视频摄像机多为模拟摄像机，信号动态范围较小，分辨率固定，无法满足高清晰度、高分辨率的监控需求。

② 交通基础设施运行状态感知技术。从 20 世纪 80 年代后期开始，我国通过设备自动检测领域取得了较大的发展。目前，我国多家单位已经开发出了路面灾害智能检测车，它集成了激光测量、图像采集、图像识别等多种自动测量和分析技术，能够在车辆行驶过程中对裂缝、坑槽等路面损坏进行自动分析和处理，可以说国内路面自动检测技术发展到今天，其数据采集技术和功能已相当成熟及完备，某些功能甚至已经达到世界领先水平，但在后期数据处理，尤其是路面破损图像的自动识别方面尚有欠缺。对隧道灾害的自动感知和路面接近，还可以通过引申计、压力传感器、激光测量、图像采集等技术来检测隧道面的变形和压力。

要进行全面的桥梁健康状况评估，就需要从不同侧面（例如，应变、振动、挠度等方面）来了解桥梁的状态。在桥梁振动检测技术方面，目前使用的加速度振动测量设备已经基本实现了微型化、低功耗和无线传输能力。在桥梁挠度检测技术方面，目前常用的自动检测

技术包括全自动全站仪、倾角仪、GPS挠度测量仪、激光图像测量仪等，但现有的这些技术都存在一定的局限性，还没有任何一种技术能够满足各种桥型的不同测量要求，因此，多传感器集成是挠度检测设备的发展方向。

对机场设施的自动感知主要采用了视频识别、红外感应等多种自动测量和分析技术。

③ 交通运行状态感知技术。目前，道路（公路城市交通）交通流信息的采集设备种类较多，包括地磁线圈、视频、雷达、压电等，但各种方式都存在一定缺点，如安装线圈需要开掘路面，视频在低能见度情况下检测效果不佳，雷达无法解决大小车遮挡，压电传感器价格较高等。

水路测量船舶流量主要采用的是雷达和视频技术，由于雷达存在环境电磁污染、遮挡以及水面杂波反射等问题，在水路应用时难度较大。而视频技术因为直观、维护量小，而且可以将事件检测和交通流检测等功能集为一体，所以在水上交通流量调查上用得越来越广泛。

④ 气象、环境信息感知技术。气象能见度自动感知技术主要有激光能量检测和视频图像处理等，目前我国交通领域中使用的能见度检测设备以国外设备为主，虽然功能齐备，指标先进，但价格也很品贵，因此大规模应用难度较大。

对路面积水、积雪等气象状况的自动感知主要采用微波反射、铂电阻测温、电导率测量等技术，但检测设备以埋入式为主，安装时需要破坏路面，封闭交通，极不便利。

对交通尾气的自动感知主要采用电化学和光谱分析等技术。其中电化学传感器的寿命较短，一般不超过两年；而光谱分析方法成本较高，在恶劣环境下可靠性不高。

对航道水位的自动感知主要采用压力水位计和雷达水位计等技术。

对机场噪声的自动感知主要采用声级计和声强频谱分析仪等技术。

⑤ 交通对象运行状态信息采集技术。对驾驶员持续驾驶时间和错误操作信息的自动感知技术的应用比较缺乏，到目前为止，仅有些国家开发了测量眼睛眨眼频率、瞳孔对外界刺激的反应、眼睛闭合或眼睛运动的监视器，其研究大部分也仅仅是处于概念上的实验室仿真测试阶段，距离实际应用还有一定距离。

利用RFID读取设备，对货物身份电子标签的信息进行读取，可以在一定程度上实现对货物的定位，但是要得到货物的实时位置，还是要采用卫星定位技术，如GPS、北斗。

对货物运载环境状况的自动感知主要采用温敏电阻、湿敏电容、无纸记录仪等技术。

⑥ 交通工具运行状态信息采集技术。对交通工具速度、位置和行驶路径等信息的自动感知主要采用GPS和北斗等卫星定位技术。

对交通工具实时性能的动感知主要采用车载传感器技术，如角度传感器、压力传感器和温度传感器等。

因为在载客量和载货量的实时感知中存在大量人为因素的掺杂，所以目前还没有技术能够有效解决这一问题。

(5) 传感器技术及产业化发展现状

① 国内外技术研究现状。以传感器为代表的感知技术是发达国家重点发展的核心技术，美国、日本、英国、法国、德国、俄罗斯等国家都把传感器技术列为国家重点开发的关键技术之一。当前，传感器技术已经从结构型、物性型传感器，发展到用微电子和微机械加工技术制造的新型微机电传感器，正在向低成本、低功耗、新型化、微型化、智能化、综合化方向发展，在功能、成本、可靠性方面继续提升。

而目前我国传感器技术的研究主要还集中在低端传感器上，中高端传感器基本依赖进口；但我国微机电技术在微惯性器件和微惯性测量组合、微流量器件和系统、生物传感器等方面已经取得了显著进展。

微机电是指由微传感器、微执行器、信号处理和控制电路、通信接口和电源等部件组成的一体化的微型器件系统。它是在融合多种微细加工技术，并应用现代信息技术的最新成果的基础上发展起来的高科技前沿学科。其目标是把信息的获取、处理和执行集成在一起，组成具有多功能的微型系统，集成于大尺寸系统中，从而大幅度地提高系统的自动化、智能化和可靠性水平。目前微机电市场的主导产品为压力传感器、加速度计、微陀螺仪等。

② 国内外产业发展现状。在传感器产业化发展上，对于应用范围广的传感器产品，美国、欧洲、日本、俄罗斯等发达国家与地区已经实现了规模化生产，建立了包括物理量、化学量和生物量三大门类的传感器产业，而我国也已建立了较完整的敏感元件和传感器产业，产业规模稳步增长，但外资企业优势明显。

在中国工程院的“物联网及其在重要领域的应用（总报告）”中指出：整体上看，我国传感器产业和技术发展仍存在突出问题。一是核心技术和基础能力缺乏，创新能力弱。传感器在高精度、高敏感度分析，以及成分分析和特殊应用的高端方面差距巨大，中高档传感器产品几乎100%从国外进口，90%芯片依赖国外，缺乏对新原理、新器件和新材料传感器的研发产业化能力。二是共性关键技术尚未真正突破。设计技术、可靠性技术、封装技术、装备技术等方面都存在较大差距。国内尚无一套有自主知识产权的传感器设计软件，国产传感器的可靠性比国外同类产品低1～2个数量级，传感器封装尚未形成系列、标准和统一接口。传感器工业装备研发和生产被国外垄断，传感器工艺制备中的某些关键技术，如深刻蚀技术（Lithographie Galanoformung and Abformung，LGA）、高温欧姆接触技术（使用温度大于300℃）、高可靠的MEMS封装技术、快速测试技术、高仿真模拟技术等，尚未取得突破性进展和批量生产的验证。三是产业结构不合理，品种、规格、系列不全，技术指标不高。国内传感器产品往往形不成系列，产品在测量精度、温度特性、响应时间、稳定性、可靠性等指标与国外也有相当差距。四是企业能力弱，从目前市场份额和市场竞争力的指数来看，外资企业仍占据较大优势。我国传感器企业95%以上属于小型企业，规模小、人才短缺、研发能力弱、规模效益差，综合实力较强的骨干企业较少，与国外企业无法抗衡。

(6) 交通运输领域传感器技术应用发展方向

① 背景。随着经济的发展和科技的进步，现代交通运输业飞速发展。近年来我国对公路基础设施建设的力度逐年加大，投资额度持续增加，公路、桥梁、隧道等基础交通设施的数量不断增多，质量不断提高，对国民经济建设起到了积极的推动作用，促进了交通运输量的大幅度提高。但伴随着交通运输量的提高，现有路网的实际容量在局部接近饱和，桥梁裂缝、隧道沉降、路面破损等安全问题逐步显现，对交通基础设施抗击暴雨、暴雪等灾害能力的要求逐步提高。为了减缓道路拥堵，提高路网运营效率，保证交通基础设施在运营期间的安全，实现道路灾害的提前预警，减轻突发灾害的人员伤亡和财产损失，需要借助物联网相关感知技术，建立起交通信息采集、基础设施监控、气象/地质灾害预警等信息体系。

由于交通行业基础设施分布范围广，传感器工作环境恶劣，可靠性要求高，所以要建立较为完善的交通信息感知体系需要解决以下问题：保证传感器设备在各种恶劣环境下的全天候工作能力，具备抗腐蚀性、耐用性等特点；满足低成本、低功耗、长寿命的特性，降低推广应用的难度；降低布设难度，减少安装设备时对交通的影响。

然而，目前我国自主研发的传感器技术与产品仍处于起步阶段，离真正市场化、产业化还有一段距离，因此，国产传感设备的性能和寿命都存在问题，而国外产品的成本又居高不下，难以实现大规模推广应用。所以，在交通运输领域中应用物联网技术，需要在对现有信息采集设备进行升级改造的同时，进一步研发多功能、低成本、稳定性高、安装简便的设备。

② 关键技术的突破方向。交通运输行业“点多、线长、面广”的特点决定了只有通过大范围布设感知设备才能达到全程、全天候对交通要素运行状态的精准感知，提高交通运输公共服务能力和应对突发事件能力的目的。所以，在实际应用中，不仅要求感知设备具备高可靠性和高精度，还必须实现低成本。因此，交通运输行业不仅必须促进新型、多模、低成本、长寿命、高可靠、自适应的芯片化、集成化、智能化、网络化的传感器与设备的自主研制开发，还必须通过应用示范拉动我国国产传感器产业的加速发展，降低相关设备应用成本。

目前，针对物联网感知技术在现代交通运输行业中的应用需求，需开展以下关键技术的研究。

a. 基于传感器的交通动态信息实时采集技术。通过研发低成本、长寿命、微功耗的交通动态信息采集设备，实现对路网、水网交通流量的实时监测，从而准确掌握交通运行特征，为搭建以交通信息分析为基础，以各种控制、管理方案为核心的路网实时监管和交通诱导平台奠定基础。主要研发应用点包括新型多功能交通信息检测技术、交通信息轻型化检测设备等。

b. 基于传感器的交通基础设施安全状态信息实时采集技术。通过研发具备易于安装、寿命长、微型化等特性的传感设备，实现对交通基础设施自身安全状态信息的实时监测，从而掌握交通设施的安全状况，及早发现安全隐患，及时制订养护维修计划及应急抢险方案。主要研发应用点包括适用于桥梁的传感器快速安装技术、适用于桥梁的传感器长寿命封装技术、基于图像处理的基础设施健康状况自动分析技术等。

c. 基于传感器的气象灾害与地质灾害预警信息实时采集技术。通过研发，采用新能源技术的野外传感设备，实现对交通基础设施周边气象环境和地质环境的实时监测，并建立集动态监测、预警、反应和处置为一体的综合预警系统。主要研发应用点包括低成本交通气象监测技术、基于无线传感器网络的地质灾害检测设备灾害预警信息处理模型与评估系统等。

d. 基于传感器的交通工具信息实时采集技术。通过安装在交通工具上的传感器，实现对交通工具自身状态信息与驾驶员信息的动态采集，对交通工具及驾驶人员进行全程、全天候的实时跟踪与监测。主要研发应用点包括基于车载传感器的车辆动态信息实时采集技术、驾驶员疲劳度检测技术、基于传感器的飞机健康评估和故障预警技术等。

3.4 物联网条件下交通异常事件自动检测技术

3.4.1 交通异常事件检测方法

大量研究表明，交通异常事件的发生呈现随机性、不确定性、形态多样性和高危性，交通运行监控和管理智能化严重不足，导致许多交通事件不能即时发现，从而不能即时处理，极易引发二次事故，严重影响交通通行能力、运营效率与交通安全。如何通过自动检测技术尽早发现事件、确认事件的性质并及时采取救援措施，同时为其他交通参与者提供相关信息是交通运行优化控制的关键。近年来，物联网技术飞速发展，以此为基础的车联网系统的研究与实现使得人、车、路和环境逐步一体化，加上感应科技、互联互通及云计算等新技术的应用，更进一步丰富和完善了交通基础信息的内容、采集方式和处理手段，为交通事件自动检测提供了新的环境和需求。本节在介绍交通异常事件自动检测（Automatic Incident Detection，AID）技术研究现状的基础上展望物联网条件下技术的发展趋势和研究方向。

(1) 交通异常事件间接检测方法

间接的交通事件检测算法大体可以分为基于模式匹配或比较的算法、基于统计分析的算法、基于交通流模型的算法和基于人工智能的算法。这些算法大多建立在固定车辆检测器（如环形线圈检测器等）的基础上，所使用的基本输入参数为时间或空间流量、速度、行程时间、占有率等，还有学者提出了多种算法的综合运用以及基于手机定位的交通事件检测算法等。基于手机定位的交通事件检测算法以在途车辆上手机的定位数据为基础，获取平均速度速度标准差和速度变化系数作为特性参数，采用模糊综合评判方法判断道路交通运行现状，实现交通事件的自动检测。

(2) 交通异常事件直接检测方法

随着视频设备性能的提高和造价的降低，几乎所有高速公路上都建设了闭路电视监控系统，许多学者也相继提出了基于视频的交通事件算法以扩展监控系统功能。例如 H. Ikeda 等研制的基于图像处理技术的异常事件检测系统，能够检测异常停驶车辆、慢行车辆、抛物、车辆连续变道 4 类事件。有学者研究开发了一种基于视频图像处理的交通事件检测系统，利用计算机视觉与数字图像处理技术，自动采集各种交通参数，检测交通事件并及时报警。H. Veeraraghavan 等运用低层的模块匹配和高层的卡尔曼滤波来确定运动目标的轨迹，监视路口的交通状况，从而检测交通事故。

与间接方法相比，这类直接方法实际上是“看到”了交通事件的发生而不是通过交通事件对交通流的影响来检测到它的存在。另外，基于视频的检测系统能够获得车流量、车速、车道占用率、车长和行车时距等交通参数，还能识别车辆类型和车辆运行轨迹等更多的交通流信息，可以监视远距离、大范围场景，且平均检测时间远小于基于线圈的 AID 系统。随着模式识别、数字图像处理和计算机视觉技术的发展，基于视频的交通事件检测系统将大量应用于交通管理领域，但是此类事件检测方法受环境影响太大。

3.4.2 物联网条件下交通异常事件自动检测

(1) 物联网条件下交通环境特点

信息、通信、控制、新能源和汽车智能化技术在交通运输平台上的融合和集成应用，使得智能交通系统的发展出现了一些新的动向，尤其表现在交通环境感知能力的增强和互联互通使人、车、路、环境一体化。交通环境是作用于道路交通参与者的所有外界影响的总和，包括道路状况、交通设施、地物地貌、气象条件及其他交通参与者的交通活动等，智能交通系统的本质和核心在于全方位、无缝隙的信息获取与利用，当前，主要包括基于检测器、浮动车和手机定位的交通信息采集方法。近年来，物联网条件下的车路协调环境旨在实现人、车、路和环境的统一。通过与基于射频识别（RFID）的电子车牌、车载传感器等的进一步整合，使交通信息采集方式进一步多样化，交通信息的采集更加准确、及时、丰富。显然，充分利用部署在交通基础设施中的（如道路或报告交通环境条件，包括车辆行驶参数、路面状况或天气状况等）大量传感器的数据，可以增强决策者对实时事件的认知能力，尤其是当这些传感器与先进的显示或可视化技术一起使用时，交通参与者对通环境的感知能力更强。以往的交通信息系统都是通过采集交通信息并将信息传到交通管理中心，进行处理后再传给交通信息发布设备，在物联网条件下，人、车、路和环境本身就是一个信息系统，每个交通参与者既是信息提供者又是信息消费者，借用短程通信技术，包括 WiFi、WIMAX、Zigbee、WAVE 等，将具有 RFID 电子车牌的车与人、路和环境连接为一个整体，使交通信息的传递方式由层次关系向网状关系转变，构建更全面的互联互通体系。

(2）交通异常事件自动检测技术

① 研究现状。由于评估方法、事件发生地点、交通状况及检测器空间布置的不同，各种交通事件自动检测方法的性能并不具有可比性，各种自动检测方法各具优劣，单种方法很难达到最佳的事件检测性能。目前，世界各国广泛使用的交通事件自动检测技术在运用中仍存在较大的局限性，主要表现在以下方面。

a. 阈值标定比较困难。

b. 误判率较高。

c. 数据采集精度不高，易受车辆行驶状态或气候条件等外部环境的影响。

d. 数据量较大导致传输与处理困难。

e. 数据与算法的通用性不高，可移植性和自适应性较差。

f. 数据采集与事件实时检测不匹配。

g. 间接检测算法在低流量交通状态下效果一般，对路肩事件的检测效果较差。

② 发展趋势和研究方向。随着信息技术、传感技术、通信技术、交通对象识别和定位技术的发展，特别是车路协调环境的发展使人、车、路和环境一体化，交通参与者对交通环境感知能力大大增强，加上人们对交通安全与节能减排问题相关的交通需求管理和信息服务更加关注，交通事件管理在智能交通系统运行中的作用更加重要，从而对交通事件自动检测的可靠性、实时性、定位精度等提出了更高要求。面对新的交通环境和需求，交通事件自动检测技术在以下方面的研究需进一步加强。

a. 信息化条件下的交通运行规律。对交通运行规律的把握是进行交通事件自动判别的基础，交通环境感知能力的增强，一方面使交通系统在信息化条件下的运行有了新的特点；另一方面，信息化条件也为探索交通系统运行规律提供了良好的手段和环境，应致力于探索信息化条件下交通运行的本质规律。通过系统建模、实测数据分析和交通仿真等手段，在掌握交通流运行规律、交通参与者，包括驾驶员、乘客、非机动车和行人等行为特征、车和路的特性、各种交通行为的特征规律等单一要素的前提下，建立由上述单一要素综合形成的复杂交通系统的仿真和分析研究环境，从而逐步掌握信息化条件下交通系统运行的本质规律，提高交通事件自动检测算法的精度。

b. 基于数据融合的交通事件判别准则。面对海量、时变、多源和异构的交通数据，现有的各种交通数据分析处理技术已经难以满足其时效性、智能化、知识化和通用性的要求，因而迫切需要建立能够全面满足各项要求的交通数据分析处理技术，建立理论和技术体系，并有效应用于实际交通数据的分析处理。

c. 多种检测方法的交叉验证。如前所述，各种检测方法均有其优劣之处。用于判别偶发性交通拥挤的间接检测算法难以检测小流量事件的发生，而基于视频的直接检测算法需要密集设置视频检测站，需要较高的资金投入才能保证检测的可靠性，在大交通量时检测效果却较差。未来的检测算法在实际应用中应将不同的算法加以组合，并在算法中融合神经网络等智能技术及先进的信号处理、模式识别和分类技术等，尤其要重视多种检测方法的交叉验证，提高事件检测效果。

d. 定位技术的有效应用。随着无线定位技术的高速发展和基于位置的移动定位服务的快速推广，具有电子车牌的车载系统或手机具备定位功能，实现无线通信与定位的融合将是提高交通事件自动检测定位精度的有效手段，如利用 ETC 卡或将高速公路通行用磁卡改成 RFID 卡，进行基于 RFID 的事件自动检测。

e.交通事件检测与紧急救援管理的有机整合。异常事件自动检测的目的就是确保事件能够被及时发现，并得到及时处理，因而要实现异常事件检测与紧急救援管理的有效整合，确保异常事件发生期间尽快制订最佳的交通控制与管理和交通信息诱导方案，最大限度地减小交通拥挤，尽快疏导交通，快速恢复道路通行能力。

3.5 基于物联网的智能交通系统设计

智能交通是随着物联网的兴起而逐渐提出的，它是物联网在交通系统中的拓展。智能交通融合了数据采集技术、通信技术、网络技术等许多当今的前沿技术，归根结底，智能交通系统就是“移动着的物联网”，它集合了各种移动通信技术于一身，建有智能分析系统，具有强大的数据处理能力，是计算机系统和无线传感器网络在交通领域的典型应用。

智能交通通过交通信息采集系统，可实现对调度对象的监控和管理，也可对相关人员发布实时交通信息，还可对可能发生的危险进行预警并提出解决方案。物联网在交通领域迅速发展进化，产生了新的研究方向就是车联网。换句话说，物联网技术在智能交通中的具体应用就是车联网，它是智能交通系统的主要组成部分。简单地说，车联网就是通过在车上或者车周围放置大量的各种类型的传感器，来实现车和人之间、车和车之间的信息交流。车联网一经产生就引起了广泛关注，据悉，各国政府均大力支持车联网及其相关产业。在我国，也把车联网列为国家重大研究项目，可优先获得经济支持。有了有力的人、财、物的支持，相信在不远的将来，车联网必将大放光彩，可能推动新一轮的产业改革，对改善民生和构建创新型国家做出重大贡献。

(1) 交通信息采集技术

交通信息的采集技术在第2章中已有初步的介绍，本小节将给出较为详细的说明，以便于系统设计。

要想让智能交通系统产生效用，首先要弄清它的应用基础，即精准掌握交通信息采集过程，必须保证数据信息的及时、准确、真实。交通信息分为静态信息和动态信息两种。静态交通信息是指如道路长度、车道数量、停车场、交通诱导标志等相对固定不变的交通信息，因为这些信息相对稳定，一般采取人工方式采集；动态交通信息是指如车流量、车辆平均速度、道路占有率、交通事故等随着时间发生变化的交通信息。动态交通信息如何采集是这个领域的难点所在，因此，我们通常所说的交通信息采集是指动态交通信息采集。传统的交通信息采集方式有线圈检测、微波检测、地磁检测、红外检测、超声波检测、气压管检测、压电检测等；新型的交通信息采集方式有视频检测、基于定位的采集、基于无线射频识别技术（RFID）的采集、基于蜂窝网络的采集等。

① 传统的交通信息采集技术。

a.感应线圈车辆检测器。它是基于电磁感应的车辆检测设备，被安装在道路之下，它的H点式振荡电路由电容、附加电路和感应线圈的电感元件组成，工作时通过恒定电流。当车辆停在或通过线圈检测区域时，感应线圈的电路电感随之发生变异，从而可感知到被测车辆。感应线圈检测器主要包括：感应线圈、调谐回路和检测电路。当车辆通过埋设在路面下的环形线圈时，引起线圈磁场的变化，检测器据此计算出车辆的流量、速度、时间占有率和长度等交通参数，并上传给中央处理单元来综合进行分析处理，从而及时感知信息，高效率地管理交通。感应线圈车辆检测器的好处是易于掌握，技术成熟，但是安装过程复杂并且很大程度上会影响其可靠性和寿命，易被重型车辆损坏。

b.微波车辆检测器。它是一种利用数字雷达线性调频技术实时检测交通流量、平均车

速、车型及车道占用率等交通数据的产品，广泛应用于高速公路、城市道路、桥梁等进行全天候的交通检测，能够精确地检测公路上的任何车辆。它是基于多普勒效应的车辆检测设备，它一般采用侧挂式的工作方式，利用微波及其定位功能准确检测车辆，微波检测器接收其扇形覆盖面区域内的路面、车辆、隔离带等被检测目标返回的反射波，比对事先预存的背景信号，测算出目标的数据信息，在固定时间间隔内向控制中心发送，从而检测到该车辆，直到车辆行驶出检测区后才断开。微波交通检测器在车型单一、车流稳定、车速分布均匀的道路上准确度较高。微波车辆检测器的好处是可采用侧向方式检测多车道，在恶劣气候条件下性能出色，但是安装精度要求较高，检测精度在具有铁质分隔带的道路上会有影响。

c. 超声波车辆检测器。它属于非接触式主动检测器，主要应用在高速公路上。由超声波发生器向路面发射脉冲反射式超声波，由于车辆的存在造成声阻抗的不一致，这种不一致声波变化的频率返回，由检测器接收，发送到中心处理器，再由中心、处理器进行分析处理，就此感知车辆的相关信息。超声波车辆检测器的好处是成本低、可移动、检测厚度大、灵敏度高、安装简单、所需空间小、速度快、使用寿命较长，但是对工作表面要求高，对检验人员要求高，检测准确度受环境等主客观因素影响非常大。

d. 红外车辆检测器。它是基于化学原理的车辆检测设备，是利用红外探测器获得被测目标的红外热像图，分主动式和被动式两种。红外线是肉眼不能看见的，绝对零度以上的所有物体均会以红外线的形式辐射热能到环境中。主动式红外线检测器利用红外发射装置主动发射红外线；被动式红外线检测器本身并不发射红外线，而是接收被测目标自身散发的和它们反射的来自太阳的红外线。红外车辆检测器的好处是非接触性、准确度高、安全性强、操作便捷，可以侧向方式检测多车道，可检测静止的车辆，但是性能随气候环境条件的改变而发生显著变化，周围环境如果过于恶劣会影响设备的正常使用。

② 新型的交通信息采集技术。

a. 视频检测。它是最近几年逐渐出现的一种新的车辆检测方法，是以视频图像处理技术为基础的车辆检测技术，它具有无线、多参数检测、可检测更宽范围的特性，是一种非接触式被动探测技术。当照相机被首次应用到交通管理时，其效果是用闭路电视影像监视道路。目前，视频图像处理技术会智能处理交通管理人员有兴趣的现场，摄像机将公路某一个方向断面的交通图像拍摄下来，然后通过传输设备传给视频处理器，交由信息处理单元统一处理。车辆视频检测系统通常包括若干台数码摄像机、图形处理器、显示器和其他组件。道路的某一个区域影像，通过传输线，到达图像信号处理器，转换格式由中央处理器进行识别处理，感知车辆的存在，并导出其他交通信息。图像处理器是必要的，为电脑主机，报警监控和控制系统等设备提供所需的交通信息。视频检测的好处是可提供可视图像，可检测多车道的最大信息量，执行更复杂的认知任务。由于视频检测技术需要大量的图像信息来识别检测被测目标，因此，除了摄像机，不需要额外的设备，不需要通过更多的测试，可处理相对大量复杂的交通流而不影响交通，并且设备安装拆卸便捷，对于路面和车辆没有损伤，但是需要正确适当地安装摄像装置，检测误差受环境变化的影响。

b. 基于 GPS/北斗定位的采集。它是一种协作式采集技术，即通过被检测车辆上安装的相应感知设备来获得信息并与采集系统的其他部分进行信息交换来达到检测的目的。它通过安装在车辆上的接收器获取 GPS/北斗信号，来采集关于车辆如经度的即时信息，方便快捷地实现车辆的定位、行驶路线监控、呼叫指挥、防盗等功能。目前车辆基本都安装了 GPS/北斗系统，可采集到大量车辆的反馈信息，从而完成道路网交通信息的采集。基于 GPS/北斗定位的采集技术的好处是全天候定位、精度高、设备操作简单方便、观测时间短、效率高，可得到车辆的实时状态信息，同时自动生成道道路网络地图，但是 GPS/北斗卫星的信号容易受高层建筑物等的影响，无法确定详细位置，甚至会出现通信中断导致设备无法运行。

c. 基于无线射频识别技术（RFID）的采集。它是利用无线射频识别的采集，通过无线电信号识别特定目标并传输处理相关数据，是非接触式自动识别的。基于无线射频识别技术（RFID）采集的好处是具有读取距离远、穿透能力强、非接触、无磨损、抗污染、效率高、信息量大。RFID 检测器由射频标签和读写器两部分组成。它通过读写器对安装在车辆上的电子标签进行读写，感知信息，那些信息是预先存储好的，实现对交通信息的采集。基于无线射频识别技术（RFID）的采集广泛应用于智能交通领域。

d. 基于蜂窝网络的采集。它是基于手机信号定位技术的采集方式。使用蜂窝无线网络的蜂窝式移动通信，通过该无线连接的信道，用户可以相互通信，从而实现在终端和网络设备之间的活动，主要特点是可移动、可扩展、可靠性强、频率复用、利用效率高、可越区切换、可跨地区漫游。与传统的交通采集方式相比，基于蜂窝无线定位的交通信息采集的好处是适应性强、成本低、便于安装、便于维护、覆盖面广，但是系统容量有一定局限性。

(2) 基于物联网的交通信息采集技术

信息产业未来竞争的制高点就是物联网，这也是驱动产业升级的核心动力。物联网技术及其相关产业的发展必将引发新一轮产业革命。在这次新科技浪潮中，我国也紧跟世界发展的方向，早在 20 世纪末就开始了物联网的研究，截至目前，在某些主要技术上已经取得了突破性进展，并形成了一定产业规模，现行的技术标准基本与国际同步。物联网现阶段的主要应用是传感网络。它和智能交通相融合的产物就是车联网，车联网的概念最能体现物联网技术的应用。现在，通用、大众等汽车商业陆续提出基于无线射频识别技术的车联网概念。车联网是指装载电子标签的车辆及环境，通过识别技术，对所有车辆提取相关信息，通过有效利用信息网络平台，根据需求对运行的所有车辆进行监控，并提供综合服务的智能系统。

智能交通系统应该具有信息检测感知功能，可以通过多种传感器技术监测车辆实时车速，检测道路车辆实时流量，获取车辆和道路环境的有效信息，以便实时监测交通事故；也可以通过互联网、4G/5G 等网络将获取的信息数据发送至数据处理器中进行处理；还可以进行信息的处理与智能决策等。物联网的一个典型应用是在上海世博会期间，上海电信将物联网技术应用到了交通监控上，从而有力保障了世博会的圆满召开。因此，物联网不再是高高在上的技术名词，它将确确实实给人们的生产生活带来实惠。物联网的基本技术是无线射频识别技术和传感器网络技术。无线射频识别技术具有智能化甄别车辆，实现车辆之间信息交流、确定路线、距离，对车辆进行超视距监测等功能，是支撑 ITS 的首要技术保证。现在，无线射频识别技术主要应用在自动化公共交通、智能停车、交通信息采集等方面。现行的交通信息采集方法是把车辆当成整体对象，通过采集技术获取车辆的属性信息，具有很大的局限性，因为在实际环境中，车辆不能直接采集远距离的信息，又不能和其他车辆进行有效的数据交换。因此，交换式信息采集是未来交通信息采集技术的发展趋势，此类采集方法以车辆间、车辆和节点间的网络为基础，通过它，车辆之间可以交换信息，车辆和节点之间也可以进行信息交互。现行的采集技术都有好处和局限性，因此，未来交通信息采集技术应该是多种采集技术的融合，结合各种采集技术的优点，改进不足，为智能决策提供更好的服务。

(3) 智能交通信息采集系统的设计

交通信息采集系统（Traffic Information Acquisition System，TIAS）是一个复杂的系统，由人、车、路、环境等因素组成，具有信息海量、多种异构数据存储、动态、非线性等

特征，是交通管理和交通辅助决策的基础。本小节主要介绍物联网和交通系统融合的成果，即可以通过各种交通信息采集检测器来采集信息，然后对采集到的信息进行综合处理，从而显示和控制道路网，达到智能决策目的。物联网技术是基础的智能交通信息采集系统。

① 需求分析。交通信息采集系统（TIAS）是整个智能交通系统的信息枢纽，是一个共享的信息交互式平台，承担着信息采集和交互的功能。也就是说，按照事先确定的编码规则和既定格式，各种类型的采集系统都把采集到的信息传输给信息平台，再通过信息平台获取自己所需的信息。平台的需求如下。

第一，需要交通信息采集系统解决什么问题。例如交通拥堵、交通管制、工程施工、车辆安全预警、路径诱导、事故及其处理情况及时发布等问题。为此需要准确、全面地采集路口交通设施、道路状况、气候条件、出行中的实时交通流、紧急交通状况等信息，所以，它必须具备实时采集静、动态交通信息的功能。

第二，如何充分利用交通信息采集系统（TIAS）采集的海量信息。如何高效利用采集到的多源异构数据是实现智能交通的关键环节。因此，除了信息收集平台能力外，还需要具备相应的对各种不同格式数据进行转换融合的信息综合处理能力，并为智能决策提供服务。

第三，如何使交通信息采集系统（TIAS）最大限度地为管理者和出行者提供服务。在现有的常用方式上，深入开发多种信息发布方式，采用当下流行的 SMS、微博、微信等多种发布平台，进一步扩大服务对象的范围。

② 信息采集器的选取。交通信息采集系统（TIAS）得以实现的根基是采集并有效合理利用各种信息数据，而这些信息通过流动的和非流动的采集设备进行采集并提供给处理器，因此，信息采集器的选取是至关重要的。多种传感器技术都可以对车流量、道路密度、道路占有率等交通信息进行采集，然而各种采集技术采集到的信息精度、成本费用、安装方式等都存在巨大差异。

a. 车辆现身的检测。车辆现身的检测是对静止车辆的检测，那些需要车辆运动才能实现检测的传感器，如磁力传感器等不能实现车辆现身的检测。

b. 车速的检测。多种传感器都可以进行车速的检测，但是埋入式传感器例如磁力传感器、压电传感器等只能间接检测车速；而视频图像传感器、频率调制连续波雷达传感器、声学传感器等可以根据被检测车辆在各检测区域的通过时间来测定车速。其中，多普勒雷达传感器根据频率变化来测定车速。

c. 占有率的检测。占有率的检测主要受两个因素的影响：一是传感器的保持时间；二是传感器的检测区域大小。所以，可根据所需占有率数据的精度来选择适合的传感器，并且需要注意的是，被监测路段应该安装同一型号的传感器。几种主要传感器的检测精度如下：调频连续波雷达传感器，顶置正向安装时误差＜±2%，路旁安装时误差＜±5%；视频图像传感器准确率＞98%；环形感应线圈传感器准确率＞98%。

d. 车辆分类的检测。多种传感器都可以进行车辆分类的检测，但是作用原理的不同造成了多种分类标准。例如，环形感应线圈传感器通过测量车长来智能分类；视频图像传感器通过捕捉相关图像来获得车辆的外形特征等信息来进行分类；压电传感器通过获取车辆的轴数和轴距来对车辆进行分类；微波雷达传感器通过发射合适的雷达波进行分类；红外线传感器通过发射合适的红外线来感知车辆长度，并进行适当的信息处理来实现车辆分类。

e. 车辆计数值的采集。多种传感器都可以进行车辆计数值的采集，但是适用的环境条件有所不同。在实际选择交通采集设备时重点考虑下列因素：采集精度的需求；检测区域的需求；信息参数的需求；气象、采光等条件的影响；对道路条件的要求；安装费用、维修费用等。通常来说，环形感应线圈传感器、磁力传感器、视频图像传感器等在车流量比较小的环境条件下进行检测；环形感应线圈传感器、视频图像传感器和微波雷达在车流量比较大的环境条件下进行检测；红外线传感器、超声波传感器、声学传感器在对车流量数值精度要求不高的情况下使用。其中，埋入式传感器对车流量数值的检测准确度可以达到99%以上。

③ 智能交通信息采集系统的总体设计。基于物联网的智能交通系统是物联网在交通系统中的拓展，是“移动着的物联网”，它集合了各种移动通信技术于一身，建有智能分析系统，具有强大的数据处理能力，是计算机系统和无线传感器网络在交通领域的典型应用。智能交通通过交通信息采集系统，可以实现对调度对象的监控和管理，还可以对相关人员发布实时交通信息，对可能发生的危险进行预警并提出解决方案，从而实现智能化的决策和控制。

一个完整的城市智能交通信息采集系统（TIAS）应该具有使用多种采集设备采集信息、对采集到的信息进行预处理、融合信息、通过多种平台发布信息的基本功能。此外，平台设计中还需要重点考虑数据信息的存储和备份。如图3-4～图3-6所示，是交通信息采集系统（TIAS）的框架构成图、总体设计思路和总体设计图。

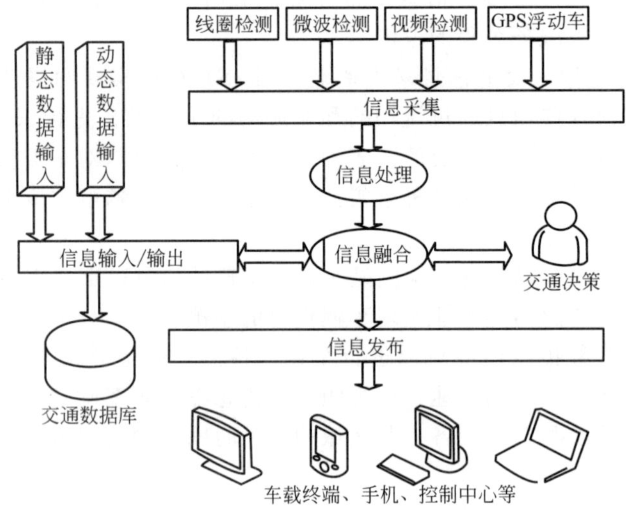

图3-4　交通信息采集系统（TIAS）的框架构成图

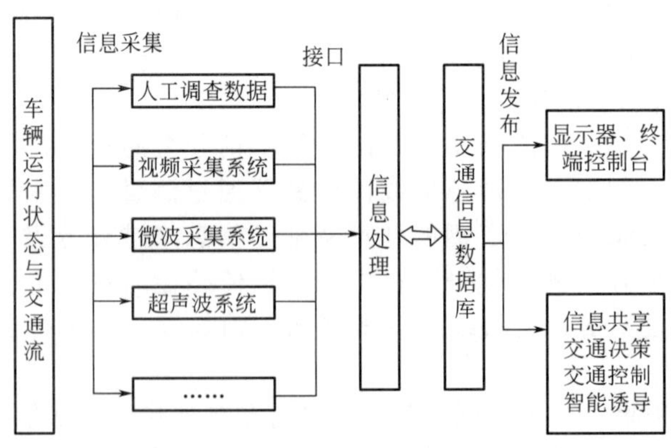

图3-5　交通信息采集系统（TIAS）的总体设计思路

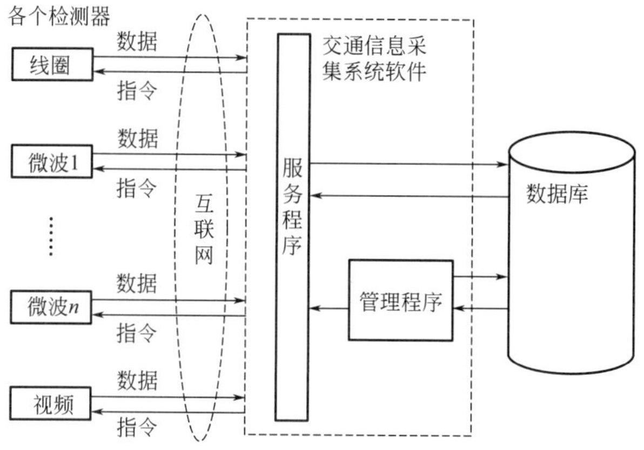

图 3-6　交通信息采集系统（TIAS）的总体设计图

3.6　基于物联网的高速公路应急管理系统设计

3.6.1　高速公路应急管理概述

应急管理是应对突发事件发生的问题而提出的。应急管理是指所属管理单位或组织针对突发事件做出的提前预防、及时决策、快速处置及快速善后的过程。根据不同的管理单位，通过建立相应的应急机制，采取一定的措施，应用科学的、先进技术的、有规划的与方便管理的手段，保障人民群众生命财产和人身健康安全，促进社会平稳和谐发展。

因各管理单位所经营的业务不同，故所产生突发事件的类型也不尽相同。一般情况下主要分为四大类，即自然灾害、事故灾害、公共卫生事件和社会安全事件。就高速公路管养单位而言，高速公路突发事件类型均包含在四大类中，但只涉及一部分，大体可分为以下几种类型。

① 恶劣气候条件下的交通管制。

② 因道路交通事故造成人员死亡。

③ 危险化学品运输车辆事故，造成泄漏污染和生态破坏。

④ 危及高速公路安全、畅通的自然灾害。

⑤ 隧道（火灾）事故。

⑥ 因故即将引发或已引发的群众堵塞高速公路等群体性事件。

⑦ 公共卫生安全事件。

⑧ 突发性大流量。

⑨ 高速公路作为国家紧急救灾重要通道。

⑩ 交通肇事逃逸案件查缉。

为了保障高速公路的快速、畅通、安全，高速公路应急管理就显得十分必要。高速公路应急管理就是高速公路运管单位针对上述突发事件进行的应急管理。通过对不同的突发事件建立不同的应急方案，以达到在事件发生前及时预防、事件发生时快速反应、应急预案及时使用、事件发生后合理善后的管理目的。

3.6.2　国内外高速公路应急管理发展现状

(1) 国内高速公路应急管理发展现状

高速公路应急管理是由高速公路的产生开始，随突发事件的发现而得以发展的，国内高速公路应急管理水平相对国外而言，还未发展成熟，还需要深入研究。随着高速公路建设的发展，国内高速公路应急管理越来越受重视。我国高速公路发展快速，只用了十几年的时间已经拥有世界最长的高速公路里程，而发达国家却花了几十年的时间来发展。由于我国高速公路发展快速，在应对高速公路突发事件的意识上没有跟上，管理水平、技术方法等的滞后，导致我国高速公路应对突发事件一直缺乏系统性的管理。近年来，我国逐渐发现高速公路应急管理在应对高速公路突发事件中的必要性，并开始吸收国外发达国家的先进经验。高速公路应急管理是高速公路管理的重要组成部门之一，许多研究组织和交管部门非常重视这一领域的研究工作，对如何进行突发事件控制与管理，如何减少交通拥堵及降低损失进行了许多研究和相应的信息系统研发。1997 年，基于 GPS 的高速公路救援车辆管理系统投入高速公路应急管理中使用，该系统主要实现对应急救援车辆的有效调度等。1998 年，有学者对高速公路应急管理进行了详细阐述，包括突发事件检测识别、应急管理的意义及应急管理策略等。同年，有学者提出高速公路的应急管理概念和防治的方法及技术，并提出了预防措施和与突发事件救援系统相关的组织结构和流程图。2000 年，我国智能交通系统工程技术研发中心开发了事件快速管理系统，使得高速公路发现突发事件的能力得以提高。2004 年，国家在对高速公路综合管理的研究及系统开发课题中，全面地研究并分析了高速公路针对突发事件的应急管理和信息服务等内容，主要包括：高速公路监控设备布设及监控点选址问题，交通拥堵判断，高速公路协调控制和事件处置辅助决策等。2005 年，江苏交通规划设计院对高速公路事件进行检测、执法与救援控制等的研究完成系统化建设，并形成交通事件自动检测和控制系统。但该系统信息发布方式单一，事件控制、交通控制及疏导方案还不够完善与成熟。

(2) 国外高速公路应急管理发展现状

国外的高速公路建设起步于 20 世纪 30 年代，世界第一条高速公路于德国建成通车。在经济不断发展和交通通行能力需求增大的情况下，世界各国开始了高速公路建设。进入 21 世纪，随着高速公路建设技术的提高，高速公路发展得更加快速。至 2006 年，全世界 60 多个国家都建起了高速公路，总里程已达二十多万千米。就高速公路而言，因其快速的特性，给世界各国带来了巨大的社会经济价值及公众效益。随着高速公路在社会生产生活中发挥的作用加大，对高速公路上突发事件的发生，并进行有效而快速的处理成为急需解决的问题。为了减少突发事件对社会及高速公路本身的影响，发达国家已建立了大量的、先进的、以提高管理效率为目的的高速公路应急管理系统，其核心是通过信息化技术对高速公路进行实时的、全面的监测，通过对交通状况的采集识别、检测等，实现对拥堵、交通事故等的预警工作。并通过决策支持系统进行应急处置工作方案的快速布置，由同一归口、统一的联动指挥组织机构进行应急处理，以达到快速恢复高速公路通行的目的。此外，国外高速公路交通控制发展的智能化、多样化，保证了高速公路的安全、快速、高效的运行。美国是世界上高速公路发展最快、路网最发达、设施最完善的国家之一。20 世纪 60 年代，由于交通需求远超高速公路的通行能力，使得交通拥堵、交通事故等突发事件频发。为了解决道路拥堵问题，伊利诺伊州，通过派遣巡逻车加强巡逻，以及时发现并处理拥堵或事故恢复交通。而后，加利福尼亚州建立一个应急管理示范工程。

利用巡逻队对高速公路突发事件的处置与管理，并由运输部对重大交通事件进行交通控制和养护管理工作。此后，事件管理系统发展到美国多个州。为了提高各州的高速公路应急管理水平，1991 年，美国运输部发布了《高速公路事件管理》和《高速公路管理》的两个规范。1998 年，美国提出了高速公路事件管理报告，并经过整理完善后于 2000 年正式出版，题为《交通事件管理手册》。其细致地阐述了高速公路应急处置的方法措施及救援方案，对美国高速公路应急管理起到指导作用。欧洲也有很多国家同样重视高速公路突发事件的应急管理工作。20世纪90年代，德国的一个公司开发了公路事件预警管理系统，利用道路旁的电子指导标志进行预警前方多路隐患或交通事故，以减少次生灾害。1990年，为及时进行交通事故救援，交通管理部门成立了道路救援队。统一由交通部门配备巡逻车、救援车及拖车等设备并对其进行调度，采用计算机系统设备、GPS、通信系统和突发事件数据库系统等先进技术完成高速公路应急救援工作。近年来，德国高速公路一些路段利用对高速公路限速标志显示的控制系统，在不同状况下调整高速公路通行的最高限速，使得交通事故的发生率在原有基础上降低了30%。

3.6.3 物联网技术在高速公路应急管理系统中的应用

(1) 高速公路应急管理系统

管理信息系统是以人和计算机设备为中心，辅以软件编程、数据库建设等信息化处理手段，进行信息的采集、传输、储存、加工、维护和使用的系统。21世纪是信息时代，信息的重要性不言而喻，较之人力、物资、资金和能源四大有形资源，信息作为无形资源在信息社会和经济时代更能发挥其资源优势，掌握好并有效地利用有形的信息资源，使其发挥出更多的效益。管理信息系统通过对企业内外情况的信息收集，辅助决策者做出正确的判断及决策；在生产管理中，通过信息来控制及运作整个生产过程、服务过程；在组织内外联系上，也是通过信息的传递来达到相互沟通的目的。高速公路应急管理系统是在高速公路应急管理结构上，用管理信息系统的方式实现对高速公路突发事件的有效预防、处置与善后工作的。通过信息系统实时而全面地掌握高速公路各类型动态信息，为及时做好事件预警提供帮助；利用对事件发生时的位置、时间、附近执法或相关工作人员及所属事件性质等信息收集及时获取相应的应急预案并付诸实施，以完成对事件的及时处理；完成事件善后工作后将人员伤亡、车辆损坏、交通设施损坏等信息上传至应急管理系统。高速公路应急管理系统实现了多个管理信息系统协同合作，彼此进行信息交互的高效作业，使得管理决策者们在事件发生至结束都能实时地、全面地掌握现场的信息，并且能实现可视化的可能。

(2) 物联网技术的应用

物联网技术大量应用于高速公路应急管理系统中，从事件预警到事件处理再到信息发布的全过程都涉及其中。

① 交通执法管理。基于RFID技术的交通执法管理系统通过视频监控、地感线圈、“时空差分”技术，实现对超速、逆向、高速路口变道行驶等违章行为的实时准确的判定，并完成相应的处罚。在特定的情况下，高速公路执法部门可对指定区域内车辆的运行状态、事故发生全过程进行回溯。基于RFID技术的交通执法系统通过固定区域的阅读器识读车辆信息，通过通信网络传输至信息中心完成分析、处理、存储等工作，以供历史行车记录信息的查询及数据分析。

② 高速公路预警系统。高速公路预警系统利用RFID、GPS/北斗、传感器等技术，对车辆、路面、边坡、桥梁、隧道、天气状况等进行实时监控，全面而准确地掌握各种设施的状态信息，为应急管理系统提供基础数据并进行分析，以做出相应状态下的决策，最终实现对高速公路通行状况的预警，保障高速公路运行的安全可靠。高速公路预警系统利用安装在设施内的电子标签或传感器等实时地采集设施状态信息，通过通信网络传输至应急管理系统，通过与安全状态下或范围内的数据做比较，得出计算结果，分析判断是否进行应急处置，以解除高速公路设施设备的安全隐患。

③ 突发事件处置。利用RFID技术、图像识别技术及视频监控技术，对高速公路中的

突发事件进行检测、分析、判断、定性，然后利用基于 RFID 或 GPS/北斗技术进行事故发生地点定位，一并通过通信网络传输至应急管理系统，根据所属事件性质调用相应的应急预案，及时对事故进行处理，以恢复交通的正常运行。在接收到事故发生位置及判定出事件类型后，应急管理系统通过 GPS/北斗技术及通信网络技术对临近事故现场的工作人员进行调配，进行救援，同时，通知执法和医院等部门赶往现场进行疏导交通及救护伤员。经过多方协同配合，完成事故的处理，最后将交通信息发布在交通信息显示屏，为出行人员做出线路调整提供信息。

④ 交通诱导管理。交通诱导系统是指在城市及高速路网的主要路口，设置交通诱导显示屏，为出行人员提供道路交通状况，让出行人员获得合适的出行线路，既为出行人员提供了诱导信息，又合理地调节了交通流，改善了交通状况。智能交通诱导也能接收车载终端的查询，通过 RFID、GPS/北斗等对车辆进行定位，根据车辆的位置信息和出行人员的目的地，通过对交通数据信息的收集并发布于交通信息显示处，为出行人员提供路段交通拥挤信息，以方便其选择更快地到达目的地的行车路线。通过车载信息系统收集到的交通信息给出道路通行状况图，并为出行人员选择最佳的行驶路线。

⑤ 其他。由于 RFID 可以记录车辆的行驶轨迹，从而获得大量的运行信息，为交通规划和基础设施布局。此外，RFID 技术提供了驾驶行为的有价值的信息，可以分析这些数据，通过对驾驶行为的研究，来判断交通模式。通过使用的历史数据，可以实现对道路网络状态进行更好的预测。

3.6.4 基于物联网的高速路网应急管理系统需求分析

高速路网应急管理系统是指将信息技术、通信技术、控制技术、传感器技术、运筹学、人工智能和信息系统综合技术等科技前沿技术有效地融合在一起，并应用于高速路网应急管理工作中的管理信息系统。同时，高速路网应急管理系统也是对各路段的高速公路应急管理系统的信息的综合，以及联动协同控制。因此，高速路网应急管理系统具有覆盖范围广、指挥控制全方位、高效、实时等特点。首先对高速公路应急管理进行需求分析，然后从高速公路应急管理信息系统建设方面进行需求分析。

(1) 高速公路应急管理需求分析

在我国，随着高速公路建设的迅猛发展，人流、物流骤然增多，使得高速公路运营管理企业的压力增大，既要保证快速处理运营管理中的日常业务，又要抵御车流增大带来的交通压力，并且还要对突发事件做到快速反应和及时处理，从而提升高速公路运行的安全度。为实现高速公路的畅通、安全，高速公路运营管理的高效、便捷，高速公路应急管理的快速、及时，一种行之有效的方法就是实现高速公路管理的信息化，进而实现高速公路应急管理的信息化、智能化，以此形成高速公路应急管理信息系统。高速公路应急管理的需求包括以下几个部分。

① 实时准确地获取高速公路交通信息，及时进行交通控制。交通拥堵是高速公路突发事件中的一种，因此高速公路应急管理系统离不开实时准确的车流量、密度等交通信息。高速公路的车流量是动态变化的，所以需要实时地监测高速公路交通状况，并获取相关的车流量、车流密度、速度、车道占有率等信息。通过对这些信息的收集就能够对本高速公路未来的交通状况进行预测，进而协同交通执法部门进行合理的车辆调度，有效地预防交通拥堵。另外，通过对高速公路车辆超速、超限等违规行为的监控及预警，能有效地降低人为交通事故的发生率。

② 准确地获取高速公路设施设备状态信息，及时修理维护。高速公路设施设备分为两

种：一是如高速公路路面、边坡、桥梁、隧道等基础设施；二是如监控设备、数据传输设备、发电机设备、照明设备等辅助设施。高速公路设施设备状态信息变化是缓慢的、渐变的，但仍然需要对其进行实时的监测和信息采集。其状态信息包括结构安全参数变化状况、关键点受力情况、边坡位移状况、材料抗疲劳情况及监控状态、传输信号强弱、发电机状态、照明设备参数等。准确地获取这些设施设备状态信息就能对其结构、受力、损坏状况等指标做出诊断，进而判断是否进行维修，以避免设施设备的损坏而引起高速公路的不畅通、安全问题的发生。

③ 准确地获取高速公路气象状态信息，及时进行交通管制。暴雨、山洪、飓风、冰雹、雷电等自然灾害的发生往往伴随着高速公路基础设施的破坏、人员的伤亡以及交通事故等次生灾害。在这种具有不可抗力的自然灾害面前，虽然无法做到用人力将其消除，但随着科学技术的不断发展，在气象监测方面做得越来越好，数据准确性越来越高。高速公路气象状态信息也是动态变化的，通过对其进行实时监测，能够掌握空气温湿度、风力、气压、降水、能见度、紫外线辐射强度等信息。利用采集到的这些信息能够帮助判定道路是否可以通行，是否需要限速通行等，进而协同高速公路执法部门进行交通管制，达到预防交通事故的发生的目的。

④ 快速而准确地获取事故现场信息，及时进行抢险救援。高速公路上不仅车流量大、车速快，容易造成交通事故，而且在恶劣天气、泥石流、路面塌陷、断裂等情况下更易造成严重事故，并且事故的发生可能导致严重的人员伤亡出现，还有可能发生二次交通事故。因此，及时抢险救援就是在减少生命的损失，阻碍次生灾害的发生。通过对事故发生的地理位置、时间及事故性质等信息的掌握，以最快的反应速度投入事故处置工作中，通过实施应急预案，整合事故现场救援资源等措施，调配附近工作人员，及时进行初步救援和疏导交通，再协同交通执法部门、医院等进行进一步的抢险救援，以完成伤病员的救治、转移、交通疏导等工作。

⑤ 实时地把握高速公路通行状况，及时发布交通信息，方便出行高速公路可变情报板、路段交叉路口诱导显示屏以及交通广播电台、车载终端等设备均能主动显示、播报或被动接收高速路网内的交通信息，用以完成对公众出行的引导和路线的选择。车辆是高速公路通行的主体，而公众则是车辆运行的主体，因此实时准确地获取并发布高速路网的交通和服务信息，既是对出行人员负责，也是对运营管理主体负责。通过高速公路信息传播设备，告知出行人员哪一路段交通拥堵，哪一路段发生事故，暂时不可通行，哪一路段气象监测结果显示慢行、缓行等信息，以便确定最佳出行时间及线路。同时，在车辆运行过程中，通过车载终端接收关于周边道路环境、限速、交通状态等交通及服务信息，并且可以通过获取车辆的位置信息，根据路网通行状况实时规划最佳的交通路线。高速公路在作为国家救援通道时，也需通过发布信息告知出行人员让道，路段公司协调配合交通管制等。

⑥ 及时对事故和救援整个过程进行分析、评价，形成新的应急预案。从事故发生到处置完成，不仅会产生事故发生地点、时间、类型等信息，而且随着应急处置过程的完成，伤亡人数、车辆损毁状况、道路设施设备损毁状况、参与抢险救援人数、此时交通通行状况、处置完成耗时情况等新的信息的产生，通过对整个过程所产生的信息进行分析，邀请专家进行评价，再结合所使用的应急预案，发现处置过程中的不足，对其进行改进，以完成新的应急预案的建立。将新的应急预案补充至应急管理预案库中，有助于提高高速公路应急管理水平和效率，增加应急处置的合理性和科学性。

(2) 基于物联网的高速路网应急管理系统需求分析

基于物联网架构的高速路网应急管理体系是通过多种信息化采集手段对各类交通数据、

设施设备状态数据、气象数据等进行及时、全面、准确的采集，并依靠通信网络进行实时传输，为交通预警与事故预防提供必要的监测信号，为交通控制、管制提供科学的数据依据，为事故及时处置提供准确的信息保障，也为高速公路出行人员提供便捷的交通服务信息，同时对事故进行分析、评价，为高速公路安全运营提供新的保障措施。

① 信息采集系统的需求分析。

a. 信息需求分析。高速公路应急管理系统是一个复杂的系统，且有着许多动态多变的信息产生。为实现高速公路应急管理的快速、及时、高效，需要实时准确地获取高速公路的诸多信息。高速公路应急管理系统需要采集的信息包含交通信息、设施设备状态信息、气象信息和事故发生及处理过程信息（数据、语音、图形图像信息等）。

b. 基于物联网的信息采集系统建设需求。信息采集的及时、全面和准确，需要众多采集设备的有效支撑。基于物联网的信息采集技术不仅能高效使用 RFID、传感器等新技术进行信息采集工作，还能兼容传统的信息采集技术，通过对多种采集技术的融合，实现各类信息的实时、全面、准确的获取。按采集信息类型可以分为：交通信息采集系统、气象监测系统、桥梁隧道安全检测系统、边坡安全检测系统、机电设施参数与状态检测系统、视频监控系统、紧急报警系统等。

② 信息处理系统需求分析。信息处理系统是对收集到的信息进行进一步的分析、加工、处理，并将结果存入数据库保存，从而为应急管理系统的运转提供辅助支持。信息处理系统完成对信息的处理的同时，还能够对应急处理方案的选取提供支持和提供交通信息给出行人员等惠民服务。

信息处理系统具备的功能如下。

a. 实时交通状况分析。对交通状况进行分析的目的是通过对采集的交通流信息，按一定的分析模型进行分析处理，完成对现有交通状况的全面了解，进一步对未来交通量进行预测，为实现交通拥堵预防及合理交通控制提供数据基础。

b. 设施设备状态参数分析。对设施设备运转状态及其参数的分析有助于提前进行损坏的或濒临损坏的设备设施更换和维修，为防止更大的灾害性事件的发生提供保障。通过对设施设备进行监测得到其参数信息，利用通信网络传输至计算机系统，调用数据库中设施设备安全参数及可变范围，进行比较分析，判断出其安全状态，并及时确定处理对策，为设施设备的安全使用提供数据保障。

c. 气象监测分析。气象监测的目的是保障高速公路的安全运行，减少因天气原因而发生的交通事故，对其分析旨在通过对气象数据的收集，比较数据库中额定数据，进行运算，确定各类气象数据安全等级；再判定其是否在安全范围内，是否会影响交通运行，是否需要对高速公路限速通行等操作，为交通控制提供数据依据，同时在一定情况下预防高速公路上交通事故的发生。

d. 事件监测与处理。事件监测是对高速公路上突发事件的全面感知。使用视频监控系统、紧急报警系统、无线通信设备等对事故发生地点、时间、性质、人员伤亡情况等信息进行收集，及时传回应急管理系统进行分析，获取相应的应理预案，并付诸实施，以减少人员伤亡和财产损失。从事故发生到应急处理完成，及时获取信息，进行快速分析，拿出解决方案，提升了事件反应速度，同时也为抢险救援争取了时间，避免了灾害的扩大影响。

e. 交通信息发布。信息处理系统通过对路网内交通信息、道路状况、限行限速等信息的收集，经过一定的分析处理，为信息显示设备、出行人员提供交通状况信息，以便出行人员及时了解交通信息，确定最佳的出行时间和路线，满足出行者的需求。另外，高速公路作为国家救援通道，也需要对信息进行处理后完成对线路规划，车道选择等信息进行实时发布。

f. 事故评价。为实现高速公路运行更加安全、更加高效，高速公路应急处置工作更加及时、快速，需要针对事故过程进行分析、评价，补充和完善应急处理方案，使得应急处置更加智能，更加合理。对事故发生投入资源，从反应到处理结束所用时间等信息入手，分析是否存在资源浪费或不足，所花时间是否过长，处理速度可否加快等问题并得出结论，补充进应急预案库，以备以后此类事故发生时，调用更加合理的资源完成事故的处置工作。

③ 高速路网应急管理系统信息处理技术。信息处理技术是将收集到的信息按一定规范进行相应的处理，然后通过信息传输传送给应急管理系统上层决策者，辅助其做出正确的交通控制、应急救援处置等决策方案，或者通过应急管理系统的信息发布平台，通知出行人员相关的交通信息，指导其选择合理的出行线路和时间，最终完成对高速路网的交通流合理分配工作。按照需求的不同，对数据进行规范化的分析和处理是信息处理十分重要的内容。数据处理方法主要包括数据抓取、数据挖掘及信息融合等。

a. 数据抓取。由于数据的多样性和类型的不同，对其进行转换和集成就十分必要。对收集来的原始数据进行筛选、综合和计算，去掉不合理的数据，并且适当调整有效的数据，存入数据库，与应用数据库数据比较、调整，以确保数据的一致性和可用性。数据库的抓取工作就是对源数据进行抓取，然后经过筛选、加工、转换、综合后形成数据库数据。

b. 数据挖掘。所谓数据挖掘，就是指通过算法从大量的数据中找出隐藏信息的过程。数据挖掘是一种辅助决策的过程，它主要通过人工智能、机器学习、模式识别、统计学、数据库技术和可视化技术等，对企业数据进行高度自动化分析，做出归纳性的推理，并从中挖掘出潜在的关系和模式，以帮助决策者调整市场策略，降低风险，做出正确的决策。数据挖掘的任务是分析收集到的每个数据，主要有关联分析、分类分析、聚类分析、异常分析、特异群组分析和演变分析等。高速公路应急管理系统的运行需要多方面的、大量的数据作基础，包含交通信息、气象信息、设施设备状态信息等，这些信息本身就有一定的特性，而且也隐藏着有价值的、有规律的信息，数据挖掘技术就是从高速公路日常监测中收集到的信息中发现和寻找有用的数据，得出其规律和共性，为分析未来数据的变化和应急管理决策起到辅助作用。其中高速公路应急管理数据挖掘流程如图 3-7 所示。

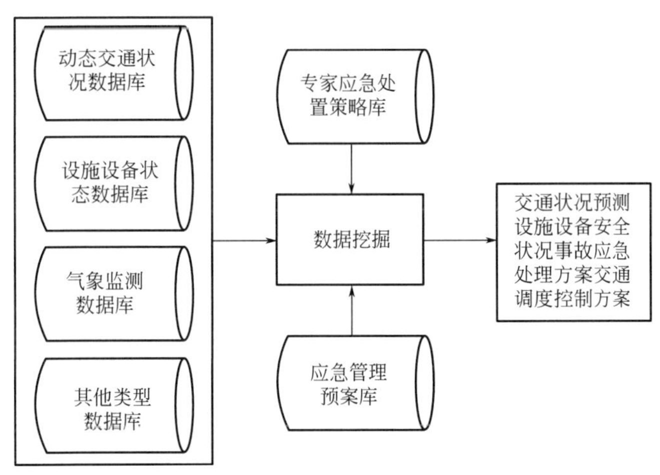

图 3-7　高速公路应急、管理数据挖掘流程

c. 数据融合。数据融合技术是指利用计算机技术对收集来的若干数据，按一定的准则进行自动分析、综合，以完成决策和评估任务的信息处理技术。数据融合最大的特点是调用多个数据，综合有用的信息，形成完整、准确、有效的数据，提高在动态变化的环境中的正确

决策能力。数据融合技术是应急管理信息加工和处理的支撑工具。数据融合分为三个层次：数据层信息融合、特征层信息融合、决策层信息融合。数据层信息融合是指在数据采集完成时就进行融合，即所有原始数据未经处理之前就进行数据分析和综合。特征层信息融合是先对原始数据进行提取，把原始数据转换成同一种表达形式的数据，然后再对其进行分析、综合和处理。决策层信息融合是通过适合的融合技术实现对特征层融合对象信息进行融合，然后通过关联处理进行决策层融合判定，最终获得联合推断结果。高速路网应急管理系统通过使用数据融合技术改善了信息的不稳定性，提高了信息的置信度，同时也增强了系统的自适应能力和容错力，提高了系统的性能和决策能力。

④ 信息发布系统需求分析。信息发布系统的目的在于为出行人员提供各种交通信息及服务信息，如车流量、天气状况、道路环境及交通事故等信息，同时发布指令及建议，以供出行人员选择合适的出行时间和交通路线，完成对路网内交通流进行合理分布，减少拥堵现象的发生和提高高速公路利用率，达到管理的目的。在高速公路突发事件发生时，信息发布系统更是疏导交通，防止次生灾害，提供交通诱导的重要平台。

3.6.5 基于物联网的高速路网应急管理系统框架设计

高速路网应急管理系统是基于物联网架构设计的，共分为三层：物理感知层、网络传输层和系统应用层。整体架构如图 3-8 所示。

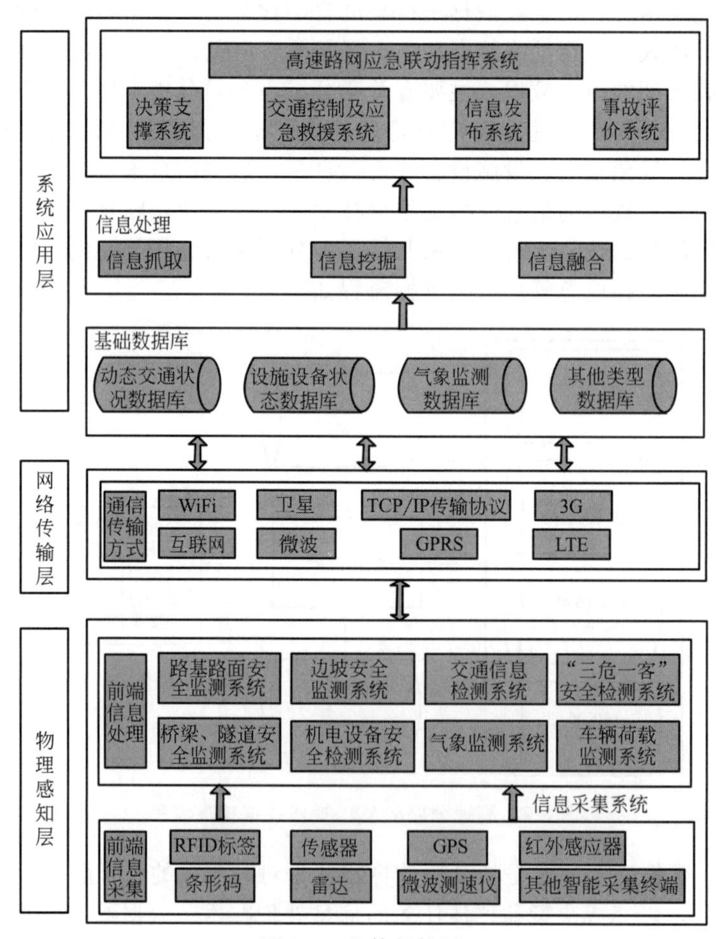

图 3-8　整体架构图

物理感知层包含前端信息采集和前端处理两部分。前端信息采集是利用传感器、微波、地磁感应检测设备、视频监控设备等多种交通信息采集手段，结合 RFID 技术、GPS/北斗及通信传输技术，实现高速路网交通信息、设施设备状态信息及气象信息等的实时、准确、全面的获取。

网络传输层是通过通信网络（如 GPRS、3G、4G、WiFi 等）、互联网、卫星通信等实现对信息的稳定传输。

系统应用层包含高速公路应急管理系统公共信息平台和各个应用子系统。公共信息平台是以采集的基础数据库为基础，通过整合不同的数据信息（如车流量、车速、道路通行状态、路段天气状况、事故处置情况等）来实现为不同用户提供交通信息和服务的。

(1) 信息采集系统

信息采集系统犹如高速路网应急管理系统的“眼睛”，实时而准确地收集来自道路上的各种信息，为应急管理系统提供全面的信息服务。由于物联网技术的发展，高速公路对 RFID、GPS/北斗、传感器等的大量使用，使得人们对高速公路信息的掌握更加全面，通过对大量数据的分析、处理，提高了高速公路对事件发现的反应速度，加快了应急处置工作效率，减少了人员伤亡及财产损失。

① 信息采集系统的定义及组成。

a. 信息采集系统的定义。信息采集系统原指将非结构化的信息从大量的网页中抽取出来保存到结构化的数据库中的软件，是用于搜索引擎获取信息所使用的一种数据挖掘系统。现在用于高速公路应急管理，是指对高速公路的交通信息、设施设备状态信息、气象信息等用于应急管理研究的信息的收集、分析、整理并存储于基础数据库中的前端数据挖掘类系统。高速公路信息采集系统是对部署于高速公路前端用于发现信息的各类系统的集合，不仅具有信息收集的功能，还能进行初步的信息处理。

b. 信息采集系统的组成。信息采集系统是由安装在车道、车体内、道路旁、桥梁上、隧道里、边坡内等地方的 RFID 电子标签、GPS/北斗、传感器、雷达、微波仪、气象仪等设备来发现信息的，并交由分别对应的前端的信息接收装置进行获取。根据信息采集设备和接收装置的不同，信息采集系统可分为：路基路面安全监测系统、桥隧监测安全系统、边坡安全监测系统、机电设备安全检测系统、交通信息检测系统、气象检测系统、“三危一客”检测系统、车辆荷载检测系统以及视频监控系统等其他类型的信息收集系统。其中路基路面、桥梁隧道、边坡等安全监测系统是针对高速公路道路基础设施进行信息收集的，经信息采集系统将数据存储于基础数据库中的设施设备状况数据库中，是为防止因道路基础设施突然垮塌、断裂、塌陷等问题导致人员伤亡、财产损失情况发生而进行数据预警服务的。机电设备安全检测系统是用于保障高速公路机电设施的正常运行而进行的安检程序，通过对各类机电设备运行状态参数的收集，同基础数据库中的机电设备安全参数比对来完成安全检测。

交通信息检测系统及车辆荷载检测系统均收集与车辆有关的信息，如车辆、车速、车型、车重等，存放于基础数据库的交通信息数据库中，对此类信息进行收集、分析，用以完成对因车流量太大、车速过快、车辆超重等原因而引起的拥堵、交通事故的预防。

气象监测系统是对高速公路的气候状况进行监测的，通过气象仪、能见度检测器、风向仪、气压传感器等设备的使用收集天气状况及道路环境方面的信息，为恶劣天气及道路环境情况下的交通控制提供数据依据。

“三危一客”检测系统是对易燃、易爆、有毒三种危险品的运输及客车超员的检测，对此类信息的收集、分析，用于预防因客车超员，易燃、易爆、有毒物品泄漏等人为原因而引起的交通事故。

视频监控系统用于对车道内车辆的图像进行记录；匝道内车辆通行状况的摄录；车辆违规纠纷查阅；事故现场实时传输清晰图像，为远程指挥事故处置提供信息保障。

② 信息采集系统功能模块及其描述。高速公路信息采集系统模块如图 3-9 所示。

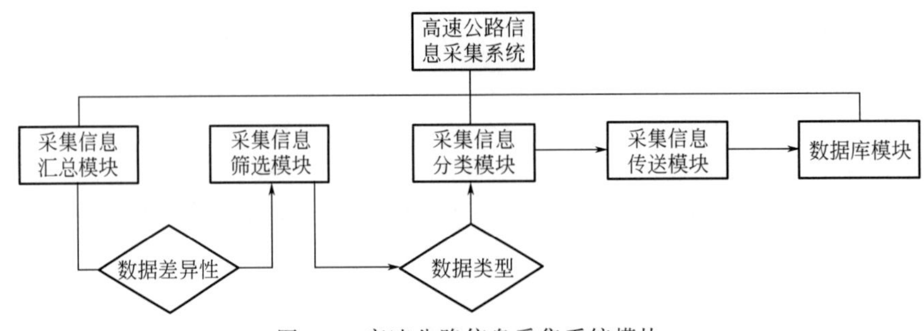

图 3-9　高速公路信息采集系统模块

采集信息汇总模块：该模块用于汇总收集来的交通流、车速、车流密度等交通信息，桥梁、隧道安全状态、边坡安全状态以及机电设施运行状况等基础设施状态信息，能见度、气压、降雨量等气象信息，形成高速公路相关信息原始数据。

采集信息筛选模块：该模块对汇总的信息进行筛选。按数据的规律性，对一些不合常理的数据进行去掉操作；同时也按数据的差异性，对不同的数据进行选取，把差异性大的去掉。

采集信息分类模块：该模块对筛选完成后的数据进行归类操作。因采集的信息存在多样性，所以按所需的信息类型进行分类，大体分为交通信息、设施设备状态信息及气象监测信息三大类，还有比如视频监控信息、突发事件信息等。

采集信息传送模块：该模块是对数据进行传输的通信模块。由于信息采集的实时性，数据量大，为了实现信息的高效、快速传导，信息传输模块将显得十分重要。

数据库模块：该模块用于存储收集来的信息，并按不同类型的数据分成多个数据库。主要有动态交通状态数据库、设施设备状态数据库和气象监测数据库等。

(2) 决策支持系统设计

① 决策支持系统的定义和组成结构。

a. 决策支持系统的定义。决策支持系统（Decision Support System，DSS），也称人机智能系统，是以科学理论（管理科学、控制论、运筹学和行为科学）为基础，通过计算机技术、信息技术及仿真技术等，解决半结构化或非结构化问题的计算机应用系统。它能为决策者提供数据、模型，帮助决策者理清决策目标，并进行问题识别，建立或修改决策模型，选择最优备选方案，最终达到为决策者挑选决策方案，检验决策者要求及设想的目的。高速公路应急管理决策支持系统是通过对高速公路突发事件产生的不同信息进行抓取、分析和挖掘，并结合应急管理预案和应急管理决策模型库，确定最优的应急处置方案，达到突发事件应急处置的目的。

b. 决策支持系统的组成结构。高速公路应急管理决策支持系统的结构主要由四部分组成，即数据部分、模型部分、分析部分和人机交互部分。数据部分是通过对数据的存储、管理和维护来支持决策的。它分为数据库和数据库管理系统两部分。数据库用于存放各类数据，并描述其相关的属性，可进行数据的提取及查询。数据库管理系统是对数据库进行管理，并检查与维护其中的数据。

模型部分分为模型库和模型库管理系统两部分。模型库用于存放模型和模型间的关系。

模型库管理系统是对模型进行管理和维护。分析部分是对知识库进行获取、分析与维护，它包括知识库、知识库管理系统和分析机三部分。知识库用于存放高速公路应急管理方面不能用数据表达，也不能用模型描述的专家的知识和经验。知识库包含事实库和规则库两个部分。分析机是一组用于分析高速公路突发事件信息和知识库中的事实与规则，并确定决策方案的程序。人机交互部分是以用户请求为基础，通过决策支持系统各功能软件，完成对数据的调用、模型的运行、知识的分析等决策服务的人机交互界面。

② 高速公路应急管理系统决策过程。高速公路应急管理系统决策过程主要是完成高速公路应急管理系统数据的提取、分析和挖掘，让其能够为交通控制及事故处置系统提供决策服务支持，从而有利于高速公路应急管理系统的高效运行。其决策过程包含以下几个步骤。

通过信息采集系统对高速公路交通信息、设施设备状态信息、气象监测信息及突发事件相关信息的收集，形成相关的数据库，完成决策支持系统数据部分的填充。

根据基础数据库中的数据，通过对交通流量、车速，突发事件发生的时间、地点和程度，设施设备状态参数，气象状况数据等进行提取、分析和挖掘，从而得到突发事件数据库，其中包括高速公路拥堵程度数据、交通事故现场数据、设施设备状态变化数据及气象状况变化数据。

根据突发事件数据库存放的相关数据，通过分析当前事件状况，充分运用决策支持系统中已建立的应急管理预案、专家应急处置策略库以及各种计算模型、设施设备安全处置模型、气象状况影响交通模型和交通流量控制模型等，通过数学模型和对数据进行计算并进行定性分析，综合事故处理专家的主观判断、分析，通过计算机屏幕显示交通控制及应急救援的决策方案。高速公路应急管理系统的决策过程，能够方便地为高速公路管理者提供最佳的交通控制及应急救援决策方案，通过各相关部门的协调配合，完成对高速公路交通的调度和控制，快速及时地处理事故，并有效地利用事故现场救援资源实施紧急救援。高速公路应急管理决策过程数据流程如图 3-10 所示。

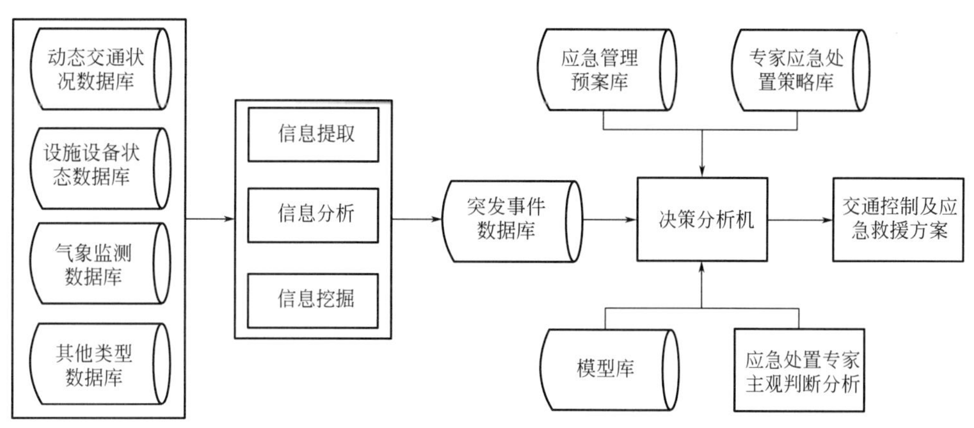

图 3-10 高速公路应急管理决策过程数据流程

③ 高速公路应急管理决策支持系统设计及功能描述。根据传统高速公路应急管理过程中的信息需求，基于物联网的高速公路应急管理系统中的决策支持系统将解决的高速公路突发事件问题为：突发事件的信息、储存和挖掘，实时掌握高速公路交通状况，根据各种算法和模型，预测交通量，确定设施设备的安全状态和气象数据是否处于安全范围内等；对突发事件发生的地段进行交通控制，从而保障高速公路的顺畅通行；并能够对突发事件进行指挥决策，及时调动有用资源对事故现场进行应急救援工作，以减少人员生命及财产损失。

(3) 交通控制及应急救援系统设计

目前，我国在高速公路交通控制及应急救援工作方面已经取得了较大的进展，但是高速公路交通事故仍然居高不下，而其他突发事件更是严重影响高速公路的运行，如何保障高速公路的安全、畅通仍是现如今急需解决的问题。高速公路突发事件处置的滞后主要体现在缺乏实时、全面、准确地数据以及高效的联动机制和协调策略。物联网技术的出现促进了高速公路交通控制及应急救援的智能化发展，基于物联网的高速公路交通控制及应急救援系统就是利用各种信息采集设备，实时、准确地采集到各种高速公路异常信息，然后通过应急管理决策支持系统进行分析决策，形成交通控制及应急救援方案，经决策者同意后快速地调用各种应急救援资源，并在短时间内进行人员抢救、故障清除、恢复交通，及时进行交通控制，以避免二次事故发生，降低人员的死亡率，减少经济损失，为出行人员提供安全、畅通的服务。高速公路突发事件的发生往往伴随着交通拥堵及人员伤亡等，所以在进行高速公路应急救援的同时还需要对事故现场进行交通控制。另外，在没有人员伤亡时，由于突发性大流量造成交通拥堵或高速公路作为国家救灾通道仍需要进行交通控制。交通控制是保障应急救援安全、顺畅地进行，同时也可防止二次交通事故的发生，为应急救援赢取宝贵的时间。而应急救援则是为了尽快恢复高速公路交通的畅通，取消交通管制。

① 交通控制及应急救援工作流程。高速公路交通控制及应急救援系统包括事件信息获取、检测与确认，应急处置方案的确定、交通控制、应急救援及信息发布等，其工作流程如图 3-11 所示。

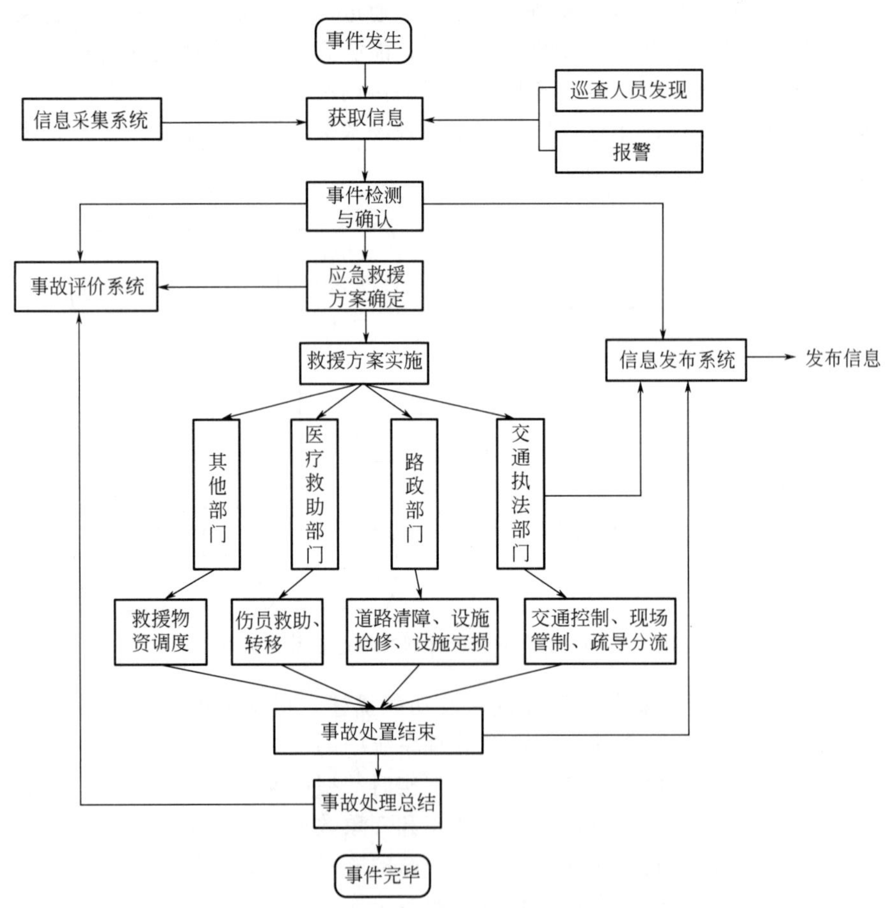

图 3-11 交通控制及应急救援工作流程

信息获取：因为高速公路发生突发事件后，会使交通流发生变化，利用信息采集系统将交通流信息收集交于应急管理中心，然后判断是否发生交通事故；高速公路监控中心可以利用视频监控系统发现其覆盖区域的突发事件；事故当事人或目击者可以利用高速公路上设置的紧急电话进行报警；路巡人员正好巡查到事故发生区域，通知应急管理中心。

事故检测及确认：应急管理中心接到报警及采集系统关于交通流的急剧变化报警之后，立即记录事故信息（时间、地点及事故类型等），同时利用视频监控系统、GPS/北斗系统等对事故进行定位，然后对事故进行确认。

应急处置方案确定：根据获取到的事件发生时间、地点、类型、严重程度等信息，决策支持系统自动生成最佳的应急处理方案，并上报决策者，决策方案确认后提供给交通控制及应急救援系统执行实施。

交通控制：获取到应急处置方案后，高速公路交通执法部门迅速出警，对现场进行管制，保障救援工作的实施，并对堵塞的车辆进行疏导分流。

应急救援：接到救援方案的确认后，调动相关的各个部门快速参与到救援工作中，通过各方的协调配合完成救援工作。

信息发布：事故发生并确认后，通过信息发布平台对信息进行发布；交通执法部门参与到应急处置中，进行交通控制时发布相关的信息；事故处置完成后将发布通行恢复信息。

② 交通控制及应急救援系统功能模块。智能高速公路紧急救援系统模块如图 3-12 所示。

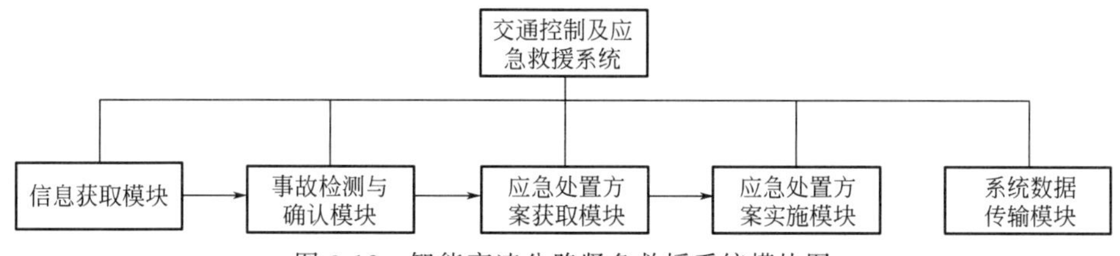

图 3-12　智能高速公路紧急救援系统模块图

信息获取模块：信息采集模块以信息采集系统收集的实时动态的信息为基础，通过物联网技术，感知交通流、设施设备状态、气象参数等信息的变化。信息获取模块通过分析，及时对有可能发生事故的信息进行获取。

事故检测与确认模块：接到报警及巡查人员提供的信息后，事故检测与确认模块根据信息获取模块获取到的信息，通过分析，同报警信息匹配并进行事故的确认。

应急处置方案获取模块：通过对事故发生的确认，反馈信息至决策支持系统，利用其功能获取到最佳的应急处置方案，以完成交通控制及应急救援工作。

应急处置方案实施模块：该模块负责对救援的过程进行实时全程的监控、记录事故现场动态、发布救援处置指令、协调配合各部门及救援资源分配等。

系统数据传送模块：该模块负责系统数据的传送功能，是系统不可缺少的一部分，从信息获取到方案实施均会用到，其为系统间的协调配合工作起到了桥梁的作用。该模块是利用决策支持系统进行应急处置方案的。

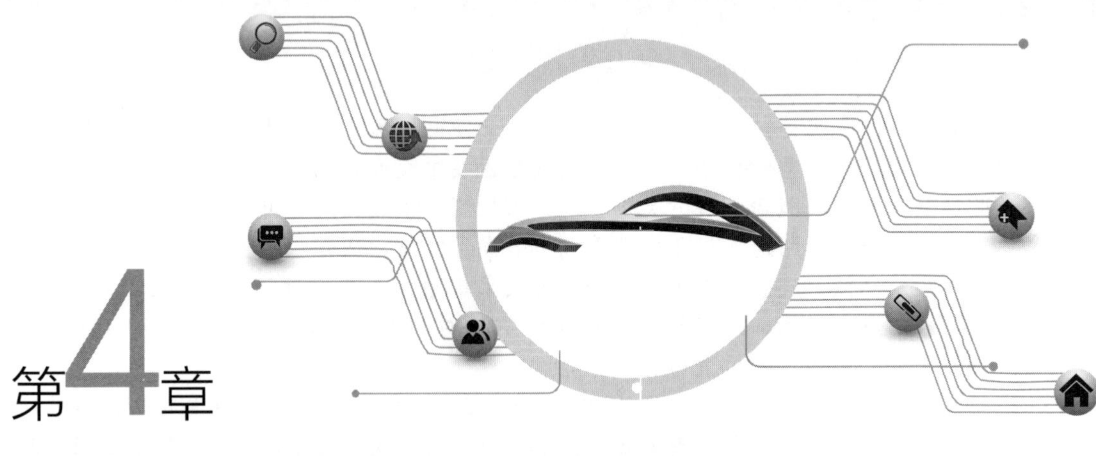

第4章 道路交通智能监测技术

4.1 道路视频监控智能分析技术

4.1.1 视频监控技术

(1) 视频监控技术简介

视频监控系统是运用传感技术、监控摄像技术、通信技术和计算机技术，对特定区域进行视频图像信息采集、传输、显示、存储和处理的系统。它能够实时、形象、真实地反映被监视控制对象的画面和声音，并且具有记录、分析处理和回放的能力，现已成为现代化社会管理中监控的一种极为有效的观察工具。

视频监控系统分为三类：模拟视频监控系统、模数混合视频监控系统、数字视频监控系统三种。

① 模拟视频监控系统。模拟视频监控系统基本组成：模拟摄像机、同轴电缆、矩阵主机（或显示、记录装备)、切换控制设备。

主要优势：由于在视频信号的采集、传输、显示过程中均采用基带视频（CVBS）的形式，因此控制延时短，图像预览效果较好。

局限性：同轴电缆不适宜远距离传输，无网络功能，只能以点对点的方式实现视频监控，应用范围内，监控图像一般也只能在控制中心查看，扩展性较差；采用单工工作模式，录像和回放不能同时进行等。

② 模数混合视频监控系统。系统基本组成与工作过程：模数混合视频监控系统主要利用网络硬盘录像机将模拟信号进行数字化、编码、压缩后接入网络，实现联网视频监控。

主要优势如下。

不失真，图像可靠度高：数字信号以未经压缩的形式在同轴电缆上传输，不像经过编码压缩的 IP 信号会有图像延迟、拖尾或掉帧，可靠度较高。

实时性好：非压缩的数字信号没有编码的延时，同时专线传输也比网络传输延时小，是实时监控较好的方案。

充分利旧、保护投资：未压缩的高清图像可通过 HD-SDI 传输，传输线路可基于模拟视频监控系统的 BNC 同轴电缆，易于实现对原有线路的利用。

提供智能监控所需最佳高清图像：未压缩的高清图像，可供给智能监控所需的最佳高清

图像来源。

操作便捷、学习成本低：设定和操作与模拟监控系统类似。

③ 数字视频监控系统。随着计算机和网络技术的不断发展，视频监控系统已经步入了网络化的时代。在网络视频监控领域集中了多媒体技术、数字图像处理及远程网络传输等最新技术，不仅可以实现图像传输、远程控制、现场信号采集等监控功能，还可提供高质量的监控图像和便捷的监控方式。数字视频监控又称 IP 监控，是将压缩后的视频信号、音频信号、控制信号通过各种有线、无线网络进行传输。

主要优势如下。

可多人同时上网，监看不受时间、地点限制。

可与无线网络及移动终端结合，很简便地建构远程监控系统。

操作简便，系统易于扩充及整合性高，能够轻易更新升级。

（2）视频监控系统组成及基本架构

视频监控系统主要由前端采集子系统、传输子系统、显示子系统、存储子系统和监控管理平台子系统构成。

前端采集子系统用于采集图像信号，主要由监视用摄像机、球机、云台、防护罩、补光灯、供电、防雷等设备构成。监视用摄像机，从外形上分为枪式、半球形、高速球形；从技术上分为模拟摄像机和网络摄像机。球机全称为球形摄像机，它分为固定型、可转动型、功能型三种。云台是摄像机的支撑设备，它分为固定和电动两种。

传输子系统用于传输视频信号和音频信号，它将视频信号、音频信号和数据等从采集系统传输到显示控制系统，主要由光端机、视频编码器、光平台等设备构成。光端机是传输光信号的终端设备，负责光电转换以及光发射和光接收，从传输信号上分为模拟光端机和数字光端机。视频编码器用于视频信号和音频信号的编码，它将前端摄像机采集到的视频信号和音频信号经过压缩编码，再传输到后端显示系统，并通过计算机上的解码软件进行解码播放。光平台是进行光电转换和传输的设备。

显示子系统用于显示视频信号，主要由视频矩阵、显示屏、显示墙等设备构成。视频矩阵把提供信号源的设备的任意一路信号传输到任意一路的显示设备上，按视频切换方式不同分为模拟矩阵和数字矩阵。显示屏、显示墙是人眼能看到的显示设备。

存储子系统用于存储视频数据，主要由 DVR、NVR、IP-SAN 等设备构成，数字硬盘录像机（DVR）不仅可以对图像进行录像和录音，还可以远程控制和管理。网络视频录像机（NVR）通过网络接收网络摄像机的数字视频信号来进行录像、录音和记录。IP-SAN 是一种存储网络，实现数据的存储。

视频监控的管理平台是视频监控系统业务和应用的核心，主要提供中心管理、认证授权、流媒体服务转发、存储管理、报警处理、视频接入、联网网关等各种管理服务功能。

① 视频监控系统的前端采集子系统。视频监控系统的前端采集子系统的核心是监控用摄像机，负责完成视频信息、音频信息、告警信息的采集、缓存、编码、存储及发送等，并可接受来自网络的控制命令。前端设备的构成比较多而且复杂，常包括摄像机、视频服务器、报警设备、麦克风或音响等。

a. 摄像机。摄像机是监控系统的“眼睛”，它布置在被监控场所的某一位置，使其视角能覆盖被监控的各个区域。目前市场上有多种型号的摄像机，从外形上看，一般有枪式摄像机、半球形摄像机、高速球形摄像机等。

b. 视频服务器。视频服务器是核心设备，一般视频服务器对视频信号的处理采用 MPEG-4/H. 264 编码方式，支持模拟视频输入，支持 RS232/422/485 等控制接口。摄像头的视频信号和麦克风的音频信号直接通过网络视频服务器与网络连接，探测器的信号也可以通过网络视频服务器直接传送到网络上。

根据实际应用情况，视频服务器又可以分为DVS、DVR、NVR、混合DVR、智能DVS等类型。

c.报警设备。用户前端报警设备主要由报警控制主机、开关量采集模块和无线/有线红外探测器、门磁开关、紧急按钮、烟感、气感、栅栏等组成。一旦有非法入侵、烟雾、燃气泄漏、恶意破坏等报警发生，探测器就会将信号传送给报警主机，报警主机可分辨各种警情，并驱动警笛鸣叫。报警主机通过其连接的视频服务器经IP网络发送报警信息至监控中心；监控中心通过电话网络（语音和短信）及时通知用户。用户收到报警信息后，可登录监控中心Web服务器进行查阅，报警主机还可通过拨打在主机上预设的电话终端号码直接报警。

② 传输子系统。视频监控系统主要传输媒介为同轴电缆、双绞线、光纤等。利用网络传输信号时，需要支持TCP/IP和UDP协议：视频流和音频流的数据封装格式应符合GB/T 28181—2016标准的要求，视频流和音频流在基于IP的网络上传输时应支持RTP/RTCP协议。当信息（包括视音频信息、控制信息及报警信息等）经由IP网络传输时，端到端的信息延迟时间（包括发送端信息采集、编码、网络传输、信息接收端解码、显示等过程所经历的时间）应满足下列要求。

前端设备与信号直接接入的监控中心相应设备间端到端的信息延迟时间应不大于2s。

前端设备与用户终端设备间端到端的信息延迟时间应不大于4s。

③ 显示子系统。显示子系统的作用：将前端摄像机送到终端的视频信号再现为光学图像。

常用显示器：液晶显示器（LCD）、LED。

液晶显示器（LCD）：采用液晶制成的显示器件。

液晶：在特定的温度区间里，既有液体的特有现象，又有晶体的光学各向异性的物质状态。液晶显示器工作原理：液晶具有当通电时导通，排列变得有秩序，使光线容易通过，不通电时排列混乱，阻止光线通过的物理特性。利用液晶的这一特性，通过视频信号电压，来控制液晶分子的转动，影响光线的行进方向，形成不同的灰阶，进而显示影像。

LED显示器（LED Panel）：是一种通过控制半导体发光二极管的显示方式，用来显示文字、图形、图像、动画、行情、视频、录像信号等各种信息的显示屏幕。LED与LCD的功耗比大约为1∶10，而且LED的刷新速率较高，在视频方面有更好的性能表现，能提供宽达160°的视角，可以显示各种文字、数字、彩色图像及动画信息，也可以播放电视、录像、VCD、DVD等彩色视频信号，多幅显示屏还可以进行联网播出。

④ 大屏幕拼接系统。大屏幕拼接系统的用途：一般用于一个画面的超大屏幕显示以及多个画面的多窗口显示。

大屏幕拼接系统主要包括显示单元、拼接处理器、接口设备、软件等。

显示单元：显示单元即常见的DLP、LCD、PDP等显示设备，显示设备通过不同的拼接方式，如2×2、3×2等，构成大屏幕拼接墙，显示单元还包括箱体及其他支撑部件。

拼接处理器：处理器是拼接墙的核心部分，处理器实现对多路视频输入的拼接、切换、控制、分配、合成等功能，形成画面开窗、组合、缩放等操作。

接口设备：主要包括视频接口、音频接口、网络接口、控制接口等。

软件：实现对拼接屏参数的设定、窗口操作、显示内容切换等。

⑤ 存储子系统。存储子系统包括前端存储、后端存储（分布式管理存储、集中管理存

储、云存储)。

前端存储：利用摄像机内置存储媒介进行的存储。

后端存储：主要包括以下两种。

分布式管理存储：一是使用数字硬盘录像机（DVR），DVR 存储是采用本地磁盘存储视频监控数据的一种方式，它用设备内置的 IDE 硬盘存放视频数据；二是使用网络硬盘录像机（NVR），NVR 存储是将传统的视频、音频及控制信号数字化，通过 NVR 设备上的网络接口，以 IP 包的形式在网络上传输，在 DVR 的基础上，实现系统的网络化。NVR 是网络视频监控系统的存储转发部分，也具有管理、分析、解码等功能。

集中管理存储：其存储方式为，服务器连接前端编解码器，通过流媒体协议下载数据，然后存放到存储设备上。服务器和存储设备之间可以通过 SAS、iSCSI、NAS、FC 协议连接。集中存储方式适合于大中型平台的部署。在集中存储方式中，IP 连接模式（iSCSI）和 FC 连接模式有良好的扩展能力和可管理性，是目前采用较多的方式之一。FC 存储由于强大的性能和数据处理能力，在节点较多的监控环境里较为合适；而 IP 存储由于性能和扩展性的限制，在中小型应用中能具备更高的性价比。

集中管理存储的优缺点如下。

物理介质集中布放，视频流上传到中心，对机房环境要求高，要求机房空间大，承重、空调等都是需要考虑的问题。

物理介质分布到不同的地理位置，视频流就近上传，对骨干网带宽没有什么要求，可采用多套低端的小容量的存储设备分布部署，设备价格和维护成本较低，对机房环境要求低。

地理区域越小，网络条件越好，越容易实现集中存储；反之就需要进行分布式存储，而对于有需要的系统来说，视频监控系统可以每个区域先集中，再汇聚到中心。

a. 云存储。云存储技术是突破 IP 高清监控存储瓶颈的重要手段。云存储技术在安防监控行业的发展上有着巨大的应用前景。

b. 视频云存储。新兴的视频云存储模式基于云架构开发，采用面向用户业务应用的设计思路，融合了集群应用、负载均衡、虚拟化、云结构化、离散存储等技术，可将网络中大量各种不同类型的存储设备，通过专业应用软件集合起来协同工作，共同对外提供高性能、高可靠、不间断的视频、图片数据存储和业务访问服务。

c. 监控云存储。监控云存储突破了传统存储方式的性能和容量瓶颈，云存储能够联结网络中大量各种不同类型的存储设备，实现性能与容量的线性扩展，让海量数据的存储成为可能。

⑥ 监控管理平台子系统。视频监控的管理平台是视频监控系统业务和应用的核心，主要包含以下功能。

a. 中心管理。提供统一的认证、授权、管理服务。管理功能实现对系统内的用户、角色、权限、视频监控设备、报警设备、各种服务器进行集中配置管理；应用功能提供各类安防监控的应用业务。

b. 流媒体服务转发。流媒体服务提供视频数据实时分发功能，为各种取流客户终端（Web 客户端，C/S 客户端，手机客户端，电视墙、视频质量诊断等）提供实时码流转发功能。

c. 存储管理。主要提供录像存储管理服务，存储管理服务应支持多种存储方式，包括前端设备存储、NVR 存储、云存储的录像计划设置管理。具有不同存储类型的历史录像查询，历史录像回放和下载功能等。

d. 报警处理。报警处理能够实现对各种报警的接收、联动、订阅、转发服务，能够对前端常规设备、智能设备、报警设备进行布防。接收报警信息后，根据报警的配置规则，触发相关联动（短信、E-mail、报警上墙、报警录像、告警联动抓图等），并且将相关报警信息上传中心管理服务模块，进行数据库存储和转发给当前订阅报警信息的客户端。

e. 视频接入。视频接入功能可提供视频设备接入服务，接口或协议差应支持 GB 28181 协议，提供可选的转码服务，可将非标准码流转码成标准的 H.264 码流。提供对前端设备的云台控制、远程配置、设备校时、设备重启等设备控制服务。提供对前端设备的信令转换、码流转发、安全接入认证、状态检测等服务。通过视频接入网关，可实现平台对各种监控厂商的视频设备接入。

f. 联网网关。联网网关的功能主要为两个视频监控平台提供互联互控服务，实现平台间的视频资源共享。联网网关内部由信令服务、媒体服务、转码服务组成。信令服务完成与设备信令交互，媒体服务实现将视频流从平台的一级转发给平台的另一级，转码服务完成对非标码流的转码。

g. 其他管理功能。

ⓐ视图库管理。视频图像信息数据库以视频监控联网为基础，以业务主题为主，从中获取视频图像信息，提供统一存储管理能力，为上层业务系统提供数据支撑。

ⓑ视频质量诊断功能。视频质量诊断服务，对系统内的监控视频画面进行质量检测。提供质量诊断计划设置服务，通过网络可直接到前端设备、流媒体或者联网网关上获取实时码流。采用视频质量诊断算法，对视频图像进行分析，并及时提供报警信息和通知。一般可诊断监控点是否在线、码率大小、清晰度异常、亮度异常、偏色、噪声干扰、画面冻结、无视频信号等。

ⓒ智能后检索功能。提供录像的智能后检索功能，可以分析本地上传的录像，也可以直接在平台的录像回放模块选取一段录像进行分析。配合对应的后检索客户端，可以实现行为分析、车辆分析、人脸分析等智能后检索功能。

ⓓ运维管理功能。对联网系统进行运维管理，包括巡检功能、异常设备信息展现、统计分析、信息列表等功能。

ⓔ对外接口功能。为充分发挥视频监控平台应用，平台一般提供多种对外接口服务，满足第三方系统平台基础的视频监控应用。

ⓕ数据库管理功能。数据库存储平台中所有需要记录的信息。数据库服务对系统内所有资源信息、组织信息、关系信息、日志信息、操作信息、运维信息、结构化信息进行数据存储备份，提供数据的关联、查询、修改和删除操作，为整个系统提供底层的数据存储和访问功能。

ⓖ电视墙管理功能。提供监控中心的大屏上墙服务，对各种解码资源进行管理和调度；提供预览上墙、录像回放上墙的控制管理；提供监视屏的分割、拼接、开窗漫游等大屏拼控服务等。

(3) 视频监控系统的关键技术

视频监控常用技术范畴覆盖面广，包括视频、音频压缩技术、芯片技术、红外技术、高清技术、ISP 成像技术等。

① 视频质量的关键指标。网络和数字监控系统的图像质量需要考虑下列因素。

a. 清晰度。清晰度表示摄像机分辨图像细节的能力。在模拟视频监控系统中，画面质量取决于分辨率，即人眼所能分辨的黑白条纹数，单位是电视线（TV 线），分为水平线和垂直线。在实际的工程应用中我们常常以水平线作为摄像机清晰度的评估指标，线数越多，则清晰度越高。

传统的模拟摄像机能够做到 480TVL、540TVL，其录像清晰度只能达到 300TVL，而高清监控系统无论是预览监看还是录像，都在 720TVL 以上。

b. 分辨率。数字摄像机清晰度取决于 CCD 芯片的像素数、镜头的分解力和摄像系统的带宽。

数字化后的模拟视频图像是由像素构成的，由于屏幕上的点、线和面都是由像素组成的，显示器可显示的像素越多，画面就越精细，同样屏幕区域内能显示的信息也越多。因此，图像分辨率就是指图像中的水平尺寸和垂直尺寸，图像的画面质量取决于该图像的总像素、色彩、水印等诸多内容。

c. 压缩算法。当图像被捕捉到并进行数字化后，就需要对视频进行压缩。现行几种不同的压缩方法，压缩比越大，画面质量并不一定明显逊色，但算法耗时长，延时大。

d. 帧率。表示图像每秒钟能够更新几次。高的帧率可以得到更流畅、更逼真的视颇。目前视频监控应用中，PAL 制帧率为 25fps（每秒的帧数），NTSC 制帧率为 30fps。

e. 视频延时。从视频输入到视频输出显示之间的时间差，以 250～500ms 居多。

② 视频和音频压缩技术。视频和音频压缩技术是视频监控技术的关键。由于视频监控的现场环境复杂、网络带宽的有限及用户使用习惯的不同，要求视频和音频压缩技术具有如下特点。

第一，对全天候、各种复杂环境下的现场还原性强，监控场景范围往往很大，低精度视频数据会导致图像对比度下降、图像细节和层次丢失，造成图像原始内容的损失，要保证视频编码和解码环节尽量少地损失图像信息。

第二，平衡压缩编码效率和声音/图像质量，在音频编码的基础上，支持识别特征参数编码，避免编码失真对语音/声纹识别的影响。

第三，支持智能分析和机器识别。

第四，保护视频和音频内容的真实性、完整性、安全性。

第五，网络适应性强，算法复杂度低。

第六，支持监控专用信息（绝对时间、智能分析结果、报警信息），绝对时间信息通过专门语法与视频、音频压缩数据一起传输和存储，便于检索查询、视频和音频同步以及多路视频同步，还可以避免在图像上叠加 OSD 破坏图像原始内容；特殊监控事件类型及参数通过专门语法与视频、音频压缩数据一起传输和存储，便于检索查询，对于大规模监控网络和数据库更为重要。

视频监控中采用视频压缩编码技术主要为 MJPEG、MPEG-1/2、MPEG-4（SP/ASP）、H. 264/AVC 等几种。

其中，MPEG-4 和 H. 264 是现在国内视频监控行业流行的两种视频压缩标准，市场上多数的数字视频录像机、视频服务器和网络摄像机都已经能够支持 MPEG-4/H. 264 的压缩方法，国内标准组织制定了 SVAC 和 AVS 两种编解码标准。

对于高清视频来说，目前主流的技术主要有 MPEG-2、Divx、Xvid、H. 264 和 VC-1，其中 MPEG 2、H. 264 和 VC-1 是被 HD DVD 和蓝光 DVD 共同选择的三种编码格式，在视频监控系统中主要支持 H. 264 标准。H. 265/HEVC 是下一代视频压缩技术。

视频监控系统中音频编解码器一般支持 G. 711、G. 722. 1、G. 723. 1、G. 729、MP3、AMR 等音频编解码标准。

主要的视频编码标准如下。

a. MPEG-4 标准。MPEG-4 视频压缩算法可以方便地动态调整帧率、比特率，以降低存储量。它不仅是针对一定比特率下的视频、音频编码，更加注重多媒体系统的交互性和灵活性；对传输速率要求较低，通过帧重建技术、数据压缩，力求用最少的数据获得最佳的图像质量。对于我国企业来说，MPEG-4 面临专利费问题。

b. MJPEG 标准。考虑到图像抓拍需求，视频监控还支持 MJPEG（Motion JPEG）标准，该标准是基于静态视频压缩发展起来的技术。它的主要特点是基本不考虑视频流中不同帧之间的变化，只单独对某一帧进行压缩。MJPEG 压缩技术可以获取清晰度很高的视频图像，可以动态调整帧率、分辨率，但由于没有考虑到帧间变化，造成大量冗余信息被重复存储，因此单帧视频的占用空间较大。目前流行的 MJPEG 技术最好的能做到 3000 字节/帧，通常要 8～20000 字节/帧。

c. H. 264 标准。H. 264 最大的优势是具有很高的数据压缩比率，在同等图像质量的条件下，H. 264 的压缩比是 MPEG-4 的 1.5～2 倍。H. 264 采用简洁设计和低廉的专利费，使它比 MPEG-4 更容易推广，但随着应用规模增加，专利费问题也会越来越明显。H. 264 标准分成三个框架（Profile）：Baseline、Main 及 X，代表针对不同应用的算法集及技术限定。其中，Baseline 主要包含低复杂度、低延时的技术特征，主要是针对交互式应用。考虑到恶劣环境下的容错性，Baseline 的内容基本都被其他更高级别的 Profile 所包含。而 Main Profile 是针对更高编码效率的应用，如视频广播。X Profile 的设计主要针对流媒体的应用，在这个框架中所有容错技术、对比特流的灵活访问及切换技术都将包括其中。H. 264 在相同码率下具有比 MPEG-4 倍增的画质，在同样的画面质量下，码率仅为 MPEG-4 的 1/2。

d. H. 265 标准。继 H. 264/AVC 编码标准发布及广泛应用后，2010 年 4 月，MPEG（Moving Picture Experts Group）及 VCEG（Video Coding Experts Group）标准组联合成立了 JCT-VC（Joint Collaborative Team on Video Coding）研究小组，开始着手制定新一代视频编码标准 HEVC（High Efficiency Video Coding），它被称作 H. 265 或 MPEG-H 视频编码标准。

HEVC 着重于高清视频的高效编码，编码比特率以每秒几兆比特计数。HEVC 标准希望在 H. 264/AVC High Profile 的基础上通过适当地提高复杂度（与 H. 264 相比，复杂度提升 3 倍），缩放率提高 1 倍，即视频流的码率减少 50%，而视频压缩质量不变。HEVC 可支持 QVGA（320 像素×240 像素）到 Ultra HDTV（7680 像素×4320 像素）之间的显示分辨率，同时在降噪、色域、宽动态等图像质量上进行改进，更加适合下一代高清系统及内容捕获系统使用。

e. 国标 SVAC 标准。2007 年 11 月，公安部科技局和原信息产业部共同明确了安全防范监控数字视频和音频编解码标准应由全国安全防范报警系统标准化技术委员会（以下简称 SAC/TC100）归口，并正式确立三家标准项目。SVAC 标准制定的主要思路是：针对监控实际需求，以"忠实于场景的高保真视频和音频编码"为核心思想，解决监控视频和音频编码面临的实际问题。所谓"忠实于场景的视频和音频编码"是指在编解码过程中，要尽量真实、完整地保留监控现场的信息，避免信息的损失，实现监控现场视频和音频内容的高保真还原，为后续的综合研判以及作为法律证据提供良好的保障。SVAC 标准制定过程中，借鉴融合最先进的编码技术，力图在保证视频和音频质量的前提下，提供较高编码效率，技术架构适合从简单到复杂的各种视频监控应用，并保证标准的可扩展性。

f. AVS 标准。AVS 工作组（数字视频和频编码及解码技术标准工作组）是由原信息产业部科学技术司于 2002 年 6 月批准成立的，工作组制定了我国具备自主知识产权的第二代信源编码标准——AVS 标准，并于 2006 年 3 月 1 日正式成为国家标准，AVS 标准是一套包含系统、视频、音频、媒体版权管理在内的完整标准体系，为数字视频和音频产业提供更全面的解决方案。

AVS 视频中具有特征性的核心技术包括：8×8 整数变换、量化、帧内预测、1/4 精度像素插值、特殊的帧间预测运动补偿、二维熵编码、去块效应环内滤波等。AVS 是开放式制定的国家标准，解决了专利许可问题，以便推广。

g. 视频监控主流音频编码标准。国际音频压缩标准主要包括以下几种：G. 711/G. 722. 1/G. 723. 1/G. 729/MP3/AMR。

③ 固定码率和可变码率编解码。视频编码可以分为可变码率（Variable Bit Rate，VBR）和固定码率（Constant Bit Rate，CBR）两部分。

VBR 没有固定的比特率，在软件压缩时根据音频数据即时确定使用什么特率，这是以质量为前提兼顾文件大小的方式推荐编码模式。可变码率视频编码算法中不同图像组的平均码率是可变的数值，它可以根据图像的内容而变动，保证解码后重建图像的质量恒定。其主要优点是显著地减少“填充比特”，大大提高传输带宽或存储容量的利用率，具有巨大的经济效益，其代价是编码器的技术难度大，成本高。

CBR 指文件从头到尾都是一种位速率。相对于 VBR 和 ABR 来讲，它压缩出来的文件体积很大，而且音质相对于 VBR 和 ABR 不会有明显的提高。固定码率视频编码算法就是保持每个图像组都有相同的平均码率。当输入的图像内容有可能使输出的平均码率超出额定值时，不得不以牺牲图像局部的、瞬时的主观质量为代价，例如增大量化器的步距或者瞬时对图像的某些部分“跳过”而暂不编码，只要一般观众不容易觉察或者瞬时尚可接受，以维持输出的视频码率保持不变。另外，当图像内容不复杂时，又不得不大量地插入毫无意义的“填充码”来维持输出的视频码率为预定的恒定值，固定码率的视频编码算法简单易行，但编码效率不高。

④ 视频封装格式。所谓视频封装格式就是将已经编码压缩好的视频轨和音频轨按照一定的格式放到一个文件中，并按照同一规则建立排序和索引，便于播放器或播放软件来索引播放。也就是说它仅仅是个外壳，或者把它当成一个存放视频轨和音频轨的文件夹也可以。

编码和解码标准与视频文件封装格式无特定关系，通常采用同一编码标准的文件，为了适应不同的传输条件，可采用多种封装格式。

即使采用同一编码算法，同一厂商芯片，由于数据包封装格式的不同，各个厂商的视频压缩码流仍旧难以做到兼容。

目前主流的视频封装格式如下。

a. AVI。比较早的 AVI 是微软（Microsoft）开发的，是把视频和音频编码混合在一起存储。AVI 格式限制比较多，有一个视频轨道和一个音频轨道（展现在有非标准外挂程序可加入最多两个音频轨道），还可以有一些附加轨道，如文字等。AVI 格式不提供任何控制功能，文档名为 avi。

b. VCI-1。VC-1 编码即 Video Codec One（视频解码方案一），是微软向 SMPTE 组织提交的视频编码标准，它起源于微软的 Windows Media Video 9。相对于 MPEG-2，VC-1 的压缩比更高；与 H. 264 相比，VC-1 格式的视频在解码计算方面则更小一些，一般来说，VC-1 多为“. wmv”后缀。

c. MPEG 格式。MPEG（Moving Picture Experts Group）是一个国际标准组织（ISO）认可的媒体封装形式，其存储方式多样，可以适应不同的应用环境，MPEG-4 的格式在 Layer 1（mux）、14（mpg）、15（ave）等中规定。MPEG 的控制功能丰富，可以有多个视频（即角度）、音轨、字幕等。

d. ISMA。ISMA（Internet Streaming Media Alliance）是为了互联网上的流媒体服务而制定的标准，其目标是互联网上的低码率点播节目和低并发率。在 ISMA 中，不同的编码标准有不同的文件格式，比如 MPEG-4 和 H. 264 的文件格式都不一样，因此在文件格式上是没有兼容性的。

e. TS/PS。TS 作为网络下载最流行的封装格式之一，MPEG 或者 VC-1 等编码都可以封装，是蓝光和全高清视频常采用的封装格式，虽然体积较大，但是其视频质量优秀，还原准确。

综上所述，监控系统中采用 MPEG-4 与 H. 264 编码的文件封装格式可以为多种，包括 ISMA 格式（. mp4）、存储播放格式（. avi）、MPEG PS 或 TS 格式（. mpg）等，并且能够封装成为 VC-1 的标准格式。

⑤ 视频通信协议。视频监控系统内部进行视频、音频、数据等信息传输、交换、控制时，应遵循所规定的通信协议，监控系统在进行视频和音频传输及控制时建立两个传输通道：会话通道和媒体流通道。会话通道用于在设备之间建立会话并传输系统控制命令；媒体流通道用于传输视频和音频数据，经过压缩编码的视频和音频流采用流媒体协议（RTP/RTCP）进行传输。

⑥ 视频压缩芯片技术。视频监控中用到的芯片包括摄像机中捕捉图像信息并进行光电转换的芯片，以及用于数字视频录像机、视频服务器和网络视频摄像机中进行视频压缩的芯片，以下阐述视频压缩芯片。

视频压缩芯片的处理方式分为两种：一是基于专用处理芯片（ASIC）的硬件处理方式；二是基于 DSP（数字信号处理器）的实时软件处理方式。由于 ASIC 和 DSP 都能独立承担数字视频的压缩工作而不需要计算机的参与，因此被称为硬压缩技术。

视频压缩芯片中除了处理器以外，在芯片内还集成一些其他的 IP 模块，如 Video in、Vidveo out、Audio in、Audio out 等，有的还有图像压缩硬件加速模块等，这样的芯片称为 SOC（System on Chip），即单片系统。

从本质上讲，专用视频压缩芯片 ASIC 和通用视频处理芯片 DSP 都属于 SOC，差异是前者带有固定的压缩模块、固定的处理方式和固定的微码，后者需要监控产品开发商开发视频压缩算法程序。

视频压缩芯片有两个发展方向：一个是以高性能、高集成度为主的更多路高清编解码 DVR/NVR 的 SOC 方向；另外一个是以低成本、性能为主的单路 IP CAM 的 SOC 方向。

a. ASIC 芯片。专用集成电路 ASIC 是面向专门用途，为某用户特定生产的集成电路，如电视视频处理芯片、电话中语音处理芯片等。

b. DSP 芯片。DSP 是利用计算机或专用处理设备，以数字形式对信号进行采集、变换、滤波、估值、增强、压缩、识别等处理，以得到符合人们需要的信号形式。

⑦ 图像传感器技术。图像传感器是摄像机的重要元件，它就像传统照相机的底片一样，是感应光线的电路装置，在采集监控现场的影像并形成标准化的 PAL 或 NTSC 模拟信号的过程中，图像感光元件的作用尤为重要。

目前家用的各种数码摄像机、照相机都是采用 CCD 或 CMOS 感光元件作为图像传感器，而安防监控领域的摄像机图像传感器也是以这两种类型的元件为主。

a. CCD。CCD（电荷耦合器件）是用一种高感光度的半导体材料制成的，能把光线转变成电荷，通过模数转换器芯片转换成数字信号，数字信号经过压缩以后由照相机内部的闪速存储器或内置硬盘保存，因而可以轻而易举地把数据传输给计算机，并借助计算机的处理手段，根据需要来修改图像。CCD 由许多感光单位组成，通常以百万像素为单位。当 CCD 表面受到光线照射时，每个感光单位都会将电荷反映在组件上，所有的感光单位产生的信号加在一起，就构成一幅完整的画面。CCD 摄像头的像素越大，图像就越清晰，CCD 靶面的尺寸大小表示 CCD 芯片的大小。目前市场上 CCD 芯片的尺寸主要有 1in、2/3in、1/2in、1/3in、1/4in，其中以 1/3in 和 1/4in 居多（1in＝2.54cm），芯片越大，图像质量越好，价格越贵。

b. CMOS。CMOS（互补性氧化金属半导体）是电压控制的一种放大器件，和 CCD 同为在数码相机中可记录光线变化的半导体。CMOS 的制造技术与一般计算机芯片没什么差别。CMOS 的缺点就是太容易出现杂点，这主要是因为早期的设计使 CMOS 在处理快速变化的影像时，由于电流变化过于频繁会产生过热的现象。

由于 CMOS 摄像机可以做得比较小，因此在隐蔽环境下可以使用 CMOS 摄像机。另外，由于 CMOS 传感器的成像速度很快，可以在 400～2000 帧/s，所以在高帧成像时宜选用 CMOS 摄像机。

⑧ 云台控制技术。视频服务器可以通过云台控制协议对摄像机进行云台和镜头的控制。部署云台时，需要根据实际情况添加控制解码器，以实现协议的转换，控制解码器采用 RS485/RS422 等接口连接到视频服务器，不同厂商生产的控制解码器与云台主机的通信协议、编码方式一般都不相同，所以控制解码器一般与云台主机采用同一品牌。

⑨ 红外监控技术。夜间目标的检索和获取是一个难题，目前在夜视技术方面主要采用红外技术。红外摄像机主要用于需要日夜监视、特别强调夜间监视的目标，而目标周围环境又没有太强光线的场景。具体选择主要根据摄像机和观察目标之间的距离，一般红外摄像机的适用范围为 20～100m，拍摄距离越远，价格越贵，同时功耗也越大。另外，选择红外摄像机时应该考虑红外灯电源的开关控制问题，可以采用手动和自动两种控制方式。

红外技术基本上分为两大类：被动红外和主动红外。

a. 被动红外技术。被动红外摄像机实际上本身不发出任何信号，它被动感应周围物体的差异，把物体区分开来，只要有 0.01℃的差别都会区分开来，又称为红外热成像摄像机。

b. 主动红外技术。主动红外夜视就是在夜视状态下，数码摄像机会发出人们肉眼看不到的红外线照亮被拍摄的物体，红外线经物体反射后进入镜头成像。这时我们所看到的是由红外线反射所成的影像，而不是可见光反射所成的影像，即此时可拍摄到黑暗环境下肉眼看不到的影像。目前大多数的红外摄像机都采用 LED 红外发光二极管作为主要材料，在全球范围内大约 95%以上夜视系统都使用主动红外，都是用 LED 来做红外夜视。

⑩ 其他技术。

a. 红外报警技术。红外报警器分为被动红外报警和主动红外报警。

被动红外报警：被动红外报警器主要根据外界红外能量的变化来判断是否有人在移动。人体的红外能量与环境有差别，当人通过探测区域时，报警器收集到这个不同的红外能量的位置变化，进而通过分析发出报警。在外界环境中不但人体会发出红外能量，许多物体在一定的条件下也会散发红外能量，而在可见光中这种能量尤其突出，所以被动红外报警器的抗白光干扰就成了一个重要的指标。

主动红外报警：主动红外报警器由发射机和接收机组成，发射机是由电源、发光源和光学系统组成，接收机是由光学系统、光电传感器、放大器、信号处理器等部分组成。主动红外报警器是一种红外线光束遮挡型报警器，发射机中的红外发光二极管在电源的激发下，发出一束经过调制的红外光束（此光束的波长为 0.8～0.95μm），经过光学系统的作用变成平行光发射出去。此光束被接收机接收，由接收机中的红外光电传感器把光信号转换电信号，经过电路处理后传给报警控制器。由发射机发射出的红外线经过防范区到达接收机，构成一条警戒线。正常情况下，接收机收到的是一个稳定的光信号，当有人入侵该警戒线时，红外光束被遮挡，接收机收到的红外信号发生变化，提取这一变化，经放大和适当处理，发出报警信号。目前此类报警器有二光束、三光束及多光束的红外栅栏等。

相比被动红外报警器，主动红外报警器一般应用在周界防范居多，最大的优点就是防范距离远，能达到被动红外报警器10倍以上的探测距离。

b. 电子围栏技术。电子围栏是目前最先进的周界防盗报警系统，是一种主动入侵防越围栏，对入侵企图做出反击，击退入侵者，延迟入侵时间，并且把入侵信号发送到安全部门监控设备上，以保证管理人员能及时了解报警区域的情况，快速做出处理。

电子围栏由高压电子脉冲主机和前端探测围栏组成。高压电子脉冲主机产生和接收高压脉冲信号，在前端探测围栏处于触网、短路、断路状态时产生报警信号，并把入侵信号发送到安全报警中心。前端探测围栏是由脉冲发射杆及金属导线等构件组成的有形周界。

随着视频模式识别领域的发展，基于视频分析的虚拟电子围栏技术取得了长足的发展，可以做到人车入侵检测、徘徊检测等。

c. POE供电技术。POE（Power Over Ethernet）技术指的是在现有的以太网双绞线布线基础架构不做任何改动的情况下，在为一些基于IP的终端［如IP电话机、无线局域网接入点（AP）、网络摄像机等］传输数据信号的同时，还能为此类设备提供直流供电的技术，只需要一根网线连接摄像机，即可实现视频、音频、报警信息的传输，以及对设备的控制和供电。

d. 时钟同步技术。对于一个系统来说，各设备时钟是否同步是影响系统服务水平的重要因素。时钟同步的定义有两种：一种是频率同步，维持各点的频率相同，它们的相位可以是任意的；另一种是时间同步，要求各点之间的绝对时间相同。维持时间同步比维持频率同步困难得多，它要求在维持频率同步的同时，还要严格维持相位同步。影响时钟同步的主要因素有抖动和漂移。时钟信号短时间内的波动称为抖动，当抖动频率小于10Hz时简称漂移。

目前常用的网络时钟同步协议主要有NTP和SNTP。

e. 透明通道技术。在某些监控场所，为满足用户远程控制和数据传输的需要，需要在解码器和监控设备之间建立一个网络连接，即透明通道。

透明通道是将IP数据报文解析后直接发送到串行口的一种技术，实际上起到了延伸串行设备、控制距离的作用，用户可远程控制云台镜头解码器、矩阵，获取报警设备、门禁、仪器、仪表、设备等数据。对用户来说，无须关心如何进行传输，所以称为透明通道或者是透明传输。

f. 断网备份技术。视频服务器有不同的备份策略，譬如有的NVR系统在日常的应用中处于守备状态，仅仅保持前端视频编码器的状态连接，视频数据流并不进行保存。在主系统出现故障或者连接出现意外时，NVR系统立即切换到工作状态，迅速接管所有前端编码器的视频流，并对其进行转发和存储，整个系统对外提供媒体流的直播、点播和存储服务。待主系统或者网络恢复正常后，NVR系统将所有的视频管理权限交还给主系统，继续进行守备状态。

(4) 视频监控系统的功能

视频监控系统主要实现的功能如下。

① 实时监控和控制。具有权限的用户可在计算机桌面监控并控制前端摄像机；可在本地或远端根据权限对每路摄像机的云台、镜头进行控制，可对多路摄像机独立控制。

能自动叠加摄像机名称、时间字符。

自动以电子地图的方式将有权限的摄像机（包括其他系统的视频图像源）显示出来，同时还可以树形结构排列出来，用户可以直接单击访问。

可对图像进行亮度、对比度、色彩、饱和度设置。

可进行多种画面分隔形式显示，也能进行画面切换、轮询、满屏显示，即 1 画面、4 画面、9 画面、16 画面等显示方式，并根据用户级别限定显示画面数量；轮询编组和轮询间隔可自由设置。

可对所需要的监控图像进行单帧抓拍并进行打印，同时支持 B/S 和 C/S 方式访问。

可以将网络接收的数字信号解压并还原成模拟信号接监视器。

通道控制：打开或断开视频，打开或断开音频，启动或停止通道录像。

云镜控制：支持镜头的光圈、变焦、聚焦三可变控制；支持云台的全方位控制；在监控工作站和网络分控终端均可进行控制；支持多种解码器协议。

灯光控制：远程控制现场的灯光、雨刷或者其他继电器设备。

矩阵控制：兼容 PELCO 矩阵联网控制。

② 图像存储和回放。视频和音频采集：在保证实时性和图像质量的前提下，由于采用成熟的 MPEG4/H.264 图像解码技术能够传输高清晰的图像，图像可达到 4 路、8 路、12 路、16 路同步视频和音频采集、压缩、存储、网络传输、播放。

可根据系统最大容量设定存储时间，若超过存储时间，资料按时间顺序自动循环覆盖。

提供服务器定时录制、服务器手工录制、本地录制等模式。

用户手动录像时可将正在观看的图像存储下来；用户自动录像时可按时间、摄像机设定将指定的图像存储下来。

所存储图像可转储到其他设备上，包括本地计算机、其他存储服务器、可刻写光盘等。

整个系统中包含的所有视频数据、音频数据、报警数据和其他用户数据在服务器的数据库中均记录有它们的索引信息，用户可以按时间、地点、摄像机编号等信息查询到所有对其授权的数据信息，并且服务器会自动将用户的请求重新定向到物理存放数据文件设备进行流方式点播，全方位满足各级管理人员对监控信息的观看需求。

字符叠加：可在每路图像上叠加地点名称和时间。

同屏/全屏显示：监控图像可以按照 1 画面、4 画面、9 画面、16 画面同屏幕显示现场图像，图像也可全屏显示。

移动侦测：可选定固定的监控区域，自动识别并可联动报警，识别的灵敏度可任意调节。

预置位功能：系统可控制高速球机预置位定义、存储和调用，快捷地实现多地点远程控制。

轮询监视：系统具备视频自动巡视功能，在可设定的间隔时间内对全部前端监控点进行图像巡查，可以任意选定参与巡查对象。

录像策略：系统提供定时录像、报警录像、手动录像和移动侦测录像四种录像策略。

录像存储：提供本地存储及远程服务器存储，并可设定压缩率、帧速、文件保存时间和最小磁盘剩余空间，如保存时间到期或可用磁盘空间小于最小剩余空间，则删除最旧的文件。

录像检索：录像记录可在所有监控终端上以具有检索权限的用户名登录后进行检索，可根据不同查询条件如日期、监控地点和报警类型检索录像记录。

录像回放：检索到的图像记录可以实际尺寸或全屏方式回放，播放速度可以按照正常、快速、慢速进行。

图像抓拍：可对任意一路直播视频进行图像抓拍。

语音对讲：系统可支持调度中心与分站、前端交互点的语音对讲功能。可调节音量大小，设定监听和对讲功能的开启及停止。

电视墙：中心提供解码服务器，可将前端视频压缩图像还原成模拟信号，输出到中心监控室的电视墙上。

③ 报警处理和联动。系统具有报警优先的功能，当发生报警时，系统自动优先响应报警信息。

报警预录功能、手动录像、计划录像、动态侦测录像、报警录像、硬盘上文件可以选择覆盖式循环记录和非循环记录。

自动联动录像、声音报警、推报警画面、推报警点信息、报警推电子地图、报警声音定制。

系统具有接警优先的功能，当有警情传来时，系统自动终止其他工作，优先处理报警信息。

系统具有报警检验、应答确认、复核功能。

系统具有报警信息联动控制功能，当其中一个报警器出现警情时，系统可根据事先设置好的规则触发相应动作，包括启动图像录制、启动报警输入、声光提示管理员、发送短信、自动电话呼叫、弹出现场视频、弹出电子地图。

④ 音频对讲和广播。用户通过管理工作站，可以和多个在线前端进行网上语音对讲，中心对不同的前端进行语音交互，下达统一命令，大大节省了时间，提高了工作效率。

⑤ 电子地图。采用多层次的树状结构，点击特定区域进入下一层的模式，提供新建、导入、导出电子地图以及放大、缩小、查找等功能。

电子地图直观地显示监控点分布状况以及监控点的预警、报警联动等状态信息。

无报警时可以在地图上直接点击选取视频监控点的方式观看，实时监控图像，报警时弹出电子地图，进入报警图层，闪烁显示报警设备（如摄像头、输入输出设备等），并显示报警摄像头报警图像。

服务器模式下，支持并发的电子地图修改，电子地图在服务器上有唯一的数据备份。

⑥ 电视墙轮询画面。由于监控画面的数量远远超过了电视墙上监视器的数量，系统提供了电视墙轮询画面的功能，在指定的时间内，电视墙上轮流显示所有的感兴趣的画面。系统中的数字矩阵提供了该功能，数字矩阵负责将数字视频网络管理服务器转发的数字压缩图像还原成模拟图像，分别显示在监视器或大屏幕上。

(5) 视频监控在交通管理方面的应用

交通行业主要视频监控应用需求如下。

① 车道监控。对交通要道或事故多发点进行监控，主要监控车速、违章驾驶情况或者事故取证等。监控点主要布放在城市主要干道及路口，配备相应的图像监视设备和软件，将车辆运行状况实时传送到调度中心，以便监控人员对道路车辆运行状况进行监控。通过360°全景监控系统的摄像机在路口抓拍违章车辆，当车辆超速或闯红灯时，系统自动对车辆的图像进行抓拍，将车辆的号牌、类型、颜色、速度等信息记录在存储设备中，以供交通违章处理部门审查。同时，公安交通管理部门可以根据现场实际情况对道路车流量进行控制，将车辆安排到畅通的路段，减少阻塞，保证道路交通畅通，实现城市交通管理的智能化。

② 桥梁监控。对桥梁路面状况、交通状况进行监控，及时疏导交通，避免交通拥堵，保障桥梁安全。监控点主要分布在桥梁路灯和道路指示牌上。摄像头采集的实时监控信息和信号灯/指示牌管理、车流量管理等数据将被打包发送到公安交通管理部门，便于管理部门及时监控桥梁设施损坏、被盗情况，及时采取路面修补、车流量控制等措施，保证桥梁安全。

③ 公交监控。公交监控应用包括车辆定位、公交车内部监控和公交站台监控等。

车辆定位是利用 GPS 卫星定位技术、GIS 地理信息技术、计算机技术和无线通信技术实时将车辆运行信息传输到公交调度中心，公交公司根据车辆行驶情况合理地调度车辆。

④ 城市轨道交通监控。城市轨道交通视频监控包括两部分，即站台监控和列车监控。目前，我国城市轨道交通站台监控已经非常成熟，而在城市轨道交通列车内安装视频监控设备才刚刚起步，国内仅有少数几个城市涉及，且大多是基于模拟的本地视频监控，不支持远程管理和图像的远程调阅。随着 4G、5G、WiFi 等无线技术的推出和完善，基于无线网络的数字监控系统已经逐步成为新的发展潮流。

4.1.2 基于视频的运动目标检测与跟踪技术

利用计算机视觉技术与数字图像处理技术，研究在公路场景中实现运动车辆自动检测、车辆自动跟踪、运动状态预测、交通事件检测等算法，自动检测出交通阻塞、停车、逆行等交通事件。在交通检测中，从视频序列图像中分割出运动的车辆，不仅可以监视交通状况、统计交通流的各种参数，还可以智能地识别和分类车辆、对交通事故进行报警。基于运动目标进行分割和跟踪的交通信息检测的方法，一般步骤为视频分割、运动目标提取和跟踪。在场景中运动的车辆一般即认为是运动目标；视频分割是指从视频流中分割出运动的车辆，为后期的运动目标提取和跟踪做好基础的准备；运动目标提取是将已从视频流中分割出来的运动区域进行目标对象的特征提取，方便后面的运动目标的标识以及车辆的跟踪，所使用的方法有：提取轮廓、区域标记、模型匹配等。为了能够精确地提取车辆目标，需考虑去除交通场景下的遮挡和阴影等问题；运动目标跟踪是为了统计车速、交通量等参数，并提供高层次的语义信息（如交通拥堵状况汇报、交通事故警报、预测车辆相撞概率等），为交通事件的分析提供依据。基于运动目标分割和跟踪提取交通信息的原理如图 4-1 所示。

(1) 视频分割

首先必须在视频序列图像中分割出车辆，才能实现交通场景下运动车辆的跟踪。视频图像序列可看作一类特殊的三维图像，即三维场景在二维图像平面上某一时刻的投影。视频分割是指按一定的标准将视频图像序列分割成区域，从视频序列中分离出有特定含义的实体对象，在数字视频中将其称为视频对象，一般界定需根据其边缘轮廓，可以是任意形状的区域，其视频对象的内部具有不一致的亮度、颜色、纹理等低层次特征。在 MPEG-4 标准中定义每一个 VOP（视频对象面）描述一个感兴趣的视频内容或一个具有语义意义的对象。研究表明，通过提取视频对象可以大大提高压缩效率，为存储和传输视频图像提供便利，并可以查询和交互静止或动态场景。提取视频对象是对目标感知和跟踪的前提，也是计算机视觉研究的难点之一。基于对象的视频分割，利用对象的某些特征信息，将前（Foreground）运动物体从背景（Background）中分离出来。因分割复杂度高，目前视频分割使用的方法很多，国内当前的研究大都只针对静止的背景，

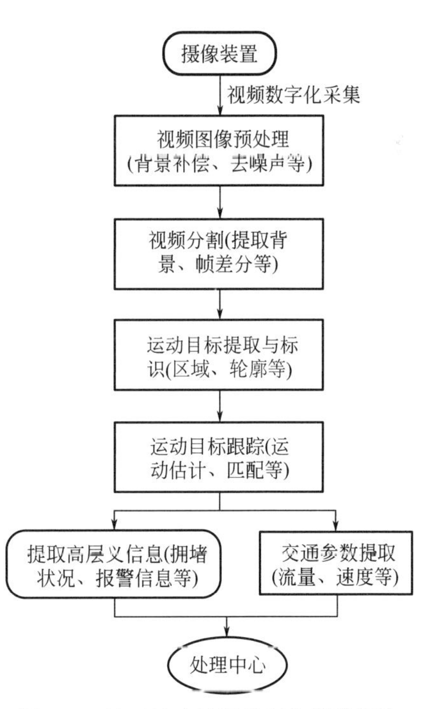

图 4-1 基于运动目标分割和跟踪提取交通信息原理

只有少量的研究开始涉及运动背景的情形。视频分割按照人工参与的程度划分，分为半自动分割和自动分割技术。用于交通检测的视频分割算法是自动分割的算法，可分割出运动车辆并跟踪检测。在交通检测方面，对车辆目标进行分割的算法可以来源于一般的视频目标分割的算法，但由于交通场景的独特性，又与一般的视频目标分割的算法有其不同之处。在交通场景下，视频分割的结果可能包括其他车辆的遮挡、运动的车辆、阴影，不一定是我们关注的运动车辆，也可能包括背景的改变和其他我们不感兴趣的运动物体，因而交通场景下的目标提取的任务比一般的视频分割更加艰巨，在视频分割之后还必须进行运动目标提取和表达。

(2) 运动目标提取和表达

运动目标提取是将交通场景下车辆的特征准确地提取出来。不仅需要考虑提取目标的准确性，即考虑车辆间的遮挡和剔除车辆目标的阴影，而且需要使用各种方法来实现运动跟踪的一部分功能，如提取分割标记目标的区域、提取目标轮廓、用 2D 或 3D 模型拟合等。

运动目标提取的方法主要有三种：基于模型（Model-based）、基于区域（Region-based）和基于轮廓（Contour-based）。基于模型的运动跟踪是分析提取的运动对象的区域，并与设计好的模型进行匹配，这些模型可以是 2D 的多边形模型，也可以是 3D 模型（一般是由若干线条组成的线框模型）；基于区域的方法是通过运动分割提取目标，以区域的方式标记和分割出运动目标；在确定运动对象的目标区域后，采用样条曲线拟合和凸多边形等方法标记轮廓，基于这些轮廓进行运动跟踪。为了提高这种算法的效率，尽量采用几个少数的控制点来替代采用整个区域。

(3) 运动目标跟踪

运动目标跟踪的目的是确定各运动目标的运动轨迹，其关键是检测所得的运动目标可以在帧间通过目标特征匹配建立对应关系。一般选用匹配的特征，包括目标的形状、大小、位置和颜色等，与物理运动关系密切相关，匹配时可以根据各个特征的重要程度来设定不同的权重系数，并根据运动目标的运动历史记录来预测其在下一帧中的特征，预测之后必须对帧间的运动目标进行匹配。基于模型表示的运动目标，常用各种参数表示运动模型，再用滤波器预测下一帧的运动参数，得到跟踪匹配模型；基于区域表示的运动目标，可采用图像块匹配来精确定位目标位置；基于轮廓表示运动目标，常常通过多边形的顶点或拟合曲线的控制点在帧间映射来寻找下一帧中匹配的目标轮廓。为运动目标找到了下一帧中相对应的匹配目标后，需要适当更新其运动历史记录和特征进行。运动跟踪不仅包括运动对象轨迹的跟踪，还包括轮廓的跟踪，需考虑每一帧的图像背景中可能会出现的 4 种情况的变化，来确定运动目标的轮廓。

从当前帧到下一帧，在运动对象的实际区域内完全包含映射的对象。

在运动对象的实际区域内绝大部分包含映射的对象，但有一小部分区域不在相应的运动区域范围之内。

出现新的一个运动的映射对象覆盖原来映射的。

映射的运动对象仍然存在，但实际的运动对象却在屏幕中消失了。

因此，必须对每一帧之间的映射的轮廓进行修正。

4.1.3 基于视频图像的交通事件检测技术

车辆在运行过程中，出现了影响交通安全或交通运输效率等的交通状况，称为交通事件。交通事件检测系统能够对道路上的各种车辆进行检测和跟踪，是交通信息采集系统的一

个重要组成部分，判断发生交通事件是否，记录数据并向交通数据管理中心发送有关信息，可以实现对道路实时监控、及时报警等的可视化管理，减轻交通管理部门的工作强度。与其他智能交通子系统协同工作，交通事件检测系统能够及时检测道路上通过车辆的实时状况，报警、记录和发布实时发生的交通事件，最终达到平衡路网流量、自动监控交通事件、方便交通出行的目的。

(1) 交通事件检测技术流程

基于视频图像的检测技术流程可归纳为几个步骤，如图 4-2 所示，即背景建模、目标提取、目标跟踪、目标行为分析及后处理等。

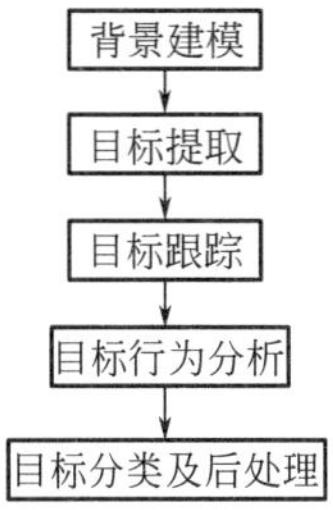

背景建模
目标提取
目标跟踪
目标行为分析
目标分类及后处理

图 4-2　基于视频图像的检测技术流程

检测流程如下。

确定检测区域，建立背景模型。

确认检测区域，判断目标或背景。

目标提取：识别图像中符合目标特征的像素，从背景中分离出待识别的目标。

目标跟踪：依据提取出的特征，匹配前后帧中的目标。

目标分类及后处理：对不同类型的目标进行分类，依据纹理特征、几何外形等，根据应用需求确定交通事件等。

停车、逆行/倒车、换道事件的检测流程见图 4-3。

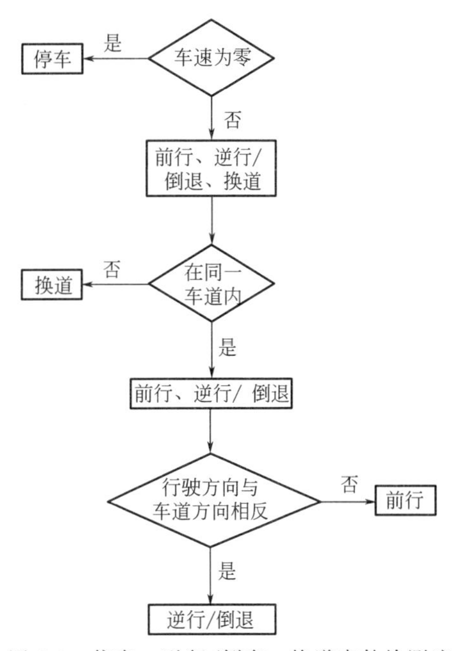

图 4-3　停车、逆行/倒车、换道事件检测流程

识别出目标的运动模式，根据其空间分布，可以识别出交通事件的发生；另外，还需表示出在车道中的目标车辆的空间分布，因为车道近似于一条直线，可根据车道起始点与目标车辆的重心位置的距离进行排序，分析出在车道上的目标车辆的前后空间关系。识别是否发生交通事件，首先需识别的是可能事件，若可能事件持续一段时间并保持不变，则可确定为交通事件。

(2) 基于视频分析的交通事件检测算法

基于视频分析的交通事件检测的关键技术，主要针对交通事件中的静止、换道、超速、逆行等交通事件检测进行研究，在运动车辆跟踪的基础上分析和检测车辆交通事件。通过跟踪目标车辆的运动轨迹，结合架设在高速公路上的摄像机设定的拍摄方向，对场景中的车辆是否存在逆行或换道等现象进行判断。需先将图像坐标系转换成世界坐标系，再检测车辆的速度，更确切地说是在特定时间内将目标车辆在图像上的运动距离转换为世界坐标系中的运动距离，从而计算单位时间内运动车辆的速度。

本小节中定义的交通事件是指高速公路上的偶发性事件，如慢行、超速、逆行、变道等交通异常行为。分析运动目标的运动轨迹，可以计算出目标对象的运动方向，使用视频测速算法——查找像素实际距离映射表，得出目标对象的实际行驶速度。利用交通事件的速度和轨迹特点，给出车辆超速、变道、慢行、逆行等交通事件的检测方法，可以得到理想的检测结果并进行报警处理。

交通事件检测算法流程如图 4-4 所示。

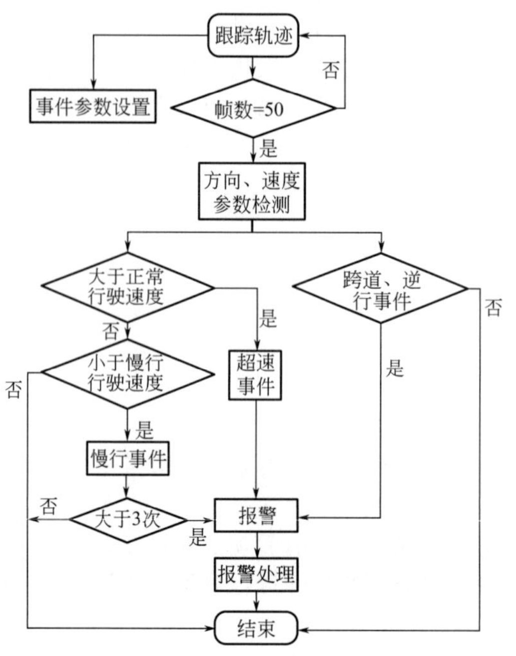

图 4-4　交通事件检测算法流程

① 车辆运动方向的检测。根据车辆运行的轨迹求得目标车辆的运动方向，在车辆跟踪的基础上分析车辆运行轨迹，得知目标车辆在每一帧视频图像中的实际位置，从而可以获取该车辆的运行轨迹，进而求得车辆的运动方向。通过目标车辆的跟踪，在获取车辆的运动轨迹过程中，目标车辆通过矩形框来表示，车辆的位置用矩形框的中心来表示，按此方法依次记录车辆的每一个位置，得出车辆的运动轨迹。因为视频图像具有连续性，每一幅图像帧与帧之间的间隔很短，因此相邻帧之间车辆在位置上没有较大的变化，车辆运行方向与区域的面积变化也不大。因此，连接相邻两帧车辆的轨迹点即可获得平滑的一条曲线。

② 车辆停止检测的前提是车辆的检测与跟踪，主要有两种检测类型。

第一种类型：车辆检测表现为非正常驶出场景，车辆在场景中跟踪丢失，即车辆由运动到绝对静止。

第二种类型：在连续的图像序列中，在一定的时间 t 内，若表示目标车辆的外接矩形中心位置的变化小于特定的阈值，即车辆属于超低速行驶状态。

首先在视频中特别指定某一个监测区域，判断运动目标是否出现，若运动物体进入监测区域，则图像的灰度产生很大的变化；若车辆仅是通过监测区域，则短时间内图像的灰度恢复为原来的灰度；若车辆在监测区域内停止，则变化的图像长时间保持稳定。

在连续的视频图像帧中，通过设定时间段的阈值可以判断车辆是否停止行驶。

若在监测区域内，车辆中心的位置小于或等于某个已设定的阈值 m，且持续的时间大于阈值 t，则可判定该车辆停止行驶，其中车辆外接矩形的大小与阈值 m 相关，选取的阈值 m 并非固定的常数。

当车辆处于距离摄像机比较近的位置时，检测到的车辆在图像中的面积比较大，表示车辆的外接矩形也比较大，阈值则取相对较大的一个常数；同样道理，当目标车辆位于距离摄像机比较远的位置时，检测到的车辆在图像中的面积比较小，表示车辆的外接矩形也比较小，同样的距离在实际生活中对应着更远的距离，阈值应该取较小的一个常数。

③ 车辆慢行与超速的检测。为了提高通行效率、维护高速公路上的正常通行秩序，在

高速公路不同的路段上限定不同的行驶速度，速度不可以过快或过慢，否则会影响道路的正常通行。

因此，要对高速公路上行驶速度高于最高行驶速度或低于限制最低行驶速度的运动目标进行检测，记录实时数据，给有关部门提供参考，以便其提出相应的处置措施。

本书中定义超速事件指大于最高限速的车辆行驶行为，慢行事件指低于最低限速的车辆行驶行为。将检测车辆的实际行驶速度与已知限速对比，可以判别车辆是否属于异常的慢速行驶或超速行驶状态。

4.2 智能卡口技术（车辆智能监测记录系统）

4.2.1 基本概念

近年来，随着我国综合实力和国民收入水平的提高，交通管理现状和需求的矛盾进一步加剧，与交通相关的刑事和治安案件数量也逐年上升，特别是肇事或作案后驾车沿公路逃逸、盗抢机动车辆、车辆违章行驶等案件高发。为有效应对此类案件，各省辖市、县级公安机关建设了大量的视频卡口系统，同时，用于交通管控、治安管理的微卡口、简易卡口、移动卡口以及带车辆识别的电子警察等数量激增，形成了海量的车辆出行轨迹数据和图片信息，在公安机关打击和防止犯罪中发挥了重要作用。

车辆智能监测记录系统（智能卡口系统）以机动车图片抓拍、车辆号牌识别等车辆特征数据采集、布控比对报警、查报站出警拦截为主要目的，对道路运行车辆的构成、流量分布和违章情况进行常年不间断的自动记录，为快速纠正交通违章行为、快速侦破交通事故逃逸和机动车盗抢、套牌案件提供重要的技术手段和证据，同时为交通管理、交通规划、道路养护提供重要的基础和运行数据，在交通管理过程中发挥了重要的作用。

系统目标如下。

在城区出入口、城市主干道、收费站、大型企事业园区出入口、高速公路重要路段设置高清监控卡点，实现对重点部位 7×24h 全天候监控覆盖，全面记录各断面的通行车辆情况。

获取监控点位全面的、实时的路况和车辆信息，通过前端智能化应用提取出过往车辆的车牌号码、车身颜色和车型等特征，获取有用的道路监控信息，为交通指挥调度提供数据支持。

应用智能研判技术，降低监控人员的工作强度，缩减报警响应时间。将前端采集的特征数据与布控数据库中的数据进行比对分析，实现联网布控报警等功能。对系统数据进行深入分析与挖掘，实现行车轨迹显示、跟车关联性分析、假/套牌车辆分析等功能。

4.2.2 系统逻辑架构

卡口系统包括数据采集整合、视频数据结构化、结构化大数据存储、大数据分析、挖掘、系统管理等几大部分，具体内容如图 4-5 所示。所有服务以接口的方式对外提供。

(1) 信息接入层

信息接入层主要依据统一的卡口数据联网规范，实现汇聚各省辖市卡口系统的卡口数据，建立常态化的信息接入机制和全省卡口联网技术规范，详细描述卡口数据的存储格式、传输格式、传输方式等。建立统一的卡口数据接入服务，实现与各省辖市的卡口平台进行数据对接。实现卡口数据的统一存储，对海量卡口数据实现分布式存储。

(2) 数据管理层

数据管理层负责对全部共享卡口数据资源的存储管理，并面向共享服务层提供基本数据服务。基于大数据平台的数据管理层不是一个单一技术模式，而是要根据数据的特性信息采用最适合的数据存储管理技术和数据部署模式，确保系统数据服务的效率和可持续发展。针对卡口数据的不同特点，数据管理和部署如下。

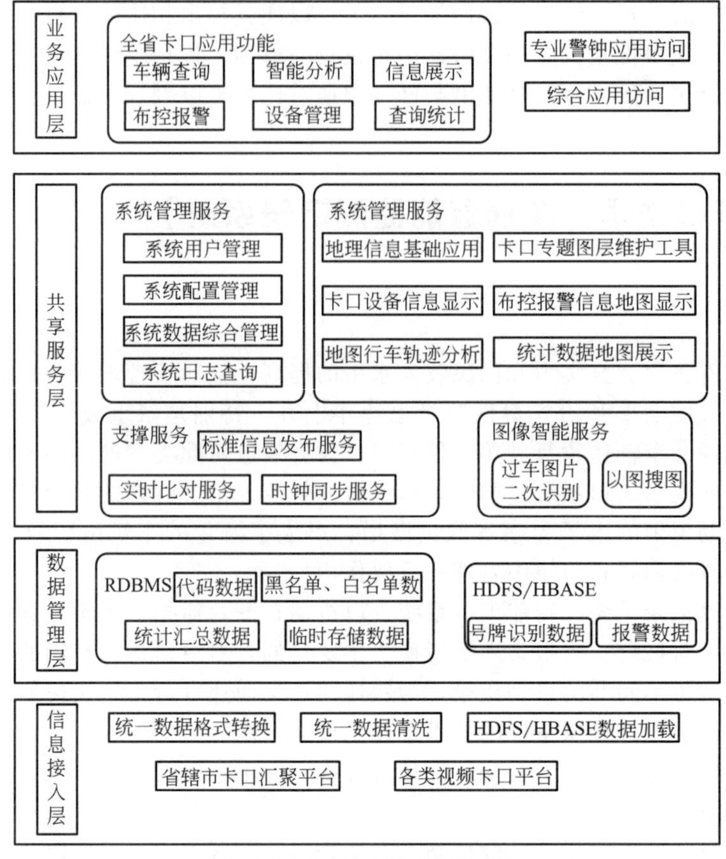

图 4-5　卡口系统逻辑架构图

对于数据量可控、访问频繁的数据资源，例如各类数据代码、车辆黑名单、用于快速发布的统计预处理数据，在整体数据管理层平台中仍然采用关系数据库进行管理，充分发挥关系数据库在一定数据量范围内高效、访问便捷的优势。

对于数据量爆发性增长且内部联系紧密的数据资源，例如号牌识别数据（过车数据）、长期保存的报警数据、二次识别数据等，采用 HDFS/HBASE 存储与管理，并且以中心集中存储模式为主。面对这类数据的海量增长趋势，只有采用大数据平台存储的方式才能确保基于该类数据的研判模型分析。面对这类数据采集时占用的网络资源不高，但具有应用频繁且数据关联紧密的特性，以中心集中存储模式为主是较好的解决方案：一方面不会在数据采集过程中对网络尤其是广域网络造成过重的负担；另一方面保障节点间数据通信尽可能在中心本地完成，只有结果集的反馈才通过广域网。

对于数据量爆发性增长但访问形式单一的数据资源，例如过车照片数据等，以逻辑统一但分布存储模式为主。

(3) 共享服务层

统一管理卡口数据资源，形成一个可持续发展的基于大数据平台的共享服务层，基于高效存储的海量卡口数据资源，提供面向各类应用的具有共性的数据访问逻辑、业务逻辑的封装。

上述的共享服务可以按照统一标准纳入服务集的管理、目录寻址、访问控制等服务管理范畴，从而为各警种有相关需求的业务应用提供卡口数据及业务逻辑服务支持，为综合性应用提供卡口数据及业务逻辑资源支持，通过表现层功能开发形成省级视频卡口应用系统，直接为授权用户提供服务。上述的共享服务对下层封装了基于大数据平台的数据访问接口，使上层应用只需要关心数据逻辑结构而对数据存储结构透明，同时封装了具有业务数据特性的业务逻辑，使上层应用开发更为简化易行。

(4) 业务应用层

业务应用层是向最终用户提供信息交互、信息展现的应用层面，基于前述的信息接入层整合的卡口数据、基于通过大数据平台提供的可扩展的高效的数据管理、基于共享服务层提供的透明的数据访问的基本业务逻辑封装，业务应用层可以快速搭建应用，从而满足对卡口数据的各类使用需要，并进一步应用于更为深入、更为综合的业务。

4.2.3 系统功能及性能

(1) 系统功能（表 4-1）

表 4-1　系统功能

功能项目	描述	功能项目	描述
车辆捕获功能	●	数据查询功能	●
高清记录功能	●	布控报警功能	●
自动偏振功能	●	流量统计功能	●
视频录像功能	●	系统报警功能	●
车牌识别功能	●	轨迹跟踪功能	●
车身颜色识别	●	关联分析功能	●
车型识别功能	●	套牌检测功能	●
车标识别功能	●	报警联动功能	●
车辆测速功能	●	电子地图功能	●
超速判定功能	●	多级联网功能	●
逆行判定功能	●	违法处理功能	●
占用专用车道抓拍功能	●	车辆限行功能	●
异地牌照抓拍功能	●	绩效考核功能	●
安全带识别功能	●	生命周期功能	●
遮阳板识别功能	●	案件管理功能	●
货车闯禁行抓拍功能	●	权限管理功能	●
智能补光功能	●	日志审计功能	●
前端存储功能	●	系统校时功能	●
断点续传功能	●	设备管理功能	●
远程管理功能	●	通信管理功能	●
图片防篡改功能	●	安全管理功能	●
视频接入功能	●	性能管理功能	●
图片视频融合功能	●	系统维护功能	●

(2) 系统性能（表 4-2）

表 4-2　系统性能

技术项	参数指标
记录像素	300 万像素，分辨率 2048×1536 600 万像素，分辨率 2752×2208 900 万像素，分辨率 4096×2160
图片格式	JPEG，符合 ISO/IEC 15444：2000 的要求
视频检测捕获率/%	≥95
可检测车速范围/(km/h)	0～180
视频测速	照相机内置视频测速功能
驾驶员人像捕获	捕获率≥90%，可识别率≥95%
号牌识别率	白天≥98%，夜间≥98%
号牌识别准确率	白天≥97%，夜间≥97%
车身颜色识别率	白天的颜色识别准确率≥95% 夜间的颜色识别准确率≥95%
防护等级	IP66
供电电压(AC)/V	220±55
工作环境	－40～85℃，相对湿度≤90%
平均无故障连续运行时间(MTBF)/h	≥60000

4.2.4　关键技术

(1) 高清晰记录车辆

产品设计中，可以清晰拍摄最高时速为 250km/h 的违法车辆图像。要想拍摄到清晰的车辆的图像，必须做到：镜头对焦准确；消除拖尾现象；合理适当的补光；准确的车辆定位；高速触发拍摄；高清晰的摄像机；准确的曝光控制。

(2)“拖尾”现象分析

摄像机快门设置不合理导致：摄像机的快门时间为 1/25～1/30000s，如果快门较慢（小于 1/500s）时，运动物体在照相机快门动作（曝光）时的位移量会被记录下来，造成运动物体发生径向模糊的现象，即拖尾现象，一般解决方法是将快门速度提高至 1/500s 以上固定即可。

图像采集的方式不合理导致：普通 PAL 制式的摄像机扫描系统采用隔行扫描方式，每秒钟快门打开 50 次，产生 25 帧图像，而每帧图像由奇数场和偶数场构成。组成一帧图像的相邻两场图像的时间差约为 20ms，以车速 180km/h 来计算，两场图像中的车辆会有 1m 的位移。在观看动态图像时，由于人视觉暂留现象，图像会很流畅。但如果以帧采集的方式获取图片，则会得到一幅由两场组合的图像，画面中的车辆会出现重影，即“拖尾”现象，显然是不可能清楚的。如果车辆在画面中横向移动，这个现象更加明显。由于我们采用的高清摄像机的扫描系统通过逐行扫描方式扫描，其采集下来的图像真实分辨率远远大于普通监控摄像机，使得车辆的细节更清晰。

(3) 夜间补光分析

一般卡口的安装地点均为无任何路灯的场合，即使选用超低照度的摄像机，也不能完全

看清车辆和车牌，加上卡口系统拍摄的都是车头部分的图像，车辆的大灯对图像的有效性产生直接的影响，因此，有效的补光是解决夜间成像质量的关键。

目前主流采用闪光灯补光方式，为了拍摄高速运行车辆和抑制车头大灯对图像的影响，一般会采用高速快门的方式，瞬间曝光影响驾驶员的视线。

可在传统模式基础上采用脉冲频闪的补光技术，既减小闪光灯能量损耗，也减少光污染。同时系统可同步提供 LED 灯或红外灯补光方式，根据具体的环境和需求进行选择。

(4) 强光逆光分析

一般卡口均采用逆光补偿和强光抑制功能的摄像机来解决逆光与强光问题，但摄像机的逆光补偿和强光抑制功能起作用需要较长的时间，卡口拍摄中由于车速较快，在摄像机还没来得及调整时车辆已经开过去了，这时拍摄的图像不是太黑就是太亮，对车牌识别造成困难。

硬件结构上采用偏振镜技术，通过偏振镜将相应的偏振光过滤掉，同时可自动调节控制曝光的摄像机，每次拍摄一张图片时，软件会自动分析图像的亮度和车牌的亮度，当光亮度不合适时，主控机会自动调节摄像机的曝光量，使图像的亮度和对比度达到最佳，进而提高全天候的车牌识别率。

(5) 看清人脸分析

在逆光或者强光的时，由太阳光线的影响，在车窗玻璃折射出偏振光，这部分偏振光对取清车内人脸信息产生很大的影响，要消除这部分偏振光就需要采用偏振镜等设备，一般厂家会采用 24h 偏振的效果，殊不知偏振镜是把“双刃剑”，能在强光或逆光情况下将偏振光滤掉，同样也使整体图像的亮度下降，在外界环境光不足时，拍摄的效果也受影响，采用可自动根据测光控制来驱动偏振镜的升降，在白天强光或逆光情况时，偏振镜自动下降，光学处理和图像处理通过偏振镜将偏振光过滤掉，在晚上时或者光线不足情况下，偏振镜自动升起，不影响图像整体的成像效果，从而保证图像全天候的一致性。

(6) 平台应用便捷、智能化

系统支持区县级、地市级乃至全省范围的数据信息资源共享，完成全网统一自动布控报警，车辆轨迹跟踪，刑侦破案原理数据挖掘，中心应急指挥调动综合警力办案等业务功能。以图形化方式展现各部件的运行状况，分别展示正常、异常、故障等多种状态信息，包括：高清摄像机单元、网络传输设备、平台服务器等，并在各部件单元发生故障时发出报警信息。

4.2.5 系统设计

(1) 前端设计

对经过道路卡口的所有车辆进行抓拍，获得车辆图像，并自动实时地识别车牌字符，记录下车辆经过的时间、车型、车牌号、方向等数据；并全部汇入网络通信子系统，通过光纤传输至交警中心管理平台（图 4-6）。

当车辆经过监控车道时，雷达检测器探测到无线电波的频率发生变化，通过 485 接口将过车信号传递给摄像机，触发高清摄像机进行记录图像。

当摄像机检测到监测区域有车辆通过时，DSP 控制模块将对经过车辆进行抓拍。每条记录实时抓拍 1 张图片，图片能够清晰辨别驾驶员的面部特征、车牌号码、车身颜色、车型和机动车行驶过程的信息。当车辆行驶速度超过规定限速时，系统将抓拍 2 张图片，方便违法举证。

控制模块将原始图片压缩成易于保存和传输的 JPEG 格式图片，图片中叠加抓拍地点、路口编号、拍摄时间、车速等数据，以保证信息的不可修改。在软件中用户可根据自身需求设置图片压缩率，将车辆信息添加到车辆记录数据库。同时全景监控球机自动记录路面状况、车辆全貌、装载情况等特征，通过通信设备传输到中心存储。以上过程完成了路口单次抓拍的车辆检测、数据生成和数据存储。

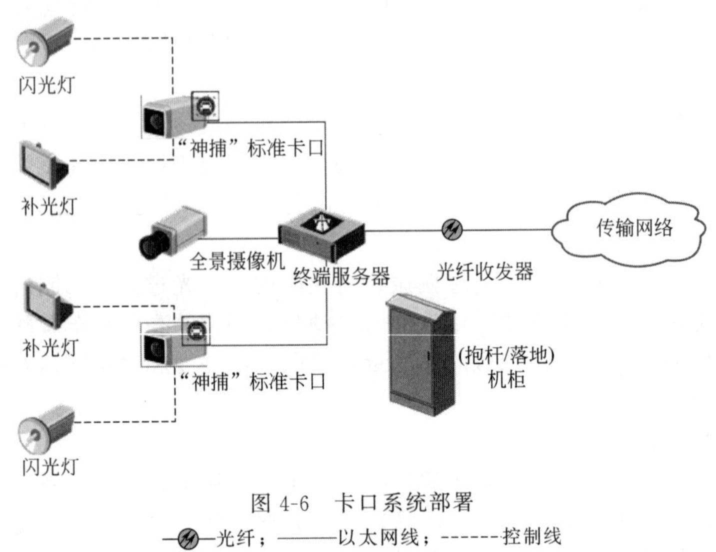

图 4-6　卡口系统部署

—光纤；———以太网线；------控制线

在实时记录通行车辆图像的同时，具备车辆号牌自动识别功能，能识别在我国道路上行驶的机动车号牌特征（号牌号码、号牌颜色、车标），设备设置布控缉查车辆号牌，当系统识别出来的车辆号牌结果符合条件时，将对嫌疑车辆现场报警和远程报警。

（2）前端工作原理

系统前端主要由高清摄像机、补光单元和控制机箱组成。高清摄像机是本系统的核心部件。摄像机根据检测信号对过往车辆进行高清记录，独立完成车辆检测、图像采集、图像编码、图像处理、车牌识别、车身识别、视频检测、图片存储和图片传输的功能。在光线不足的情况下，每台摄像机配备 1 台补光灯对环境光进行补光。

系统采用视频＋雷达检测作为检测方式。将视频检测算法运行在高性能的 DSP 处理器中，利用车牌、车灯、车型多项特征来保证高的捕获率，同时算法中添加必要的过滤器，对由环境光变化和其他动态物体干扰进行规避，全天候实时对过往的车辆进行检测，系统利用高清视频摄像机对覆盖范围机动车道和非机动车道进行 7×24h 的高清录像，前端系统实时将图片和高清录像传送给后端的管理平台，通过平台的链接，最终实现对过往的数据进行视频＋图片的记录。

① 雷达检测原理。雷达检测根据多普勒原理：波是由频率及振幅所构成的，无线电波在行进过程中，碰到物体时会反射，而且反射回来的波，其频率及振幅都会随着所碰到的物体的移动状态而改变。若物体朝着无线电波发射的方向前进，此时所反射回来的无线电波会被压缩，因此该电波的频率会随之增加；反之，若物体朝着远离无线电波的方向行进，则反射回来的无线电波其频率会随之减小。根据此原理，由两个不同频率的差值，即可测出目标对雷达的径向相对运动速度；根据发射波和接收波的时间差，可以测出目标的距离。同时用频率过滤方法检测目标的多普勒频率谱线，滤除干扰杂波的谱线，可使雷达从强杂波中分辨出目标信号。

在使用雷达检测卡口时（图 4-7），当车辆驶向卡口点位时，雷达反射波的频率会增加；

当车辆驶离卡口点位时，车辆反射的雷达波频率会降低。雷达根据发射频率和接收频率的差异，判断检测区内是否有运动车辆进入，并计算出雷达发射频率和反射频率之间的频率变化差值，依据特定的比例关系，即可精确计算出被测车辆的速度。

$$f_d = \frac{2}{c} K f_o v$$

式中　v——目标运动速度；

c——电磁波在空气中的传播速度，是一个常数；

f_o——雷达的发射频率，是一个已知量；

K——单位换算系数为 3.6/106；

f_d——测量到的运动目标引起的多普勒频率，其测量精度由石英晶体振荡器保证。

最后将计算得到的速度值叠加到图片上。

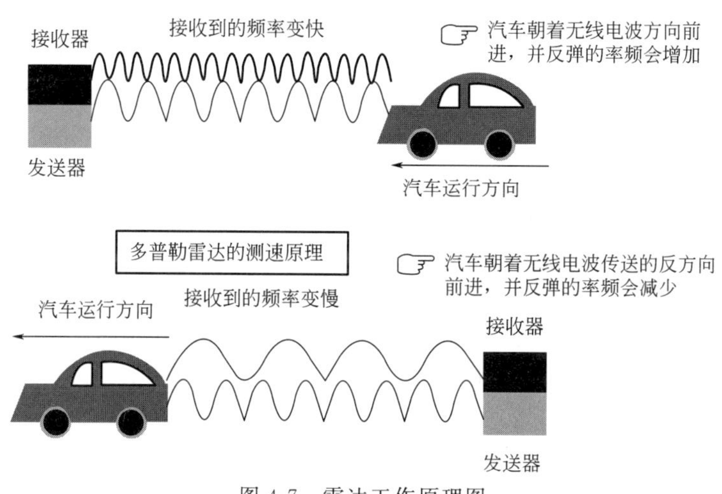

图 4-7　雷达工作原理图

② 视频检测原理。视频检测原理基于背景重建和背景差来判定并捕获车牌或车灯图像帧，通过跟踪车牌号码、车灯信息和动态图片变化来判定是否有车辆经过，由于其本身容易受到外界环境的影响，还需在检测算法中添加相应的外界影响过滤器等。

视频检测技术具有如下优势。

施工安装便捷，无须破坏路面，后续维护方便。

系统的灵活性高，可以延伸出多样功能。

图片和视频流可同步利用。

视频检测综合运用了车牌检测算法、车灯检测算法和车辆检测算法。系统首先采用车牌检测算法，在车辆到达触发线的时刻，若系统检测到图像中存在车牌，则触发抓拍，并进行车牌识别；对于无后车牌或后车牌遮挡的车辆，系统无法检测到车牌，此时将启用车辆检测算法，若运动对象与系统内建的车辆模型相匹配，则触发抓拍，并记录为无牌车辆。视频检测方式流程介绍如下。

摄像机单元获取实时的视频流。

利用背景差分算法检测运动前景。首先通过初始多帧视频图像的自学习建立一个背景模型，然后对当前帧图像与背景模型进行差分运算，消除背景的影响，从而获取运动目标的前景区域。

根据背景差分运算中运动目标检测的结果，有选择性地更新背景模型，并保存背景模型。

过滤噪声，并获取准确的车辆位置。

运用时空信息、匹配和预测等算法，对车辆进行准确的跟踪，得到车辆对象的运动轨迹，并保存车辆对象的轨迹信息。

判断车辆是否到达触发线位置，如果没到达，则进行下一帧的检测；如果到达，则发出触发信号。

（3）前端组成结构

系统设备包括三大部分，分别是高清摄像单元、智能补光单元和卡口主机箱，通过网络传输将数据传送回中心管理平台。

① 高清摄像机单元。高清摄像单元主要由防护罩、摄像机、光学处理单元、辅助补光单元组成。主要负责抓拍逻辑判断、图像采集、光信号分析处理、图像辅助补光等。

该系统承担图像采集取证功能，通过前端控制单元传递的车辆信息判定车辆抓拍逻辑后，作为该系统核心部分的摄像机能够在最短时间内被触发，拍摄下车辆的特征图像，并进行牌照自动识别、压缩存储等操作。根据现场照度不同进行补充照明，在环境照度良好的情况下利用车辆牌照夜间具有荧光效果这一特性，控制具有特殊光谱的LED灯，在夜间增强牌照图片效果。在环境照度不足的情况下，采用智能频闪灯取得最佳效果，确保无论昼夜，抓拍图片上的驾驶员脸相及车辆牌照特征都清晰。

高清抓拍摄像机采用高密度集成技术，ISP成像控制、补光灯联动信号输出、车牌号码识别、车身颜色识别、车辆通过视频辅助触发等关键技术集成在高清抓拍摄像机中，提高了系统稳定性，保障前端系统的稳定运行。摄像机单元能同时输出高清照片和车牌识别数据，具备强光抑制功能及自动偏振功能，减弱白天强光对东西方向安装的高清抓拍摄像机和夜间机动车大灯对高清抓拍摄像机拍照的影响，从所拍照片上能清晰呈现机动车正面全貌、车牌及司乘人员面部特征。

摄像机单元采用300万、600万、900万高清智能相机，分别提供单车道、双车道、三车道方案。其中车牌识别率能否保证取决于车牌在照片中所占像素的多少，然而车牌识别算法决定车牌所占据的像素点在110～140之间，全天候的车牌识别率为最高。摄像机覆盖范围图例如图4-8所示。

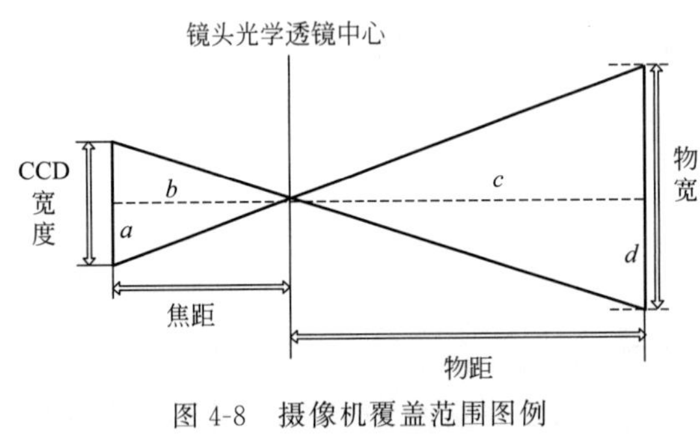

图4-8　摄像机覆盖范围图例

根据公式：覆盖宽度＝0.44m（车牌宽度）×x（照片横向像素点）÷120（车牌横向像素点），由此可计算如果在单车道采集部件1600×1200格式时，可得出单台摄像机覆盖的视场宽度约为5.9m，可完全覆盖一个车道，并且对压线和骑线的车辆也具备记录功能。同样如果双车道采集部件1920×1080格式时，按车牌相机达110像素点来计算，覆盖宽度＝0.44m（车牌宽度）×x（照片横向像素点）÷110（车牌横向像素点），得出双车道摄像机覆盖的视场宽度约为7.7m，可充分覆盖两个车道的宽度。

② 智能补光单元。要使卡口摄像单元成像清晰，必须在环境光照不足或者环境光源过亮的情况下使用辅助光源进行补光。目前市场常用的补光灯浪费能源，而且对驾驶员视力造成干扰，影响正常驾驶，对环境形成光污染。可根据具体项目需求灵活选择高性能环保车道频闪灯、LED灯和红外补光灯。

系统同时具备高频脉冲补光、高亮LED补光和红外补光三种先进的补光技术，适合于

不同的环境下进行车辆号牌、车身轮廓、机动车驾驶人、非机动车、行人的补光。

③ 卡口主机箱。主机箱主要包含控制机箱、接线模块、供电模块、防雷模块、外围通信设备嵌入等，主要负责电源、网络等信号的接入和输出，防雷、通信等。可以处理电源信号、多种信号源。各类板卡组合灵活、插拔方便，易于维护。供电模块接入一路220V市电，重点在电源开关、防雷隔离、三级联电源滤波、过压过流保护、绝缘设计、漏电保护、防雷泄放等方面进行设计，以保证设备本身的电气安全性满足使用要求。对于摄像机网口等重要的数据端口加装网络避雷器，确保数据安全。

采用的室外机箱，防尘等级达到IP54。机箱门锁采取双重内嵌防破坏方式，机箱防盗设计采取开门监测、断线监测等防盗监控报警措施，可在设备非法开门等异常情况下，实现本地声音报警和远程系统报警。

设计的方形机箱采取底部进线设计，落地安装和悬挂安装皆可。箱体采用不锈钢材料，防雨防尘，室外安装，内部用隔板分成上下两层空间，上部主要安放主控制器，下部安装辅助控制器和其他配电及辅助设备。为了适应室外环境，机箱在设计上采取了一系列的措施。

为更加适应室外抗高温环境，一方面，机箱在外观上专门设计了遮阳顶棚，顶棚与箱体本身之间有一定的间隙空间，避免夏天阳光直射箱体，增强了隔热性能；另一方面在机箱侧面下部设计了换气百叶窗，箱体顶部设置换气轴流风扇，通过温控开关实现高温时的通风换气，以降低机箱内的温度。机箱大门采用天地锁，密封性能卓越，具有很强的防撬性能，箱体内设计了专门的防盗报警器，若机箱大门异常开启，能够自动进行本地和中心报警，进一步确保机箱的安全。

(4) 系统前端功能

① 车辆捕获功能。采用雷达＋视频触发（雷达检测为主，视频触发为辅）双保险检测方式。雷达根据多普勒原理对过往的车辆进行检测并且进行速度测量，将检测信号和速度值同步提供给摄像机。正常情况下，雷达检测方式是对过往车辆进行检测，当雷达触发模式无法正常运行时，系统能自动检测故障情况，并且能够自动切换为视频触发模式，当雷达触发模式被修复后，系统能够从视频触发模式自动切换回雷达触发模式，切换过程无须人工干预。

② 高清记录功能。前端采集部分对过往车辆采集1张高清图片。图片能清晰反映路况信息、车辆特征信息，同时将车辆通过时间（精确到秒）、地点、路段信息、车速、限速信息、通行方向、车牌号码、车牌颜色及车标等信息叠加在图片上。在白天的模式下，通过测光控制单元，摄像机自动配备偏振镜设备和补光技术，确保在太阳强光、逆光和车辆前挡风玻璃镀膜等情况下，抓拍图片应能清楚地反映完整的车辆前部信息、牌照信息及前排司乘人员面部特征；在夜间或者光线不足的情况下，通过配备智能补光灯，能够在各种复杂环境（如雨雾、弱光照、夜间等）下拍摄出清晰图片。

③ 视频录像功能。系统在支持抓拍高分辨率图片的同时，能同步提供全天候高清视频流。可以在白天或夜间有辅助光源的情况下实现清晰录像，视频编码格式支持主流的H.264，录像中能清晰地反映车辆的颜色、车辆类型、运动轨迹。

④ 车牌识别功能。系统应用先进的计算机视觉算法和高性能DSP设备，实现大量数据的实时处理，结合路口车道等信息，同步支持多车道车牌的同时识别。

车牌号码识别主要包括图像灰度拉伸、牌照定位分割、二值化、字元切割、字元识别等5个模块。识别原理：识别模块通过对图像的智能分析，提取出包含车牌的相关区域，对车辆行进过程中的图像进行逐帧处理和识别，系统可捕获多个有效帧，对每一帧进行识别处理，经过预处理，将车牌切割成各个字符单元，并对每个字符单元进行分类识别。经内部评判机制，给出识别结果，有效提高设备对复杂环境的适应能力。

系统能识别的号牌结构包括：单排字符结构的号牌；武警用小型汽车号牌；警用汽车号牌；双排字符结构的号牌，如军队用大型汽车号牌、武警用大型汽车号牌、GA 36—2007中规定的大型汽车号牌、挂车号牌、低速汽车号牌等。

系统能识别号牌字符包括：数字（0～9）；字母（A～Z）；省区市简称（京、津、晋、冀、蒙、辽、吉、黑、沪、苏、浙、皖、闽、赣、鲁、豫、鄂、湘、粤、桂、琼、川、贵、云、藏、陕、甘、青、宁、新、渝）；军牌用汉字（军、海、空、北、沈、南、兰、广、成、济、京）；号牌分类用汉字：（警、学、领、试、挂、港、澳、超、使）；武警号牌特殊字符（WJ、00～34、练）。

系统支持识别4种车牌颜色，包括：黑、白、黄、蓝。

⑤ 车身颜色识别。为公安部门提供新的稽查手段，供用户根据车身颜色来查询通行车辆，系统可对具体颜色进行分类识别，具体可识别的颜色种类有：黑、白、灰（银）、红、绿、蓝、黄、棕、粉、紫、橙，共计11种，并可以支持颜色深浅识别。

⑥ 车型判别功能。系统采用车牌颜色和视频检测技术结合的方法对车辆类型进行判别。蓝色车牌表示小型车辆，黄色车牌表示大型车辆。当无法根据车牌颜色判别车型或者无法判断车牌颜色时，利用图像分析技术来辅助区分车辆的类型。

系统支持两种车型识别模式。

模式A：按大货车、小货车、大客车、中巴车、面包车、轿车、SUV七种车型进行判别。

模式B：按大型车、中型车、小型车三种车型进行判别。

注意：模式A和模式B不可同时生效，只能选择其中一种。

⑦ 车标识别功能。系统支持对车辆的品牌标识进行识别。卡口摄像单元内置车标识别算法，可对车辆品牌标志进行识别。车标识别种类超过150种，可支持白天以及晚上识别，白天识别准确率≥95%，夜间识别准确率≥92%。

⑧ 车辆测速功能。系统检测单元在检测记录车辆的同时测量车辆的速度，测速准确度满足国标GB/T 21255—2007中的相关要求。雷达测速的原理是多普勒效应，即移动物体对所接收的电磁波有频移的效应，根据接收到的反射波频移量的计算而得出被测物体的运动速度。雷达测速精度非常精确，模拟测速误差为±1km/h，测速范围为20～250km/h。

⑨ 超速判定功能。通过系统软件，可以设置卡口抓拍路段的限速值，当车辆通过时，系统计算出车辆的行驶速度后，会自动对比该路段的限速值，如果判定车辆为超速车辆，则会准确地对超速车辆的信息进行记录和报警。违法证据符合最新的《道路交通安全违法行为图像取证技术规范》（GA/T 832—2014）。

⑩ 其他功能

a. 违法逆行抓拍功能。系统会根据车辆行驶轨迹进行逻辑判断，对通过该路段的逆行车辆进行记录和报警。

b. 占用专用车道抓拍功能。系统支持对违法占用专用车道的行为进行抓拍（如占用公交车道行驶、占用非机动车道行驶、占用应急车道行驶）。

c. 货车闯禁行抓拍功能。系统支持对货车违法闯入禁行区域的行为进行抓拍。

d. 安全带抓拍功能。系统支持对驾驶员是否系安全带的情况进行识别，未系安全带检出率≥90%。

e. 遮阳板抓拍功能。系统支持对车辆主驾驶位和副驾驶位是否使用遮阳板的情况进行识别，主驾驶位打开遮阳板检出率≥95%，副驾驶位打开遮阳板检出率≥90%。

f. 智能补光功能。通过相机智能测光控制，系统自动根据外界环境调试补光的方式及亮度，当外界处于强光或逆光情况时，采用专门的车窗补光灯进行补光，确保能清晰地记录到人脸等车辆内部特征；当外界处于晚上、阴雨天时，采用全景的补光灯进行补光，对相机覆盖范围的路况信息、车辆信息、车内信息等特征进行记录补光，同时系统根据环境光线情况对亮度进行调整，保证在 7×24h 环境下都能拍摄到清晰图片。为了防止眩光，采取高频脉冲方式和消光技术措施减少对周边环境的影响，不影响驾驶员安全驾驶。

g. 断点续传功能。系统支持前端缓存和断点续传。前端摄像机配备内嵌式 eMMC 存储硬件，负责存储本摄像机的抓拍图片，支持 16G、32G、64G、128G 存储空间，单台相机存储容量大于 8 万张数据，当存储达到最大储存容量时，自动进行循环覆盖。若网络中断或其他故障，数据无法上传至管理中心时，可暂时将数据存储在前端 eMMC 中，待网络恢复后前端存储设备自动上传网络中断期间的数据至管理中心，防止数据丢失。

h. 远程维护功能。系统具备故障自动检测功能，能通过软硬件自动检测系统故障并恢复正常工作。具有断电自动重启动、自动侦错报错、自动监测摄像机单元运行状态功能。

系统具备权限和日志管理功能，能够对不同对象分配不同类型的使用权限，通过日志记录主要设备、网络状态和应用软件的运行状态。同时系统具有主动校时功能机及远程维护和参数的设置等功能。

i. 图像防篡改功能。采集的图片在摄像机里进行防篡改处理，保证了源头加密无死角，通过加入原始防伪信息，防止原始图片在传输、存储和校对过程中被人为篡改，保证数据来源的有效性。

(5) 系统管理平台设计

利用大数据技术，可构建省辖市级智能卡口信息综合应用平台。

① 平台整体拓扑结构。平台整体拓扑结构如图 4-9 所示。

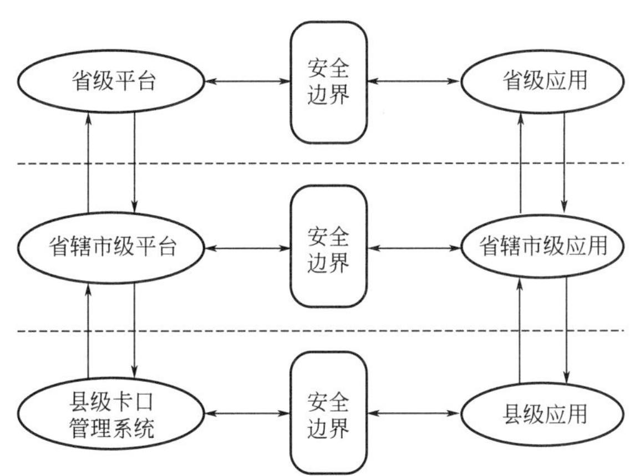

图 4-9　平台整体结构拓扑结构

图 4-9 表明，省辖市级智能卡口信息综合应用平台可部署在视频卡口专网侧，公安业务专网侧也可通过安全边界利用卡口的信息开展应用。这样部署的好处在于许多应用可直接在视频卡口专网侧展开，不需要通过边界，只有当与其他公安业务结合应用时才通过边界。同时，县级公安机关只建卡口管理系统，开展本级应用，并将卡口数据上传至所属市级平台，也可共享全市、全省的联网卡口信息。省级公安机关构建智能卡口信息综合应用平台，联网全省卡口信息，并为全省卡口信息应用服务。

② 平台逻辑架构。基于智能卡口信息，应用大数据技术，构建传统的数据管理系统难

以支撑海量机动车过往信息的接收、存储、处理分析等问题，平台采用分布式架构，实现实时流式计算，分布式数据存储、计算及数据挖掘等。平台逻辑架构如图 4-10 所示。

该平台逻辑上可分为四层：数据资源、数据存储、数据计算、业务应用。

数据资源：接收来自智能卡口、电子警察（灯控路口、闯红灯自动抓拍系统）、微卡口、视频监控等系统的车辆及相关信息，经预处理后送向数据存储层。

数据存储：数据资源送来的数据有视频、图片等，这些数据有的是结构化的，有的是半结构化和非结构化的，可根据数据的特征及应用采用不同的数据库方式存储。

数据计算：包括动态数据计算和静态数据计算。静态数据计算主要是总线计算，对实时性要求不高，可屏蔽 SQL 和 NOSQL 调用的数据。而动态数据技术，对实时性要求较高，如报警处理和车辆布控等，则要求利用大数据的、高强度的计算能力。

业务应用：大数据技术采用分布存储实现对海量数据的管理，利用高效的搜索引擎可实现对各种查询的秒级响应，利用各种算法模型，可对海量数据实现深入挖掘。而结合公安业务，可实现车辆轨迹分析、套牌分析、稽查布控等应用。

③ 平台的功能设计及特性分析。

a. 平台功能设计。省辖市级智能卡口信息综合应用平台根据业务需求应具有多种功能，各功能模块如图 4-11 所示。

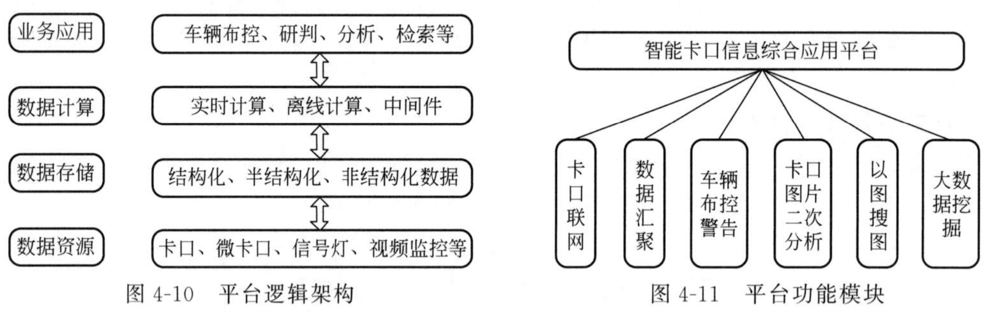

图 4-10　平台逻辑架构　　图 4-11　平台功能模块

卡口联网：具有汇聚连接市本级及全市所属各县智能卡口并上联至全省的功能，它是卡口信息综合应用的基础。

数据汇聚：根据资源共享、分级管理的要求，汇聚所属县级所有卡口数据，包括实时过车数据，卡口图片二次分析数据等。

车辆布控警告：平台具有布控和撤控功能，能响应各级智能卡口管理（平台）的布控、撤控指令，根据用户需求，可按车牌号码、车辆颜色、车辆类型、布控的有效时间段等条件对车辆进行布控。

卡口图片二次分析：前端卡口抓拍的图片，在对抓拍车辆的基本信息进行一次分析后，该平台可对图片进行二次分析，以获取更多的有用信息，这些信息包括车身颜色、车型识别、车标识别、车辆品牌识别、遮阳板识别、安全带、司机接打电话等状态的智能识别和检测。

以图搜图：根据目标车辆的特征，平台自动分析照片中的目标车辆特征，进而在系统中进行筛选、检索符合条件的处理轨迹。具体过程如下：图片二次识别服务器从卡口图片中提取车辆特征信息，并将该信息存储到卡口大数据集群中，当需要时，导入一张目标图片，平台根据图片中车辆的特征信息，查询目标车辆，对指定时间段内的卡口图片进行查找，结果以相似度从高到低进行排列显示。

大数据挖掘：该模块提供全省、全市的道路、车辆、车流、卡口等相关信息的数据挖掘

分析，包括按时间、车型、车辆属地、道路车流等信息进行多维度数据挖掘统计分析。

b. 平台的性能分析。由于平台采用HDFS、HBase等成熟的分布式系统框架，确保了系统的扩展性和稳定性，具有海量接入和大量访问的能力。平台利用分布式计算技术，可提供快捷的数据分析、挖掘能力，支持非结构数据的结构化处理，可进行智能研判；平台采用全文检索技术，通过对海量的视频图像建立结构化信息索引，实现对视频图像数据的快速查询，结合智能技术，实现以图搜图方式的搜索视频和图像，采用全分布式系统架构，提供海量数据的存储能力，包括分布式文件系统和分布式数据库系统，用于存储非结构、半结构化数据。

4.3 闯红灯自动抓拍技术

4.3.1 闯红灯自动记录系统结构

闯红灯自动记录系统（又叫电子警察系统）的主要功能是记录城市各道路交叉口车辆闯红灯、逆行、超速等违法现象，为车辆管理部门的执法提供可靠依据。随着科技的发展、城市的扩张和人们出行需求的增加，电子警察系统已经不仅仅是作为违章处罚的系统而存在，更多的是成为城市交通管理数据获取的源头，为城市综合交通管控提供最前沿的数据支撑。

高清电子警察系统由前端子系统、网络传输子系统以及后端管理子系统三大部分组成（图4-12），实现对路口机动车闯红灯、逆行、压线、不按所需行进方向驶入导向车道、不按规定车道行驶等交通违法行为的自动抓拍、记录、传输和处理，同时系统还兼具卡口功能，能够实时记录通行车辆信息。

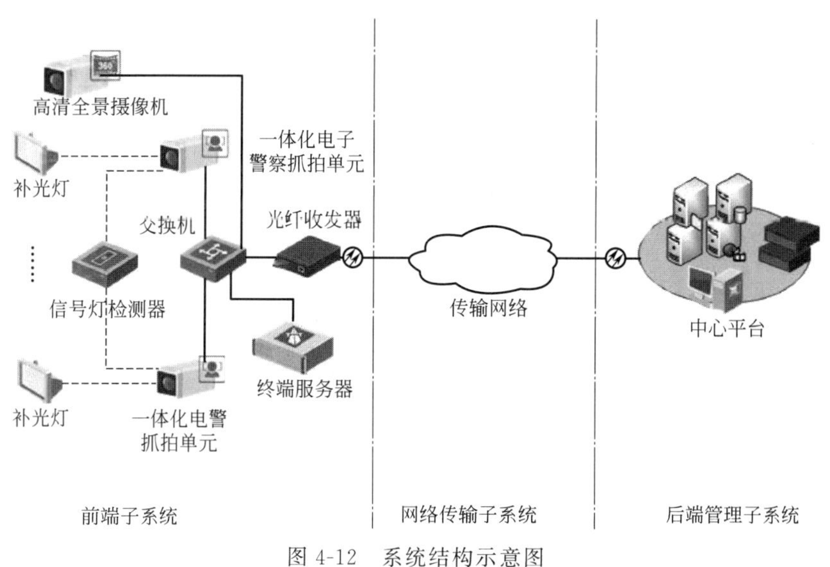

图 4-12 系统结构示意图

—光纤；———网线；------控制线

（1）前端子系统

负责完成前端数据的采集、分析、处理、存储与上传，主要由一体化电子警察抓拍单元、补光灯、信号灯检测器、终端服务器等相关组件构成。路口交通违法信息与卡口信息全部采用IP方式传输。

（2）网络传输子系统

负责完成数据、图片、视频的传输与交换。建设视频专网，其中路口局域网主要由点到点裸光纤、光纤收发器组成；中心网络主要由接入层交换机以及核心交换机组成。

(3) 后端管理子系统

负责实现对辖区内相关数据的汇聚、处理、存储、应用、管理与共享，由中心管理平台和存储系统组成。中心管理平台由平台软件模块搭载的服务器组成，包括：管理服务器、应用服务器、Web 服务器、图片服务器、录像管理服务器和数据库服务器等。

4.3.2 系统工作流程

(1) 卡口过车抓拍流程

① 复合式电子警察。

无论信号灯状态为绿灯、红灯或黄灯相位，当车辆离开第一个检测线圈时，电子警察抓拍单元都抓拍一张图片，将该图片上传到终端服务器作为卡口图片记录并保存（图 4-13）。

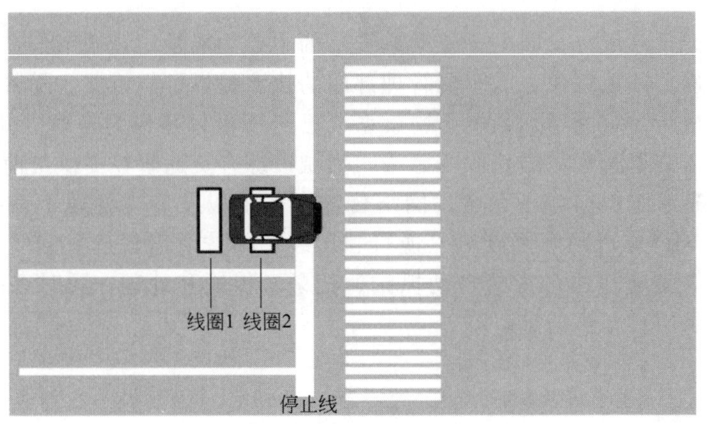

图 4-13 线圈触发模式卡口车辆触发抓拍位置

若线圈发生故障，则卡口抓拍的工作自动切换到视频检测。

② 视频电子警察。当信号灯状态为绿灯或黄灯时，系统在触发线 1 位置前抓拍 1 张车辆尾部图片作为卡口图片记录并保存（图 4-14）。

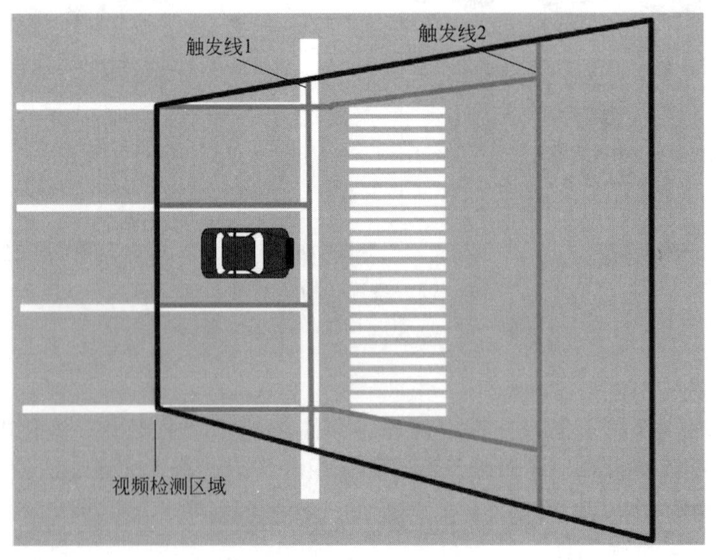

图 4-14 视频触发模式卡口车辆触发抓拍位置

(2) 闯红灯违法取证流程

系统对通行车辆进行实时监控抓拍，每条闯红灯违法记录由三张图片构成，能够清晰表现机动车未到达停止线、越过停止线、越过停止线后继续向前位移的完整过程，违法过程的图片位移保持适宜的距离，以清晰反映机动车闯红灯违法过程。抓拍图片符合《闯红灯自动记录系统通用技术条件》（GA/T 496—2014）和《道路交通安全违法行为图像取证技术规范》（GA/T 832—2014）中的相关要求。

① 能反映机动车未到达停止线的图片，并能清晰辨别车辆类型、交通信号灯红灯、停止线。

② 能反映机动车已越过停止线的图片，并能清晰辨别车辆类型、号牌号码、交通信号灯红灯、停止线。

③ 能反映机动车与②图片中机动车向前位移的图片，并能清晰辨别车辆类型、交通信号灯红灯、停止线。

一体化电子警察抓拍单元对每帧图像进行视频分析，实时检测车辆及红灯信号状态。当有车辆进入视频检测区域时，对车辆行驶轨迹进行跟踪分析，并结合信号灯当前状态和车道属性（左转、直行、右转）判断车辆是否存在交通违法行为。

下面以车辆直行闯红灯为例，简要介绍闯红灯的抓拍流程。

当一体化电子警察抓拍单元检测到有目标进入停车线内的视频检测区域时，立即对检测的目标进行车牌识别，若能识别到车牌，则将该图片作为第一张闯红灯图片保存，保证车辆未到达停止线；若识别不到车牌或车牌未露出，系统会在车辆到达触发线 1 位置之前抓拍图片进行缓存，当跟踪车辆轨迹判定车辆存在闯红灯违法行为时，则将该图片作为第一张闯红灯图片输出（图 4-14）。

如图 4-15 所示，当一体化电子警察抓拍单元检测到红灯期间该车辆离开触发线 1 时（已越过停止线），系统采集第二张闯红灯图片，并将抓拍的图片连同红灯开启时间、该辆车违法时间、路口名称、车道号等信息用同一个 ID 号存储在摄像机缓存内。

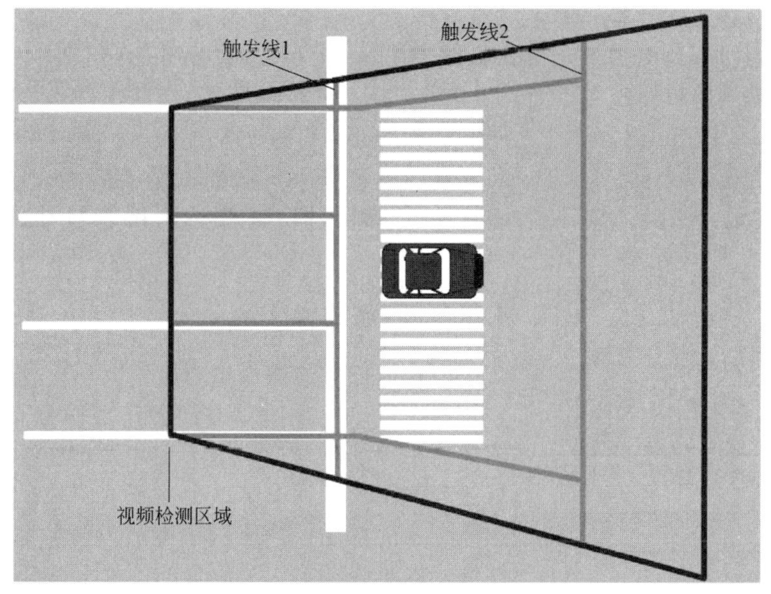

图 4-15　闯红灯车辆触发抓拍位置 1

如图 4-16 所示，当一体化电子警察抓拍单元检测到红灯期间该车辆离开触发线 2 时

(已越过停止线)，系统采集第三张闯红灯图片。

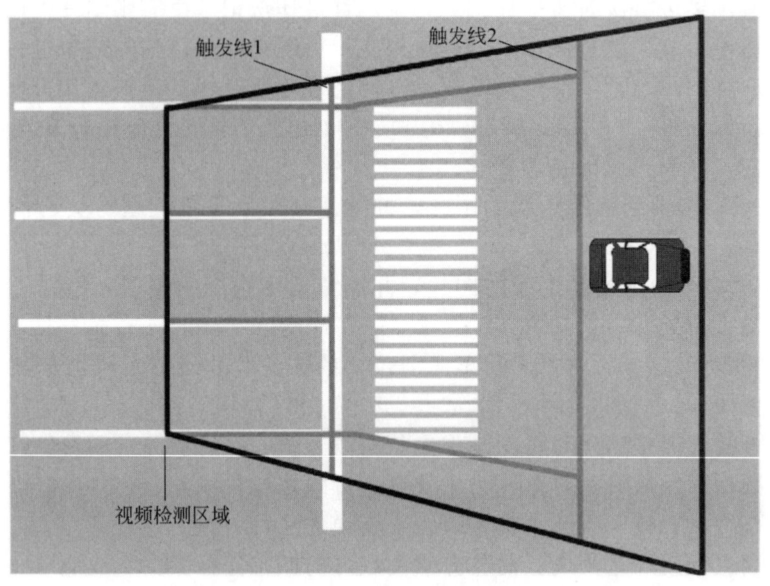

图 4-16 闯红灯车辆触发抓拍位置 2

这样将形成一组完整的车辆闯红灯违法图片记录，并由一体化电子警察抓拍单元实现图片合成，转发至路口终端进行暂存。

(3) 其他违法行为取证流程

当有车辆进入视频检测区域时，一体化电子警察抓拍单元对车辆行驶轨迹进行跟踪分析，并结合信号灯当前状态和车道属性（左转、直行、右转）判断车辆是否存在不按所需行进方向驶入导向车道行驶、不按规定车道行驶、压线/变道、逆行、路口停车等其他交通违法行为。

(4) 人脸取证工作流程（图 4-17）

车辆分别通过卡口抓拍单元和电子警察抓拍单元后，对应的正向卡口图片和闯红灯违法合成图片都汇聚到路口终端主机上。主机通过图片对应的车道方向属性和车牌识别结果，把同一车辆的闯红灯图片、正向卡口图片和卡口人脸特写图片做匹配合成，形成完整的包含车辆头部、尾部画面的违法合成图片，最终达到闯红灯违法处罚到人的目的。

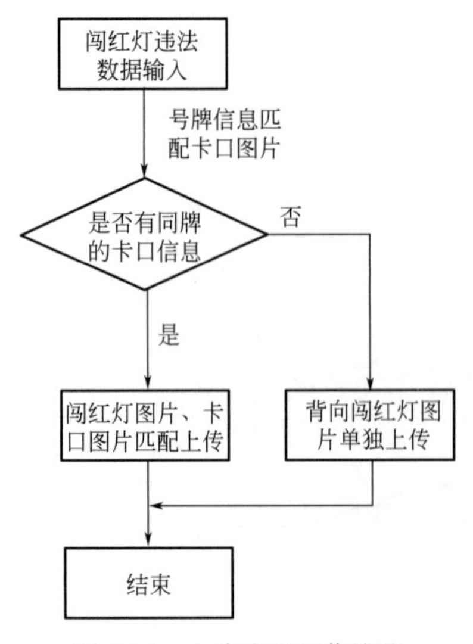

图 4-17 人脸取证工作流程

4.3.3 系统功能

(1) 闯红灯违法抓拍功能

系统可以实现对单方向各车道闯红灯车辆的监测、图像抓拍等功能。每个违法记录拍摄连续 3 张反映闯红灯过程的图片，其中第一个位置的图片反映机动车未到达停止线的情况，并能清晰辨别车辆类型、交通信号灯红灯、停止线；第二个位置的图片反映机动车已越过停止线的情况，并能清晰辨别车辆类型、号牌号码、交通信号灯红灯、停止线；第三个位置的图片反映机动车越过停止线继续前行的情况，并能清晰辨别车辆类型、交通信号灯红灯、停止线。

(2) 卡口监测记录功能

系统能够准确捕获、记录车辆通行信息（车辆尾部的图片），对通过车辆的捕获率不小于 99%。记录的车辆信息除包含图像信息外，还包括文本信息，如日期、时间（精确到秒）、地点、方向、号牌号码等。车辆信息写入关联数据库，并将相关文本信息叠加到图片上。

(3) 其他交通违法行为记录功能

系统在路口电子警察设备可检测的范围条件允许的情况内，还具有以下其他违法行为记录功能。

① 不按所需行进方向驶入导向车道记录。

② 逆行记录。

③ 不按规定车道行驶记录。

④ 压线/变道记录。

⑤ 路口停车记录。

⑥ 机占非记录。

(4) 人脸卡口功能（人脸取证电子警察）

同时针对车辆前部的捕获图片，系统还支持 11 种车身颜色识别、13 种车型识别、250 种车标识别、不系安全带检测、接打电话、危险品车辆识别、挂件检测等功能，可为公安交警的缉查布控和肇事找车提供更多的可检索信息，加快车辆查找的速度。

① 车身颜色识别功能。系统可自动对车身颜色和深浅进行识别，可供用户根据车身颜色来查询通行车辆，为公安交通管理和刑侦案件侦破提供了科技新手段。

系统可自动识别出 11 种常见车身颜色，11 种颜色包括：白，银（灰），青、黄、粉、红、绿、蓝、棕、黑、紫。

② 正向车型识别功能。系统采用车牌颜色和视频检测技术结合的方法对车辆类型进行判别，可对 13 种车型进行识别［SUV、MVP、两厢轿车、三厢轿车、轿跑、小型轿车、微型轿车、面包车、皮卡车、小型货车（包括微卡、轻卡及中卡）、大型货车、小型客车、大型客车］。

③ 车标识别功能。系统采用视频检测技术对车标进行识别，可对 250 种车标进行识别，可供用户根据车标来查询通行车辆，为公安交通管理和交通肇事案件侦破提供科技新手段。

④ 车辆子品牌识别功能。系统采用视频检测技术对车辆子品牌进行识别，可对 3000 种车辆子品牌进行识别，可供用户根据车辆子品牌来查询通行车辆，为公安交通管理和刑侦案件侦破提供科技支撑。

⑤ 未系安全带检测功能。系统采用视频检测技术，对主驾驶人员和副驾驶人员的未系安全带行为进行检测，分别输出主副驾驶员未系安全带行为的特征抠图，为交警查处未系安全带违法行为提供了科技新手段，从而规范驾驶人安全驾驶行为。

⑥ 黄标车检测功能。系统采用视频检测技术，对车辆车窗进行定位和分析，输出黄标车特征识别信息，为交警进行黄标车辆管控和治理提供了有效的科技有段，从而提高交警车辆管控的效率。

⑦ 危险品车检测功能。系统采用视频检测技术，实现车辆危险品标志的检测识别，为危险品车辆管控、运行路线规范提供有效的数据支撑，为城市交通管理提供更加细致的数据，保证交警对危险品车辆的有效监管。

⑧ 挂件检测功能。系统采用视频检测技术，实现车辆驾驶室内挂件的检测识别，为城

市交通管理和车辆管控提供了更加细致的数据，提高车辆特征的可检索性，为城市交通事件处理、车辆管控提供更加细致的数据支撑。

⑨ 接打电话检测功能。系统采用视频检测技术，实现对前排驾驶人接打电话状态的检测，为规范驾驶人安全驾驶行为提供威慑新手段。

⑩ 打开遮阳板检测。系统采用视频检测技术对打开遮阳板进行检测，为公安交通管理和刑侦案件侦破提供科技新手段。

⑪ 正向违法压线、变道抓拍功能。利用正向的卡口抓拍单元可扩大路口的违法检测范围，对进入路口的违法压线、变道车辆进行检测抓拍。

⑫ 驾驶人面部特征记录功能。在电子警察杆件上增加车辆正向采集的摄像机，可通过路口终端服务器实现驾驶人面部特征记录功能。可将违法行为与对应车辆的正向图片匹配起来，从而将违法行为固定到驾驶员，有效遏制驾驶分非法买卖现象。

支持人脸取证的违法行为包括闯红灯、压线、不按导向行驶、逆行等，用户可在配置界面中灵活选择是否启用闯红灯、压线、不按导向行驶、逆行对应的驾驶人人脸取证功能。

(5) 车辆牌照自动识别功能

系统可自动对车辆牌照进行识别，包括车牌号码、车牌颜色的识别。

系统具备对符合 GA 36—2014 的民用车牌、警用车牌、使领馆车牌的号牌自动识别能力，并且具备对 2012 式军车号牌、2012 式武警部队号牌、新能源车牌的自动识别能力。所能识别的字符如下。

阿拉伯数字："0～9" 10 个。

英文字母："A～Z" 26 个。

省、自治区、直辖市简称用汉字：京、津、晋、冀、蒙、辽、吉、黑、沪、苏、浙、皖、闽、赣、鲁、豫、鄂、湘、粤、桂、琼、川、贵、云、藏、陕、甘、青、宁、新、渝。

专用号牌简称用汉字：领、使、警、学、挂、港、澳、试、超。

12 式武警号牌字符：WJ 样式的字母、省份简称汉字、警种字母（X、B、T、S、H、J、D)、数字。

12 式军车号牌字符：各军区/各军兵种部拼音缩写字母、各军区/各军兵种部下辖各部属机构拼音缩写字母、数字。

新能源车牌：绿底色的新能源车牌。

车牌颜色自动识别：系统能识别黑、白、蓝、黄、绿五种车牌颜色。

(6) 背向车型识别功能

系统采用车牌颜色和视频检测技术结合的方法对车辆类型进行判别，可对 12 种车型进行识别［SUV、MVP、轿车（包括 A 级及以上车型）、小型轿车、微型轿车、面包车、皮卡车、小型货车（包括微卡、轻卡及中卡）、大型货车、小型客车、大型客车、油罐车］。

(7) 智能补光功能

系统前端设备能根据光线的变化或时间的控制自动改变摄像设备的工作参数，自动打开或关闭补光设备，确保记录图片的清晰。

电子警察补光灯采用频闪技术，在达到最大补光效果的同时降低灯光对周围环境的影响，不会对驾驶员造成直接强光刺激。

(8) 前端备份存储功能

系统采集的图片、视频可在设备前端做备份存储，按照数据存储时长的要求配置不同容量的硬盘。系统可根据预先的空间分配，优先保证足够的图片存储空间，保证核心数据不丢失。

(9) 车辆稽查布控功能

系统具备车辆交通安全违法行为监测报警和布控车辆自动比对报警功能，比对方式包括精确比对和模糊比对。

(10) 交通流量数据采集功能

系统能够按车道和时段进行车辆流量、平均速度、车辆类型、占有率、平均车头时距、平均排队长度、饱和度等数据的统计。所有统计数据都应支持以报表形式输出。

(11) 高清录像功能

系统支持道路交通情况的实时视频录像存储，视频质量能清晰反映覆盖区域内行驶机动车的车牌号码。视频采用预分配存储机制，前端支持进行滚动存储 7 天以上。

(12) 数据断点续传功能

系统支持断点续传功能。当遇到网络中断或其他故障时，车辆信息存储在前端设备中，待故障排除后自动续传。

(13) 时间校准功能

按照《道路交通安全违法行为图像取证技术规范》(GA/T 832—2014) 的要求，24h 内计时误差不超过 1.0s，确保所有前端设备点位每日至少与电子警察中心系统时钟同步一次。

(14) 图像防篡改功能

系统记录的原始图像信息具备防篡改功能，防止在传输、存储、处理等过程中被人为篡改。

(15) 网络远程维护功能

系统可以实时查看前端设备的运行状态。能通过网络实现远程维护、远程设置和远程升级等功能。

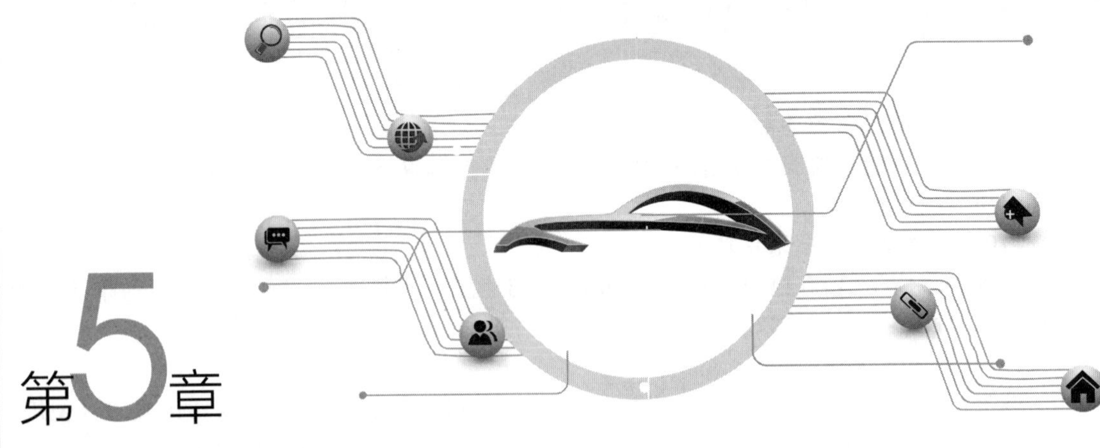

第5章 智能交通大数据技术

5.1 大数据基本概念

(1) 大数据定义

研究机构 Gartner 对大数据的定义：大数据是指需要新处理模式才能具有更强的决策力、洞察发现和流程优化能力的海量、高增长率和多样化的信息资产。维基百科对于大数据的定义：大数据是指无法在可容忍的时间内用传统 IT 技术和软硬件工具对其进行感知、获取、管理、处理和服务的数据集合。

综合各研究者对大数据的描述，大数据可定义为：具有可用于发现规律和预测未来价值的多样或大量的数据，是一种规模大到在获取、存储、管理、分析方面大大超出了传统数据库软件工具能力范围的数据集合，具有海量的数据规模、快速的数据流转、多样的数据类型和价值密度低四大特征。大数据技术的战略意义不在于掌握庞大的数据信息，而在于对这些含有意义的数据进行专业化处理。

(2) 大数据特征

大数据特征定义为 4V，即规模性（Volume）、高速性（Velocity）、多样性（Variety）和价值性（Value）。

规模性（Volume）：巨大的数据量，规模的完整性，非结构化数据规模比结构化数据增长快，数据的存储量和产生量巨大，数据具有完整性。大数据体积巨大，PB 级别将是常态，且增长速度快，数据每时每刻都有更新。

高速性（Velocity）：实时分析产生的数据流以及大数据。现实中对数据的实时性要求较高，能够在第一时间抓到事件发生的信息。当有大量数据输入或必须做出反应时能够迅速对数据进行分析。

多样性（Variety）：多样性指有多种途径来源的关系型和非关系型数据。有很多不同的形式，除了简单的文本分析外，还可以对机器数据、图像、视频、点击流以及其他任何可用的信息进行分析。大数据的多样化在于来源多（搜索引擎、社交网络、通话记录）、格式多（结构化的数据、非结构化的数据）。利用大数据多样性的原理就是：保留一切对你有用的且需要的信息，丢弃那些你不需要的信息。发现那些有关联的数据，加以收集、分析、加工，使其变成可以利用的信息。

价值性（Value）：合理利用低密度价值的数据并对其进行正确、准确的分析，将会带来很高的价值回报。如在连续不断的检测过程中，有用的数据可能只有一两秒，但是无法事先知道哪一秒是有价值的。

5.2 大数据技术

5.2.1 大数据技术架构

面对大数据，原有的数据技术已不能完全满足需求，有必要研发适用大数据处理的数据技术。基于此，大数据技术应运而生。

大数据技术可分为大数据基础技术和大数据应用技术。大数据基础技术是对大数据的采集、传输、存储、管理、处理、分析、基本应用等技术；大数据应用技术主要是指结合行业应用，实现分析、理解、预测及决策支持与知识服务等智能数据应用技术。大数据基础技术的核心是分布式存储、分布式计算、数据仓库、数据交换技术、业务协同等；大数据应用技术的核心是结合行业用于分析规律和预测未来的算法、模型等数据挖掘技术。

目前，Hadoop 是大数据基础技术的代表，它是一种大数据管理系统，源于谷歌的分布式模型，由 Apache 基金会开发，是开源的。我国也有许多机构研究、学习 Hadoop 平台，许多公司在 Hadoop 的基础上，开发了自己的大数据管理系统，如阿里、华为、浪潮、上海星环等。我国最早使用 Hadoop 技术的是中国电信运营商，使用该技术后，1500 亿条的网络日志查询，1s 之内就有结果；若采用传统的数据库管理系统，查询时间要用小时计算。

大数据技术构件如图 5-1 所示。

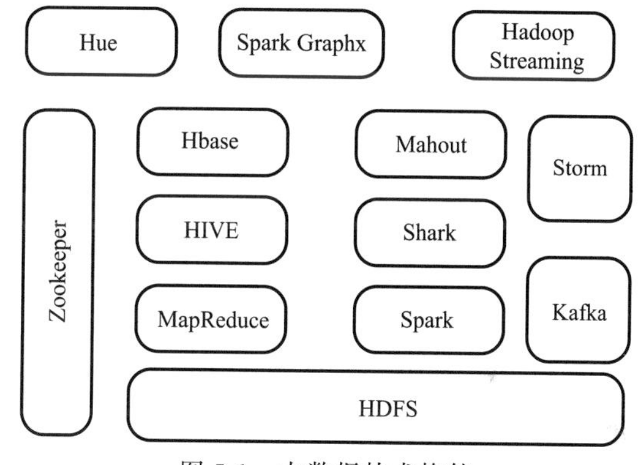

图 5-1 大数据技术构件

在这些组件中，有用于分布式文件存储管理的 HDFS，有用于分布式协调服务的 Zookeeper，有用于分布式发布订阅消息的 Kafka，有用于分布式实时列式存储的 Hbase 数据库等。

与大数据技术相关联的还有云计算技术。云计算是以提供服务为导向的分布式计算，其核心是分布式、虚拟式、多租户。云计算技术与大数据技术两者均源自谷歌的分布式模型，是分布式计算的实现。大数据技术重点是对数据处理技术，云计算技术不但包括对数据的处理，同时也包括对各种资源的调度，如存储、数据、操作系统、应用软件等。因此，云计算技术包括大数据技术，但大数据技术也可独立部署。

大数据技术在各行各业的应用已取得了一定成效，如电商、商业银行风险管理、数字化城管、商业营销模式的制定、大气监测、电力分配等，随着对大数据技术研究的深入，在政府综合治理、企业创新发展、个人自我认识等领域，大数据技术也将得到进一步的应用。

5.2.2 大数据基础技术

因为 Hadoop 在大数据处置领域具有广泛的实用性以及良好的易用性，自 2007 年推出后，很快在工业界获得普及应用，同时获得了学术界的广泛关注和研究。在短短几年中，

Hadoop 很快成为到现在为止最成功、最广泛被使用的大数据处置主流技术和系统平台，而且成为一种大数据处置事实上的工业标准，获得了工业界大量的进一步开发和改良，并在业界和应用行业尤其是互联网行业获得了广泛的应用。由于在系统性能和功能方面存在不足，Hadoop 在发展过程中进行了不断的改良，自 2007 年推出首个版本以来，现在已经先后推出数十个版本。Hadoop 最大的优势在于其惊人的数据处理速度。

Hadoop 实现了一个分布式文件系统（Hadoop Distributed File System，HDFS）。HDFS 有高容错性的特点，并且设计用来部署在低廉的（low-cost）硬件上；而且它提供高吞吐量（High Throughput）来访问应用程序的数据，适合有着超大数据集（Large Data Set）的应用程序。HDFS 放宽了（Relax）POSIX 的要求，可以以流的形式访问（Streaming Access）文件系统中的数据。

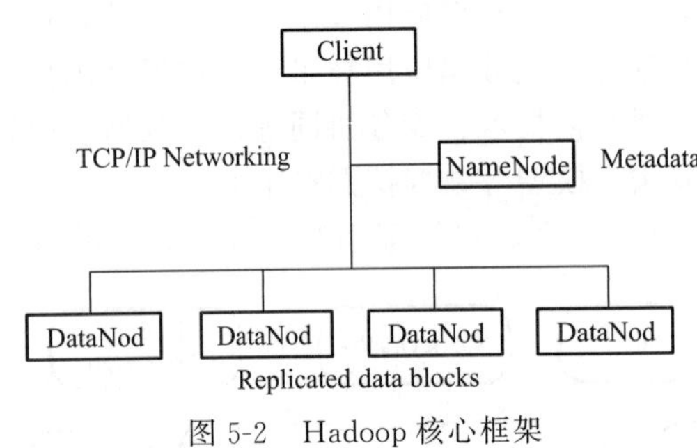

图 5-2　Hadoop 核心框架

Hadoop 集群构成元素较为多样化，其核心架构如图 5-2 所示。其中，最底部是 HDFS，存储集群中所有存储节点上的文件。HDFS（对于本文）的上一层是 MapReduce 引擎，该引擎由 JobTrackers 和 TaskTrackers 组成。Hadoop 分布式计算平台技术核心为：分布式文件系统（HDFS）、MapReduce 处理过程、数据仓库工具 Hive 和分布式数据库 Hbase。HDFS 对外部客户机而言，就像一个传统的分级文件系统。创建、删除、移动或重命名文件。但是 HDFS 的架构是基于一组特定的节点构建的（图 5-2），这是由其自身特点决定的。这些节点包括 NameNode（仅一个），为 HDFS 内部提供元数据服务；DataNode，为 HDFS 提供存储块。仅存在一个 NameNode 使得 HDFS 存在单点失败的问题。存储在 HDFS 中的文件被分成块，然后将这些块复制到多个计算机中（DataNode）。这与传统 RAID 架构不同。块的大小（通常为 64MB）和复制的块数量在创建文件时由客户机决定。NameNode 控制所有文件操作。其内部所有通信都基于 TCP/IP 标准协议。NameNode 负责管理文件系统名称空间和控制外部客户机的访问，决定是否将文件映射到 DataNode 上的复制块。对于最常见的三个复制块，第一个复制块存储在同一机架的不同节点上，最后一个复制块存储在不同机架的某个节点上。根据集群结构可知，I/O 事务没有经过 NameNode，只有表示 DataNode 和块的文件映射的元数据经过 NameNode。外部客户机发送请求要求创建文件时，NameNode 会以块标识和该块第一个副本的 DataNode IP 地址作为响应。这个 NameNode 还会通知其他将要接收该块的副本的 DataNode。NameNode 在一个称为 FsImage 的文件中存储所有关于文件系统名称空间的信息。这个文件和一个包含所有事务的记录文件（EditLog）将存储在 NameNode 的本地文件系统上。FsImage 和 EditLog 文件也需要复制副本，以防文件损坏或 NameNode 系统丢失。NameNode 本身不可避免地具有 SPOF（Single Point Of Failure）单点失效的风险，主备模式并不能解决这个问题，通过 Hadoop Non-stop namenode 才能实现 100% uptime 可用时间。DataNode 也是一个通常在 HDFS 实例中的单独机器上运行的软件。Hadoop 集群包含一个 NameNode 和大量 DataNode。DataNode 通常以机架的形式组织，机架通过一个交换机将所有系统连接起来。Hadoop 的一个假设是：机架内部节点之间的传输速度快于机架间节点的传输速度。DataNode 响应来自 HDFS 客户机的读写请求并响应来自 NameNode 的创建、删除和复制块的命令。NameNode 依赖来自每个 DataNode 的定期心跳（Heart Beat）消息。每条消息都包含一个块报告，NameNode可以根据这个报告验证块映射和其他文件系统元数据。如果DataNode不能发送心跳消息，NameNode将采取修复措施，重新复制在该节点上丢失的块。HDFS并不是一个万能的文件系统，它的主要目的是支持以流的形式访问写入的大型文件。如果客户机想将文件写到HDFS上，首先需要将该文件缓存到本地的临时存储。如果缓存的数据大于所需的HDFS块大小，创建文件的请求将发送给NameNode。NameNode将以DataNode标识和目标块响应客户机。并通知将要保存文件块副本的DataNode。当客户机开始将临时文件发送给第一个DataNode时，将通过管道方式将块内容转发给副本DataNode。客户机负责创建保存在相同HDFS名称空间中的校验和（checksum）文件。在最后的文件块发送之后，NameNode将文件创建提交到它的持久化元数据存储（EditLog和FsImage文件）。

5.2.3 大数据应用技术

大数据应用技术能够在支撑平台上运行分析算法，发现隐藏在大数据中的潜在价值，从异构数据源抽取和集成的数据构成了数据分析的原始数据，核心问题是如何对这些数据进行有效表达、解释和学习。大数据应用技术包括大数据可视化分析、数据挖掘、预测分析、语义分析、数据质量管理等内容。

(1) 可视化分析

可视化分析的基础理论包括支持分析过程的认知理论、信息可视化理论以及人机交互与用户界面理论。支持分析过程的认知理论重点研究从大数据中获取信息并形成知识的过程，信息搜索和获取的行为本质是意义构建行为。人机交互与用户界面理论则包括2个模型。

① 任务建模理论模型：支持并辅助用户认知过程，指导可视分析系统的用户界面设计与实现，追求具有多层次，多粒度特征并且多领域相关。

② 交互模型：描述用户与系统为了协作完成任务目标，在互动过程中各自的角色与关系、承担的任务以及相互之间的消息反馈与影响。

面向大数据主流应用的信息可视化技术，主要包括文本可视化、网络（图）可视化、时空数据可视化、多维数据可视化技术等。

① 文本可视化。文本可视化旨在将文本中蕴含的语义特征直观展现，不仅有DAViewer以树的形式进行的可视化、DocuBurst以放射状层次圆环的形式展示文本结构，还有Hipp提供的将一维的文本信息投射到二维空间以便展示聚类关系的基于层次化点排布的投影方法。此外，将动态变化的文本中时间相关的模式与规律进行可视化展示，也是文本可视化的重要内容。

② 网络（图）可视化。网络可视化基于网络节点和连接的拓扑关系直观地展示网络中潜在的模式关系。研究重点是解决在有限空间中可视化大规模网络和可视化网络的动态特征。

③ 时空数据可视化。时空数据可视化对时间与空间维度以及与之相关的信息对象属性建立可视化表征，并对与时间和空间密切相关的模式及规律进行展示，重点解决时空数据的高维性、实时性等特点。

④ 多维数据可视化技术。多维数据可视化技术的目标是探索多维数据项（基于传统关系数据库以及数据仓库的应用中具有多个维度属性的数据变量）的分布规律和模式，并揭示不同维度属性之间的隐含关系。散点图（Scatter Plot）是最为常用的多维可视化方法，投影（Projection）尤其是平行坐标（Parallel Coordinates）也被广泛使用。

（2）数据挖掘

大数据分析核心即为挖掘，从技术角度看，数据挖掘就是从大量的、复杂的、不规则的、随机的、模糊的数据中获取隐含的、人们事先未发觉的、有潜在价值的信息和知识的过程。基本过程包括数据准备、数据挖掘、解释评估和知识运用。数据准备是长期的、无规律的数据积累的结果，过程分为数据源的集成（数据对象整理、清洗等）、数据的选择（根据需求分类和提取数据集合）、数据预处理（消除数据中的非主体数据，检查数据的一致性和完整性）和数据转换（完成数据从数据源向目标数据仓库的转化过程）四大部分。数据挖掘是整个程序的关键过程，通过挖掘的目标要求选定合适的算法和数据挖掘模式，从海量数据中多次提取并转化为用户需要的知识，常见的算法有决策树、分类、神经网络等。解释评估是根据一定的评估标准最终甄别并提取出有价值的模式知识。数据挖掘发现的知识常见的有广义知识（实现方法如数据立方体、面向属性的归纳等）、关联知识、分类知识、预测型知识（发现方法如时间序列预测方法、神经网络和机器学习）和偏差型知识。知识运用就是对挖掘的评估结果在现实决策中的运用，是数据挖掘价值的体现。数据挖掘的分析方法包括聚类分析、分类和预测、关联分析等。聚类分析就是把大量的数据对象聚集成若干个簇的过程，并使得簇内对象尽量相似而簇间对象尽量相异。现有的聚类算法大致分为划分方法［如Kmeans、K-中心点算法（PAM 算法、CLARA 算法、CLARANS 算法等）］、层次方法（如 BIRCH 方法、CURE 方法和 CHameleon 方法）、基于密度的方法（如 DBSCAN 算法、OPTICS 算法、DENCLIUE 算法）、基于网格的方法（如 CLIQLE 算法、STING 算法等）以及基于模型的方法（如 EM 算法）。能适用于大数据、处理不同类型数据、发现任意形状的簇、处理高维数据、具有处理噪声的能力和聚类结果可解释、易使用是聚类分析的目标。分类和预测分类及数值预测是问题预测的两种主要类型。分类是预测分类（离散、无序的）标号，而预测则是建立连续值函数模型。分类是对已知的训练数据集表现出来的特性，获得每个类别的描述或属性来构造相应的分类器或者分类，是一种有监督的学习过程，根据训练数据集来划分类别。常见的分类算法主要有决策树、粗糙集、贝叶斯、遗传算法、神经网络（如 BP 和 RBF 网络）等，评估的要素为预测的准确度、计算复杂度、模型描述的简洁性、模型的可解释性和避免过度拟合。关联分析就是利用事物之间存在的联系和相互之间的依赖性的规律，对这些事件进行的预测。近年来，大数据领域的数据挖掘方面的研究进展主要包括可扩展性、并行性、分布式算法等方面，在大规模数据下，如何保证现有数据挖掘算法的时间和空间复杂度的应用成为研究热点。

（3）预测分析

预测分析是利用统计、建模、数据挖掘工具对已有数据进行研究以完成预测。传统预测分析技术与大数据预测分析技术有两点不同：首先，传统预测分析是基于关系数据仓库中的数据的，而关系数据库只对结构化数据进行批量处理；其次，传统预测分析需要特征设计，然后由特征通过假设和测试过程去驱动分析。预测方法从技术上分为定性预测与定量预测。定性预测是基于经验和判断对预测对象做定性分析，主要有集思广益法和德尔菲法。预测的准确程度主要取决于预测者的经验、理论以及掌握的情况和分析判断能力等，近年来人工智能也产生了如 Boosting、贝叶斯网络等一些定性预测算法。定量预测则是使用数学模型，根据已有的历史统计数据运用数学方法得到变量间的规律性联系，如统计分析、因果联系模拟、人工智能算法等。常用的统计分析模型主要有指数平滑法、趋势外推法、移动平均法等，常用的因果联系模型主要有线性回归因果模型等。定量预测的步骤主要包括分析数据、识别数据模式或规律、通过数据模型进行描述和将数学模型在时间域上扩展完成预测。预测的过程主要考虑三个方面：计算复杂性、分类变量的因果关系以及预测模型的寻优。选择一个恰当的预测算法需要考虑现有数据、预测形式、预测精度、实时性要求、可理解性和可操作性等因素。预测分析是大数据技术的核心应用，但是预测分析的成功与否取决于数据质量、数据科学家（指能运用统计分析、机器学习、分布式处理等技术，从大量的数据中提炼出有价值的信息，以简单易懂的形式传达给决策者，其工作包括数据架构的搭建、数据模型的建立和数据分析）、预测分析软件（提供数据科学家使用，用来评估数据科学家建立的数据模型和分析规则）三个要点。针对大数据数据量庞大的特点研发了专门的大数据处理平台。

(4) 语义分析

由于非结构化数据与异构化数据等的多样性带来了数据分析的新的挑战与困难，需要一系列的工具去解析、提取、分析数据。语义引擎的设计需要其能从文档中智能提取信息，并能从大数据中挖掘出特点，通过科学建模和输入新的数据，从而预测未来的数据。语义分析即对信息所包含的语义的识别。语义分析技术是智能语义分析，包括三个方面：一是通过语义识别处理非结构化的社会性信息；二是通过支持大规模程序计算的自动分析应对持续快速增长的大数据；三是通过人工智能对信息进行及时处理，提高数据处理的时效性。对于词语语义分析的研究主要是确定词语意义，衡量词与词之间的语义相似度，大体分为基于词语语义知识规则和基于统计的词语语义分析。常见的基于词语语义分析的知识表示方法有语义场、语义网络、概念图和本体论，它们的本质都在强调对现实社会存在的概念及其之间的关系进行精确描述和建模。现有的典型的语义知识库有 WordNet、FrameNet、MindNet、知网（HowNet）等。对于基于规则的词语语义分析，最常用的知识规则库是语义词典，其将所有词语组织成树状层次结构，将词语在树结构图中的路径长度作为词语语义距离的度量方法。Google 于 2013 年公开的基于 Deep Learning 的学习工具 Word2vec 是将词语转换成向量的分析工具。文本语义分析就是识别文本的意义、主题、类别等语义信息的过程。研究大体分为基于统计的文本语义分析和基于语义学的文本语义分析。典型的大规模文本语义分析研究大多是基于统计的经验主义方法，其将文本看作一个个独立词语形成的无序词袋，利用词语的统计信息将文本表示为词语向量集合并据此分析隐含的主题等信息，代表方法有潜在语义分析、概率潜在语义分析和隐含狄利克雷分配。而基于语义学理论的文本语义分析除了格语法、概念层次理论外，还有框架语义学和本体语义学。此外，情感分析是一个新兴的研究课题，它以应用为导向帮助用户快速获取和整理用户分享的评价信息，包括情感信息抽取、情感信息分类和情感信息的检索与归纳三部分任务。目前的情感分析系统有 Liu 等研发的 OpinionObserver 系统和 Wilson 等研发的 OpinonFinder 系统等。

(5) 数据质量管理

大数据的 4V 特性使大数据存在数据质量问题，即不一致、不精确、不完整、过时或描述同一实体时数据出现冲突。对大数据进行有效分析的前提是高质量的数据。数据质量的评估维度：完整性（Completeness）——度量丢失数据或不可用数据；规范性（Conformity）——度量未按统一格式存储的数据；一致性（Consistency）——度量值在信息含义上是冲突的数据；准确性（Accuracy）——度量不正确信息、数据，或者超期数据；唯一性（Uniqueness）——度量重复数据或者属性重复数据；关联性（Integration）——度量缺失或未建立索引的关联数据。数据质量提高技术涉及实例和模式两个层面。数据挖掘中的基于统计模型、基于距离、基于偏离等方法在检测异常数据时颇有成效，但在数据清洗领域，在运用数据挖掘算法之前，数据概化（Data Profiling）是必不可少的，其有助于探测性挖掘（Exploratoty Mining），发现异常数据。数据编辑修正（Editing and Imputation）关注如何运用自动化的方法除去信息系统中不符合业务的逻辑错误。解决方法是根据某领域知识建立相应的领域规则体系来自动处理。上下文依赖冲突是由于各个数据源的数据系统设计和表达方式不同造成的，需要通过数据转换规则来解决。此外，针对大数据的特点，传统的关系型数据库在数据管理性能方面已不能胜任。无论是操作型还是分析型应用，为了能对大数据进行处理，并行处理是必由之路。依赖大量的节点并行处理提高性能，MapReduce 技术部署的节点数量远远超过关系型数据库。NoSQL 采用与关系型数据库不同的数据模型，满足对大数据的读写要求。操作型 NoSQL 技术可划分成基于 Key Value（键值对）存储模型、基于 Column Family（列分组）存储模型、基于文档模型和基于图模型的 4 类 NoSQL 数据库技术。基于 Key Value 存储技术利用散列表维护 Key 值到具体数据（Value）的映射。MapReduce 是面向分析型应用的 NoSQL 技术，包括 Map 阶段和 Reduce 阶段，Map 函数处理键值对，Reduce 函数合并相同 Key 值的中间键值对。MapReduce 技术因其高度的扩展性和容错性，引起了广泛研究：赋予 MapReduce 结构化存储模型（行存储和列存储），以便 MapReduce 能有效处理结构化数据；为 MapReduce 的数据处理提供索引支持；对 MapReduce 框架的扩展，利用 MapReduce 框架处理流数据；各种连接算法的优化和查询算法、调度算法的优化；MapReduce 计算框架的安全与节能。

5.3 大数据应用及发展趋势

5.3.1 大数据应用

（1）大数据在医疗保健领域的应用

大数据技术能够进行医疗保健内容预测分析。利用医疗保健内容分析预测技术可以找到大量患者相关的临床医疗信息，通过大数据处理，能够更好地分析患者的信息。当然，大数据技术也能够精确诊断预测分析。通过社交网络可以收集数据的健康类运用，例如：可通过检测人体中药剂的含量来确定患者下一次服药时间及服药量，而不是仅仅根据药单说明书。

（2）大数据在交通行业的应用

① 基于大数据技术，能够快速传递地理定位数据：为了使总部能在车辆出现晚点的时候跟踪到车辆的位置和预防引擎事故，在货车上装有传感器、无线适配器和 GPS。

② 基于大数据技术，能够缓解停车难问题：利用苹果手机和安卓手机，能够跟踪入网城市的停车位，用户可以运用网络平台，查看附近的可用的车库和停车位，以及价格区间等，从而做出判断。

③ 基于大数据技术，能够缓解道路拥堵系统的系统方案：基于实时交通报告来预测拥堵情况。如交通管理人员可以对某段路的拥堵情况及时调整信号灯。

（3）大数据在零售业领域的应用

① 收集客户信息：对消费者的喜好以及个人信息进行分类统计，从而优化销售模式。如淘宝网就可以根据客户的浏览习惯在用户浏览网页时将相关产品推荐给客户。这其实就涉及了数据的积累。

② 销售模式的优化：厂家可以通过产品的销售情况对产品的销售模式进行调整，如根据某款产品在各地的销售量情况可以适时调整供货量。

③ 需求分析：通过对客户各项信息的统计，制定出最佳的销售策略，如当红美剧《纸牌屋》就是 Netflit 公司在收集了观众大量的观看习惯、喜好之后做出的拍摄决定。

（4）大数据在公共安全领域的应用

主要指大数据的应用技术，即结合公安行业，利用公安大数据，实现分析、理解、预

测、预警及决策支持与知识服务的算法、模型等，同时也包含对大数据基本技术的补充、完善与应用。

5.3.2 发展趋势

当前的数据分析技术的研究可以分为6个重要方向：结构化数据分析、文本数据分析、多媒体数据分析、Web数据分析、网络数据分析和移动数据分析。有人说，大数据发展的趋势为：大数据与人工智能的融合；跨学科领域交叉的数据分析应用；数据科学带动多学科融合；深度学习成为大数据智能分析的核心技术；利用大数据构建大规模、有序化开放式的知识体系；大数据的安全持续令人担忧；开源继续成为大数据技术的主流；大数据与云计算、移动互联网等的综合应用；大数据提升政府治理能力，数据资源化、私有化、商品化成为持续的趋势；大数据技术课程体系建设和人才培养快速发展。更有学者将大数据发展趋势预测总结为“融合、跨界、基础、突破”。

结合智能计算的大数据分析成为热点，包括大数据与神经计算、深度学习、语义计算以及人工智能其他相关技术结合。得益于以云计算、大数据为代表的计算技术的快速发展，使得信息处理速度和质量大为提高，能快速、并行处理海量数据。跨学科领域交叉的数据融合分析与应用将成为今后大数据分析应用发展的重大趋势。由于现有的大数据平台易用性差，而垂直应用行业的数据分析又涉及领域专家知识和领域建模，目前在大数据行业分析应用与通用的大数据技术之间存在很大的鸿沟，缺少相互的交叉融合。因此，迫切需要进行跨学科和跨领域的大数据技术和应用研究，促进和推动大数据在典型和重大行业中的应用及落地，尤其是与物联网、移动互联、云计算、社会计算等热点技术领域相互交叉融合。大数据安全和隐私的研究将成为热点。大数据时代，各网站均不同程度地开放其用户所产生的实时数据，一些监测数据的市场分析机构可通过人们在社交网站中写入的信息、智能手机显示的位置信息等多种数据组合进行分析挖掘。然而，大数据时代的数据分析不能保证个人信息不被其他组织非法使用，用户隐私安全问题的解决迫在眉睫。安全智能更加强调将过去分散的安全信息进行集成与关联，独立的分析方法和工具进行整合，形成交互，最终实现智能化的安全分析与决策。各种可视化技术和工具提升大数据分析将成为热点。进行分析之前，需要对数据进行探索式考查。在此过程中，可视化将发挥很大的作用。对大数据进行分析以后，为了方便用户理解结果，也需要把结果展示出来。尤其是可视化移动数据分析工具，能追踪用户行为，让应用开发者得以从用户角度评估自己的产品，通过观察用户与一款应用的互动方式，开发者将能理解用户为何执行某些特定行为，从而为自己完善和改进应用提供依据。

5.4 智能交通大数据

5.4.1 智能交通大数据处理

(1) 交通大数据处理现状

交通大数据包括结构化、非结构化的各类交通数据，包括交通工具、地理位置、线圈、微波、智能卡口、视频、电子地图、路网、调度资料、基础设施、班次、航班、地铁、气象、从业人员资料等，数以千计的数据类别，每日以级GB别增长，海量、动态、实时是重要特征。而不同群体对数据的诉求又体现出不同要求，例如交通主管部门关注交通拥堵状况，车辆异常集结、行业性平均收入等宏观数据；企业关注车辆调度准确、经营收入等关乎运营收入数据；公众关注交通运输的服务是否便利，交通是否顺畅，以及能够随时随地获取交通信息；研究部门希望获得多样化的交通数据，构筑立体的城市交通分析模型等；城市应急处理部门更希望得到事故地点的交通情况以便组织应急救援；公安部门需要从交通视频获得办案证据等。为解决这一系统的问题，交通大数据的研究成为关注的热点，如何充分利用这些数据为各类交通信息系统服务，建设面向交通大数据的处理平台已成为迫切的需求。

在国外，发达国家对城市交通基础设施建设非常重视并已基本完成，在此基础上，开展了一系列的智能交通信息系统搭建，用以实现交通数据的采信、整理、共享、应用，以推动交通有序运营，促进社会民生的全面发展。英国国家交通控制中心研究的项目，通过开发共用规范实现了不同运输方式的多模式交通之间的数据交换与共享。近期英国组织开展另一项目，通过建立交通数据的处理平台全面推动城市智能交通系统的研发和建设。在国内，北京已建成了综合交通信息平台，包含了交通数据的采集、整合、标准制定、加工处理和发布的全过程，是一项复杂的交通领域集成信息化工程，北京市专设数据处理平台，开展对交通数据进行预处理、存储和加工等。纵观我国各大城市的智能交通发展现状，交通信息化已得到较大的重视并具有一定的地位和作用，普遍的研究着眼于根据用户的实现需求进行信息系统的建设，重点在于数据挖掘技术的决策支持，为交通出行提供便利。然而，在大量的交通数据应用中往，容易忽视对数据的预处理研究。传统的交通数据预处理需要对数据源到应用的整个流程进行修改，通过 ETL 的方式再加载和计算，其适应变化的周期较长。在交通大数据应用中，这种模式将难以适应新的需求。智能交通大数据已经突破了以前所限定的结构化数据范畴，具有数据类型多样化、规模化和高速化的特点。数据类型包括结构化、半结构化和非结构化数据多种类型，尤以非结构化数据为主，因此，需要专门建设面向交通大数据的智能处理平台。

（2）数据处理平台架构设计

面向交通大数据的处理平台采用 Hadoop 分布式基础框架解决数据的动态扩展和弹性增长问题，面对大规模的数据，该框架能够对其进行分割与合并，然后结合 MapReduce 技术进行并行处理，通过任务的分配解决数据量巨大的问题。平台由三层架构组成，分别是数据访问层、数据处理层和业务应用层，三个层次相互连接，通过 HDFS 分布式文件系统、HBase 分布式数据库和 MapReduce API 进行结合。通过该平台的构建，可以将采集的各种原始交通数据进行导入、规范化、数据流处理等，最后通过接口或定制数据，为各类型的交通系统提供服务，充分利用分布式处理技术提高数据处理效率，同时也保障了数据的安全。简化后的平台三层架构如图 5-3 所示。

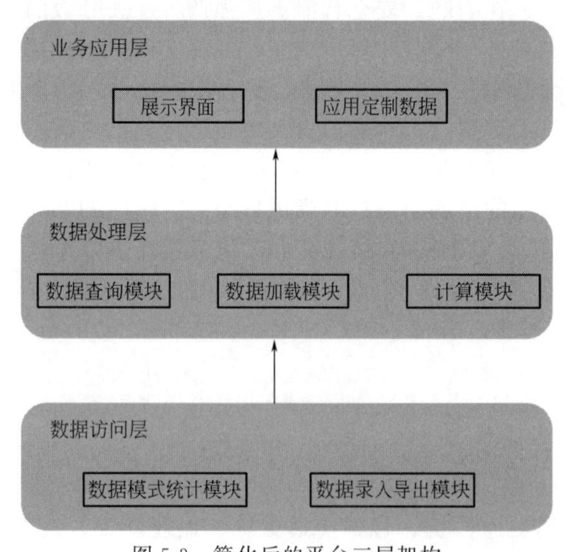

图 5-3　简化后的平台三层架构

其中，数据访问层是处理平台的最底层，包括数据模式设计模块和数据录入、导出模块，主要用于外部数据与该处理平台的交互。数据录入、导出模块能够将外部的关系型数据进行导入，同时也能将经过处理平台后的数据导出到别的系统。对于非结构化的数据，采用数据模式设计，将交通数据中的某一系统特征指标，如经纬度、时速、车辆号、线路号等存入 HBase 数据库。

数据处理层是平台的核心层，包括数据查询模块、数据加载模块、数据计算模块。数据加载模块主要处理数据访问层接收过来的信息，并转化为数据处理层可以直接运用的数据，加载过程中主要采用特定的数据表模式将数据存入分布式的 HBase 数据库。数据查询模块则将加载后的数据进行并行计算，通过 MapReduce 技术快速进行数据查询，不仅可以对处理前的数据进行查询，也可以对处理后的数据进行查询，并最终展示给前端用户，同时，该模块也为计算模块服务，为更快速的数据计算和处理提供保障。数据计算模块与数据查询模块相结合，采用框架进行并行计算，充分调动 HBase 中存储的数据，保障平台的可靠性和数据存储的一致性。

(3) 采用的关键技术

平台数据采集与存储，从交通引入信息化技术改善管理开始，交通数据的处理经历了从文本文件，到平面数据库，到关系型数据库广泛应用，这些应用均及时地处理了数据的存储和操作所面临的一系列问题。

然而，随着交通数据量的与日俱增，已经不能单纯采用关系型数据库进行处理，而需要采用能够适应数据动态。高速增长的新型技术，同时交通信息系统多种多样，面向不同的应用采用不同类型的数据分析，因此也需要采用能够适应其动态扩展的技术。

交通大数据采集与存储如图 5-4 所示。

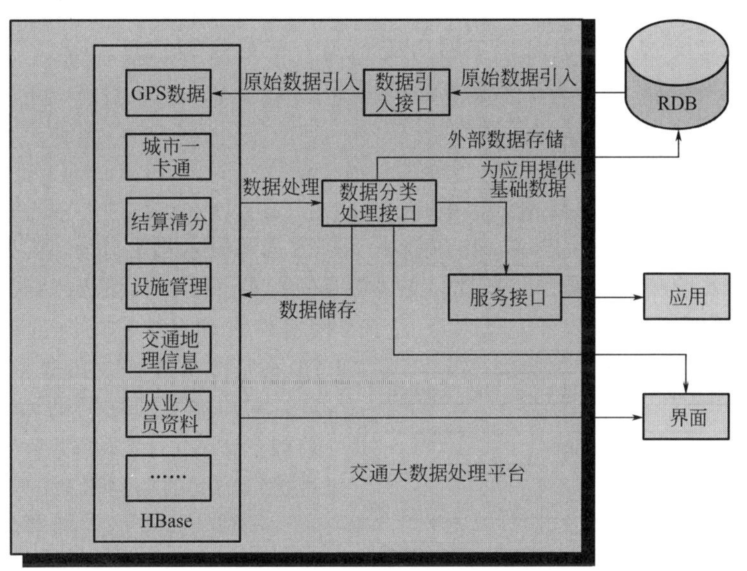

图 5-4　交通大数据采集与存储

平台采用 Hadoop 分布式文件系统与 HBase 分布式数据库相结合的方式进行交通数据的存储，在 Hadoop 基础上构建 HBase 存储系统，主要包括 GPS 数据、城市一卡通数据、结算清分数据、设施管理数据、交通地理信息、从业人员资料信息等，一方面，HBase 存储方式能够满足大规模的扩展，列存储的方式有利于数据的并发查询，特别是交通大数据在利用方面更注重数据的查询和读取，在此基础上进行数据的分析与应用，而较少用于数据的修改，因此列存储的方式更适合交通大数据的存储和管理；另一方面，该存储模式可以实现动态数据的扩展和时间戳版本的管理，特别是交通实时数据，依赖于车载的无线传输线模块上传定位数据（移动终端），一个移动终端识别号总会在不同的时间向同一个基站发送数据。此外，该存储方式有利于对大规模数据进行分割计算且最后进行合并。

(4) **规范化的数据流处理**

在数据库设计上，充分考虑业务差异性与数据共性，由近 20 个部分组成，分别是公交定位数据、出租定位数据、重点营运车辆定位数据、视频管理数据、客运票务数据、一卡通刷卡数据和交通服务数据等。原始的数据通过信息手段采集后，进入 HBase 分布式数据库，通过 API 对数据进行分类处理，并根据需求进行数据展示和服务定制，在收到接入系统的数据后，对接入的数据进行有效性的检验，保证进入平台的交通信息数据是准确有效的，并将经过验证的数据入库。

根据业务规则，对不同来源的数据间建立关联并进行融合，对融合后的数据进行汇总及分析，例如线圈、微波、视频、文件等非结构化数据，与其他信息的融合，得出立体化的、更准确的交通态势分析等。

(5) **数据标准格式**

数据标准化处理系统从数据库中取出经过筛选后的数据，根据业务规则将外部系统的数据格式转化为平台定义的标准格。

(6) **数据处理平台主要功能**

交通信息接入平台的功能是从政府管理部门、科研机构等不同机构接入数据，对多源异构的信息数据进行标准化处理后在平台内进行一体化存储。信息接入需遵循统一的数据交换规范，也遵循统一的数据控制策略，以及安全机制。平台主要实现对四类交通信息的接入，即交通基础信息、交通实时信息、交通历史信息、交通视频信息。获取数据的方式包括 FTP、Socket、Webservice、直接数据库获取等多种方式。

5.4.2 智能交通大数据分析

(1) **基于 Hadoop 的交通数据分析系统**

随着我国智能交通的快速发展，许多技术手段已达到国际领先水平，但是，问题和困境也逐渐凸显。从各城市的发展状况来看，交通数据资源的深层次价值还未得到有效挖掘：除了交通数据的感知和采集有限外，还对存在于不同机构管理系统中的海量数据没能共享运用、高效分析，对交通情况缺少判断预测，对影响交通通畅的因素分析不明确。总体上来看，目前智能交通的发展无法满足民众的交通信息服务的需求。大数据分析逐渐成为缓解城市拥堵的关键技术，面对这些跨平台、跨系统的交通数据，先进的大数据工具能将海量、零散、异构的数据整合在同一个中心，形成一个关联密切的数据链，在此前提下能深度挖掘交通数据多维度关系，对交通势态进行预判，可以提高城市交通管理水平。交通大数据分析系统框图如图 5-5 所示。

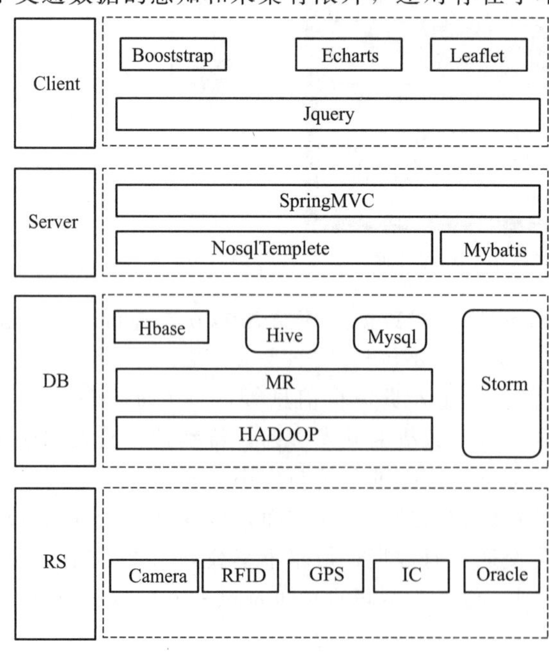

图 5-5 交通大数据分析系统架构图

整个构架由 4 个大模块组成：资源模块（RS）、数据库模块（DB）、服务器模块（Servce）和客户端模块（Client）。最底层是资源采集，其中包括历史数据和实时数据，采集数据的设备也根据不同需求分类，数据持久化层是 Hadoop 的 HDFS，在此之上是 MapReduce 进行分布式计算。同时可以利用数据挖掘工具 Mahout 进行数据挖掘分析，将一些地点编码对应地点，设备编码对应地点等映射关系存入 My sql 便于 Webapp 传递给前端页面显示，将需要实时查询的数据存入设计好的列簇和 Rowkey 的 Hbase，Hbase 自动索引的机制使查询速度相较于传统数据库大幅提高。Hive 进行数据分析，它能将类 SQL 语句转化成 MapReduce 作业，例如查询出通过过车辆最多的几个路口，违法频次高发地段等，使用此技术都能方便地实现。在服务端利用 Springmvc 接收数据与前台交互，前端使用 Ecahrts 和 Bootstrap 进行图表绘制，使用 Leaflet 进行地图图层的渲染。

在交通大数据的场景下，此架构根据不同的需求提供了数据离线和在线分析两种计算服务，其中 MapReduce 离线处理框架用于交通模型的建立和大规模车辆行为轨迹挖掘，Storm 流计算平台克服了 Hadoop 平台无法有效在线处理数据的不足，它提供的输入流组件 Spout 将数据传输给 Blot 进行计算任务，同时创建新的流作为下一个 Blot 的输入流，实现数据实时处理，并且对交通流数据进行可变长预测，数据最终以报表的形式显示在前端页面，提供决策支持。

（2）交通大数据分析流程（图 5-6）

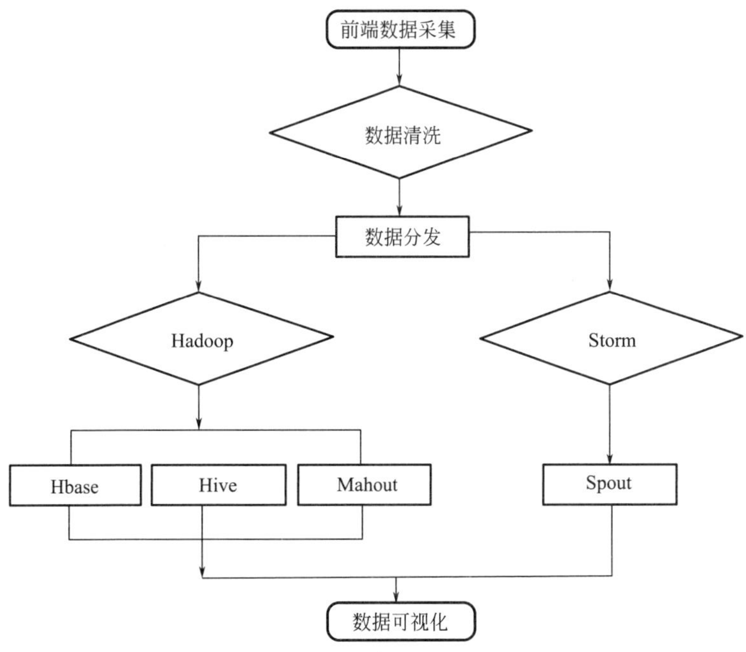

图 5-6　交通大数据分析流程图

交通大数据分析的整个流程可以分为数据采集、数据预处理、数据分发、数据存储、数据分析（挖掘）和结果呈现。

数据采集：包括传统数据库中历史数据、设备采集的数据以及网络数据。

数据预处理：将交通大数据结果数据筛选，规范统一管理，同时保证数据的完整性和可靠性。

数据分发：根据不同需求将数据存入 HDFS 或 Strom，以便进行离线分析或在线计算。

数据存储：存储在 HDFS 中的数据通过使用 MapReduce 计算框架的 IO 开销较大，但保证了数据处理的稳定性。存储在 Strom 流式集群中的数据在进行数据处理时采用全内存计算，这意味着实时计算对内存的开销较大。

数据分析：其中模 Hadoop 块主要利用 MapReduce 对数据进行统计或者挖掘以满足用户需求，Storm 利用 Spout 将数据传递给 Blot 进行数据处理的同时，Blot 形成新的结果，成为另一个 Blot 的输入。

结果呈现：主要是将经分析过的数据显示在前端页面，这部分根据不同场景的需要设计图表和功能。

5.4.3 智能交通大数据服务

(1) 公安交通便民服务

互联网便民服务是国家的一项基本政策，政府各部门、各行业均开展了相应的便民服务内容，构建了功能不等的便民服务系统，在便民服务方面发挥了较好的作用，如工商管理、交通管理、公安等部门。但便民服务的水平和内容还有待进一步提升。现在的便民服务大多集中在信息查询类、消息发布类、办事项目类等，而真正的业务办理类较少，还未真正达到"让数据多跑腿、让群众少跑腿"的状态。即使是信息查询类，有时查询反馈信息的速度太慢，有的信息根本无法查到，便民服务的效果不理想。例如公安互联网便民服务系统中的公安交通管理业务，涉及驾驶证办理、机动车违章查询等，在机动车违章查询方面，可查到违章地点、处罚理由、处罚种类等内容，但查不到违法的具体方式、违法时电子警察拍下的照片及视频等，因为互联网没有存储这类信息，要想了解到这些信息，必须到交警大队等处理违法的地点查询。目前，为安全起见，公众不能通过互联网直接访问公安部门的业务专网，互联网和公安业务专网之间是隔离的，公众要获得相应的信息，须通过互联网发出请求，经过特殊的渠道送向公安业务专网，专网对信息进行处理后才能将得到的结果反馈给用户。公安交通管理信息目前采用的是传统的数据处理架构，在处理信息量大的图片和视频时，由于处理时间长，造成公众查询时等待的时间较长，因此便民服务平台不对公众提供这类信息的服务。现在涉及的公安交通管理信息基本都是省级、省辖市级公安机关建库，如在构建省级、省辖市级公安机关交通信息综合平台时，以大数据技术构建，将能为互联网便民服务提供更加有力的支撑。有学者从行政管理的角度研究了公安互联网便民服务平台建设，还有学者研究了互联网模式下公安工作的相关问题，以及基于大数据技术讨论了公安交通集成指挥平台技术架构，而基于大数据技术的公安交通互联网便民服务平台目前少有文献探讨。本小节重点研究基于大数据的公安交通互联网便民平台，给出其构建、设计方法，并分析其性能。

(2) 公安交通互联网便民服务平台的构建

① 平台的基本体系结构。公安交通互联网便民服务平台是"互联网+政务"服务的重要组成部分，平台分为互联网端和公安交通业务端，互联网端的功能应以服务公民需求为原则，但这些功能能否实现、是否可以达到便民的目的，除网络传输的构建外，重点是公安交通业务端的业务系统及相关数据怎么支撑公众从互联网端发出的请求。因此，公安交通互联网便民服务平台的功能实现取决于公安交通业务端对业务系统和数据的组织形式。例如，公民从互联网请求办理驾驶证的审核，在公安交通业务端的驾驶证管理系统中应能找到相关的信息，并按相关规定处理，这要求公安交通业务的处理平台能够高效地处理来自互联网端的不同请求。另外，公安交通业务端的平台也可把关于交通的有关信息，经分析后，将其推送至互联网端的公民，包括订阅的消息、实时或及时地推送消息等。因此，公安业务端的平台构建是公安交通互联网便民服务平台的关键。其核心以大数据技术、云计算技术为基础，构建公安交通业务端的互联网便民服务平台，或称为公安交通便民服务支撑平台（图 5-7）。

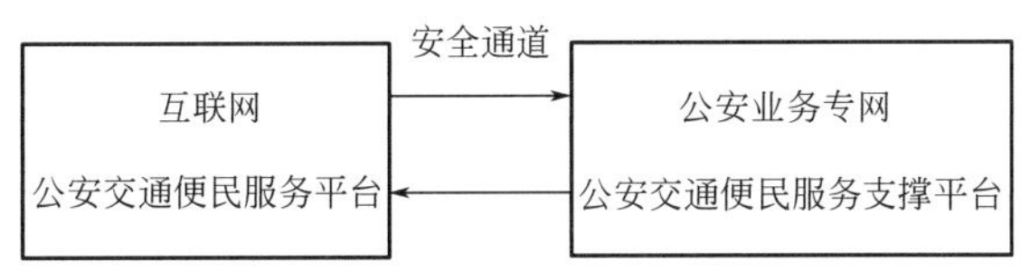

图 5-7　平台基本体系结构示意图

② 公安交通便民服务平台功能的设计。现有的部署在互联网端的公安交通便民服务平台功能模块一般有业务办理、信息查询、信息，订阅等，这些功能的实现有的需要公安网端的公安业务系统支持，如业务办理、信息查询等；有的则不需要，如办事指南、服务导航等。当公安业务端的系统和数据基于大数据架构时，互联网端的功能将有所增加，效率将会提升。平台功能模块如图 5-8 所示。

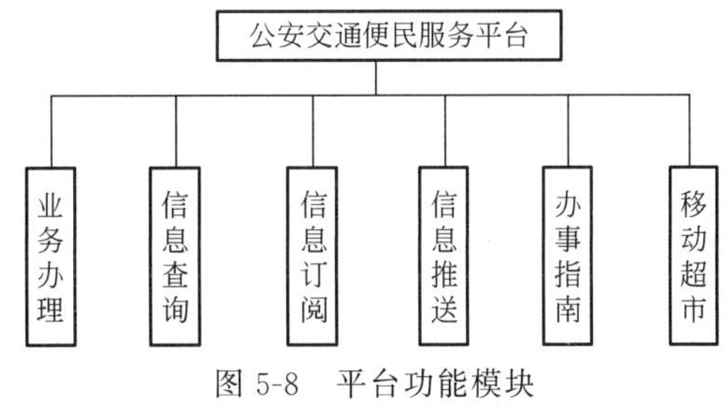

图 5-8　平台功能模块

业务办理：包括机动车业务、驾驶证业务、违法处理业务等，这些业务已不是传统意义下简单的预约和办理过程查询，可实现真正意义的办理。如违法处理业务，有些类型的违法处理不到违法处理地点，即可实现现场抓拍的图片、视频的调阅查询，并完成交罚款等，而驾驶证业务，在一定条件下实现网上办理，如换证、审证等。

信息订阅：指公民对某类信息或事件比较感兴趣，订阅这类信息，平台会及时发送这些信息给订阅的公民。如某一用户订阅了某一高架桥的交通异常信息，当有异常情况发生时，平台会立即将信息告诉给这一用户。

信息推送：当公安交通部门有重要消息要发布时，平台会将此信息推送至每一位用户，包括固定的和移动的信息接收终端。同时也可将特定信息推送至特定用户。如某一辆车被套牌，平台即可将此类信息推送至指定用户。

移动超市：这一功能主要指支持各种移动终端的应用，包括平板电脑、手机等设备。

(3) 公安交通便民服务平台大数据架构

公安交通部门掌握的数据可分为三类：一类是公安交通自身业务活动和通过技术手段获取的数据，如车辆驾驶管理信息、智能卡口抓拍的车辆信息、电子警察抓拍的车辆信息等；另一类是与政府交通部门共享的信息，如高速公路车辆通行信息、路况视频监控信息等；还有一类是从社会单位获取的共享信息，如停车场信息等。这些信息有的是结构化数据，有的是非结构化数据，如车辆照片、视频录像等。如何存储、处理、管理这些数据是十分重要的问题，搭建科学合理的数据处理架构，可为数据的综合应用提供有力的技术支撑。可根据公安交通数据的特性，利用大数据技术、云计算技术，构建公安交通便民服务平台。

为了能够满足公安交通业务需求和便民服务需求，公安业务专网端的平台可采用大数据技术构建。目前比较成熟的大数据技术是 Hadoop，国内许多厂商的大数据平台均是基于 Hadoop 构建的。利用该技术，可对公安交通数据进行智能处理，获取公安和公众需要的数据。系统架构如图 5-9 所示。

资源层：主要是各种数据的采集和预处理，如来自智能卡口系统的数据、电子警察系统的数据、社会停车场管理的数据、高速交通管理系统的数据等，经初步处理后，送向存储层。

数据存储：对数据资源层送来的数据，按其结构化程度，大致可分为结构、半结构、非结

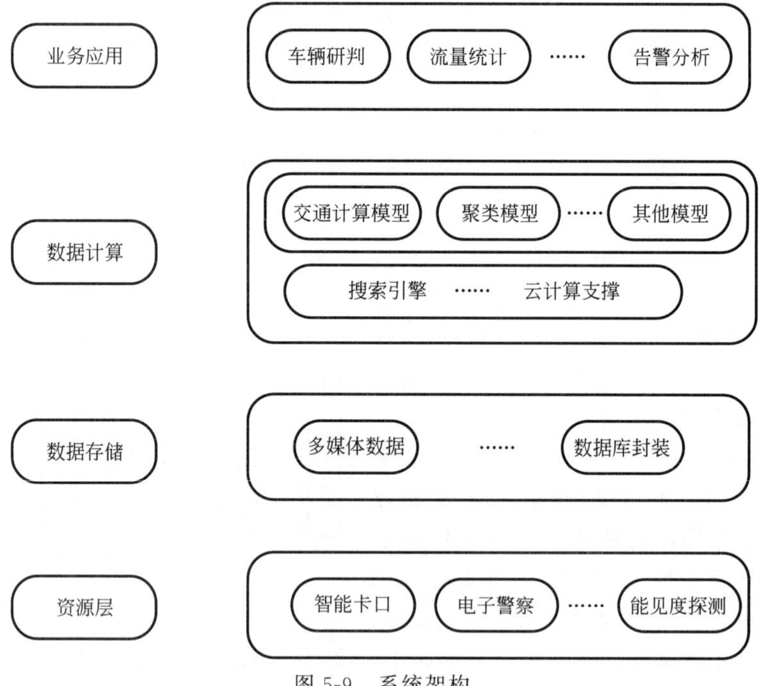

图 5-9　系统架构

构。结构化数据的存储管理可采用 Hadoop 分布式架构，非结构化存储管理可采用 Hbase＋Hadoop＋HDFS 及 MapReduce、Spark 计算模型，实现分布式并行处理，将 Hbase 作为中心数据库，利用 Hbase 分布式处理，将海量的车辆信息拆分成并行处理的小事件，利用 Hbase 分布式检索工具，通过分布式读取和检索，可提高系统的性能。对原有的存储在 Orade 数据库的结构化数据，迁移到 Hbase 数据库中，迁移时同步创建索引。

数据计算：数据计算包括静态数据计算和动态数据计算。静态数据计算主要指离线计算，实时性要求不高；动态数据计算实时性要求较高，如车流量预测等。Hadoop 体系不具有向用户主动推送实时信息的功能，而公安交通业务和便民服务则需要这种功能，这就需要在 Hadoop 原体系中创建一个中心，负责对信息的过滤和实时推送。在数据计算层还包括对各种数据的统计分析，这主要基于 Spark/MapReduce 实现，可根据针对不同的需求进行各种统计分析，如在路口某一时段、路段的统计，可用这些结果开展更好的便民服务。同时，也可以进行各种分析，将分析结果告知用户，如套牌、假牌等。在套牌方面，可将分析结果告知被套牌方，也可将结果告知套牌方，起到警示作用。

业务应用：业务应用既有基于民警的应用，也有基于其他政府部门的应用，同时具有便民服务方面的应用。民警应用方面，主要包括民警各种业务应用，如车辆追踪、车辆布控、异常车辆分析等；其他政府部门应用，如城管、交通等，可通过政府部门间信息共享平台将数据送向政府部门；便民服务方面，主要指通过安全通道，将信息送向互联网端便民服务平台，支持各种便民服务功能的实现。

5.5　基于大数据的智能交通综合信息应用平台设计

智能交通历经多年的发展及新一代信息技术的应用，其概念、技术内涵和应用发生了较大变革，互联网＋交通，综合运输协同服务，大数据、人工智能的应用，车联网、自动驾驶技术发展，车路协同系统的建设等，这些均属于智能交通的范畴。许多学者从不同角度，对智能交通系统进行了研究。潘敬莹利用模糊神经网络对智能交通信号控制进行了设计；张亦鼎论述了基于车联网大数据构建智能交通系统，包括智能驾驶行为分析、智能行车、智能道路等内容；保丽霞等研究了城市智能交通大数据平台的模型库，重点讨论了交通状态判别、交通专题分析等大数据分析挖掘技术；刘滢分析了基于大数据平台的智能交通系统架构，并给出了功能设计，其核心是利用 Hadoop 平台和其编程框架；彭世、赵新勇等探讨了各种新技术，包括大数据技术在智能交通中的应用。还有一些文献从不同角度论述了大数据在智能交通中的应用，但大多是侧重于管理方面。如前所述，智能交通涵盖面较广，利用技术多样，采集与发布信息种类较多，如何综合使用这些技术和信息，更好地服务于交通运输，大数据技术可作为重要支撑技术。还有学者重点利用大数据的编程技术，剖析了构建智能交通系统的方法，但作为智能交通的重要支撑——智能交通综合信息应用平台，如何利用大数据技术构建，少有文献探讨。本节重点研究利用大数据、云计算技术构建智能交通综合信息应用平台，给出其设计方法，并分析其性能。

5.5.1 平台设计可行性分析

以城市为例，道路包括主干道、高架桥、快速路等，交通参与者有行人、机动车驾驶人和非机动车驾驶人，公安交通管理部门通过技术手段、管理策略、管理措施等实现交通的有序、畅通，从而达到一定程度的智能化。电子技术、网络技术、计算机技术是智能交通的支撑技术，为了获取和共享交通信息，实现交通资源合适配置，公安机关自建许多设施，如智能交通信号控制系统、闯红灯自动抓拍系统（电子警察）、智能卡口系统、交通信息发布系统、道路交通视频监控系统、公安交通便民服务系统等，还有通过技术手段获取的社会相关信息，如停车场信息、天气状况信息等。得到的这些信息有结构化、非结构化和半结构化类型，如电子警察和智能卡口抓拍的车辆图片、视频监控产生的录像均属于非结构化信息。这些信息，信息量大，种类较多，且具有可预测未来或分析其内在规律的价值，因此具有大数据特征，可用大数据技术进行处理分析。另外，以上所述各系统间目前已实现了部分数据共享，但共享程度较低，还未真正融合，有必要建设一个智能交通综合信息应用平台，实现智能交通的信息收集、存储、应用为一体及高度共享。再者，各种智能设备的应用、网络安全技术的发展，为交通参与者及时提供信息服务成为可能。基于以上因素，用大数据技术构建智能交通综合信息应用平台是必要的，也是可行的。

5.5.2 智能交通综合信息应用平台的构建

（1）平台的基本体系结构

根据可行性分析，智能交通系统由多个子系统组成，包括智能信号控制系统等，这些系统各自担负着不同的任务，实现各自的功能，采集和使用交通信息。为了达到交通要素的最优配置，可构建智能交通综合信息应用平台，使各子系统间相互配合、共享信息，形成一个有机整体。平台基本体系结构如图 5-10 所示。

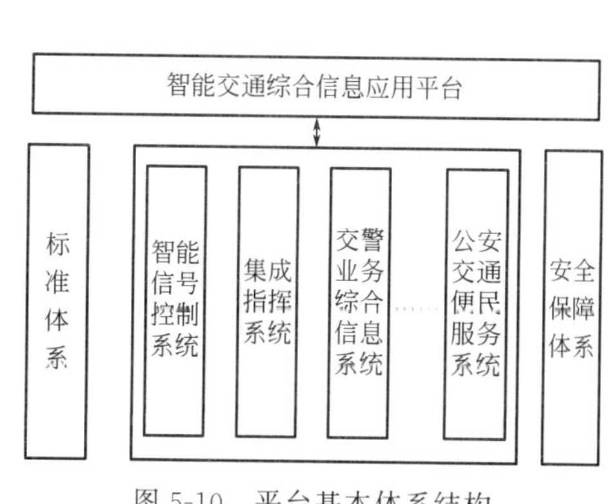

图 5-10 平台基本体系结构

平台与子系统间的关系：平台可以调用各子系统，各子系统向平台传递数据，供平台整合分析，开展综合应用；平台也可以向各子系统推送信息、下达指令，这样既保证了各子系统的相对独立，又有利于数据资源共享。依据公安交警目前的业务，这种结构是合理的。标准体系主要规范数据标准，以及各种软、硬件的接口标准，保证各种对接的顺利实现。安全保障体系的功能是实现网络安全、主机安全、数据安全等，保障平台的正常运行。与平台相关联的子系统，有的是跨网运行的，如公安交通便民服务系统，既有互联网端的部分，又有公安交通业务专网端的部分。这样平台本身部署在公安交通业务专网内，但要与互联网端的系统交换数据。因此，平台在进行不同网之间的数据交换和共享时，要有一个安全的通道，如图 5-11 所示。

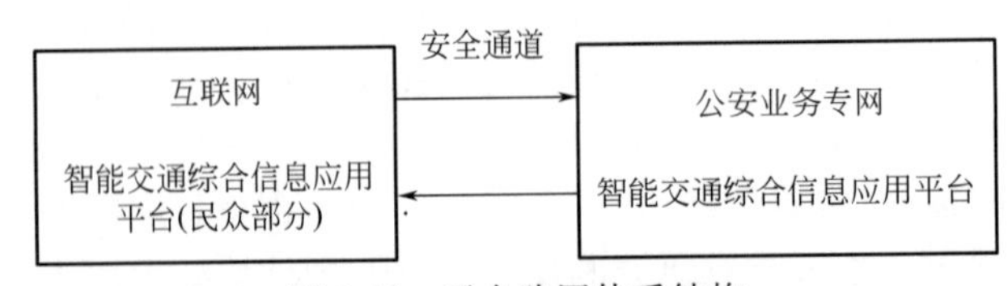

图 5-11　平台跨网体系结构

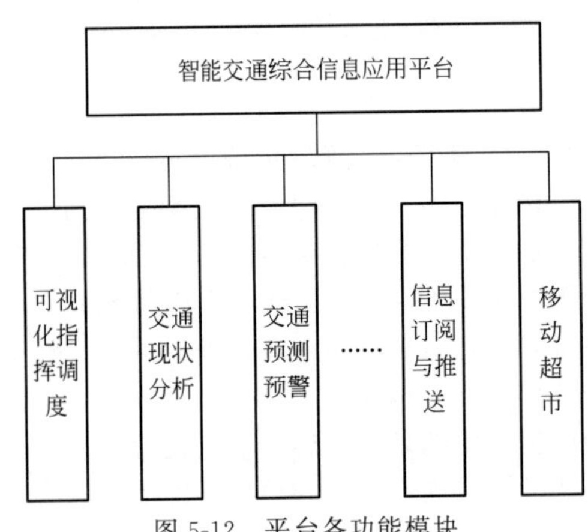

图 5-12　平台各功能模块

(2) 平台功能设计

智能交通综合信息应用平台既有包含的各子系统自身具有的功能，也有经信息共享后可实现的功能，同时还有在公安交通业务专网内供民警使用的用于交通管理的功能，以及互联网端服务民众的功能。平台各功能模块如图 5-12 所示。

可视化指挥调度：基于地理信息系统，利用视频监控系统、车辆检测系统、信号控制系统、车辆拦截系统、有线无线通信系统、交警业务综合信息系统等，提供实时或即时信息，实现对交通的智能指挥调度。

交通现状分析：利用部署在前端的各种设备采集的信息，综合分析交通的现状，如拥堵、各停车场利用率、违法行为等。

交通预测预警：平台利用拥有的各种数据，对未来交通情况进行预测预警，为交警和公众提供必要的信息。

信息订阅与推送：指公民对某类信息或事件有需求，可订阅这类信息，平台可及时将订阅的信息发送至订阅人。当公安交通部门有重要信息要分布时，平台会将此类信息推送至每一个用户或者一个特定用户。

移动超市：平台支持各种移动智能终端的应用，如平板电脑、智能手机等设备。

(3) 智能交通综合信息应用平台大数据架构

公安交通部门获取信息的途径有三种：一是公安机关自身办公、办案时产生的信息，这可通过业务信息系统和技术信息系统获得，如车辆驾驶管理系统、雷达测速系统等；二是通过政府部门间共享的信息，如城管、交通局、气象局等；三是整合社会资源获得的信息，如停车场系统、小区车辆管理系统等。这些信息种类多，既有结构化的，又有非结构化的，并且量大，传统的数据处理技术已不能很好地处理这些信息，搭建科学合理的数据处理架构，可为数据的综合应用提供有力的技术支撑。根据智能交通涉及的数据特点，利用大数据、云计算技术、构建智能交通综合信息应用平台。

5.5.3 基于大数据技术的平台总体框架

大数据技术分为基础技术和应用技术，基础技术主要是指对各种数据库的基本操作和管理，以及适用于不同场景的数据处理技术；应用技术主要是指结合行业应用而产生大数据技术，如模型、算法等。而在构建智能交通综合信息应用平台时，大数据基础技术和应用技术都要用到。平台系统架构如图 5-13 所示。

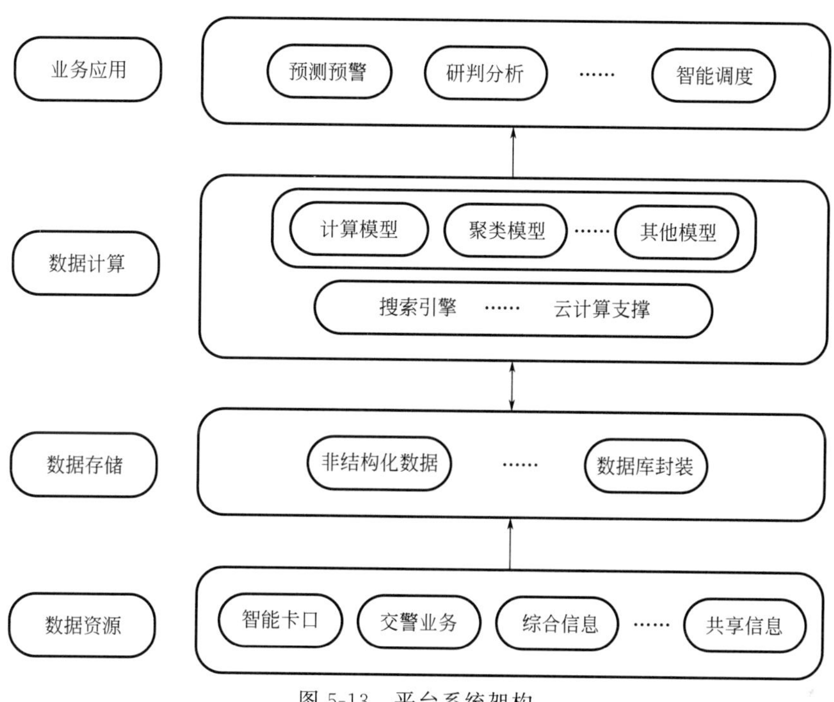

图 5-13 平台系统架构

数据资源：主要是指通过各种系统采集的数据，如智能卡口系统、视频监控系统、车辆查验系统、社会停车场管理系统、高速交通管理系统等，这些数据经初步处理后，送向数据存储层。

数据存储：数据资源层送来的数据，大致可分为结构化、非结构化和半结构化数据。由于数据量大，结构复杂，应用内存型、传统关系型和文件系统型三种不同类型的数据存储管理技术。按照数据类型、数据规模、使用频率等关键要素分类制定不同的数据存储结构和存储策略，对基础业务系统产生结构化数据，利用 Oracle 等关系型数据库存储管理；对视频图像资源、文本信息等海量非结构化、半结构化数据，利用 Hadoop 的大数据分布式文件系统和 Hbase 数据库存储管理；对使用频率较高、规模有限的专题应用数据，采用大数据分布式数据库 MPP 存储管理。

数据计算：这一层包含内容较多，有静态数据计算和动态数据计算，还有各种分析模型、算法，基于综合分析的业务逻辑规则，可图形化、智能化、分步骤、流程化建立分析模型，支持分布式运算、通用数据统计分析、聚类分析、语义分析等算法的封装和应用。也有各种数据分析挖掘引擎，如基于 Storm 的实时流处理引擎、基于 Hive SQL 的结构化分析引擎、基于 Spark 的机器学习引擎、非结构化数据处理引擎等。由于 Hadoop 体系不具有向用户主动推送实时信息的功能，而这项功能是智能交通所必须具备的，所以，需要在 Hadoop 原体系中创建一个中心，负责对信息的过滤和实时推送。

业务应用：智能交通信息共享者包括公安交通管理部门、政府其他部门、广大民众等。公安交通管理部门方面，主要指民警的日常工作业务，如车辆异常状态分析、交通状况的研判等。政府其他部门应用方面，平台可将信息推送至电子政务网，供交通、城管等部门运用。民众应用方面，主要是便民服务，通过安全通道，将相关信息送至互联网平台，实现各种便民服务的功能。

(1) 平台的特点

该平台采用大数据技术中的分布式数据库（Hbase），可对海量数据进行有效的管理，分布式的搜索引擎构架，可提供海量数据的秒级查询响应。分布式的计算框架可对海量数据进行深入挖掘，支持高效迭代算法的 Spark 集群计算框架，可提升多种不同类型、数据挖掘算法的性能。具有较强的集群系统计算资源和集群扩容能力。检索功能强大，支持多条件查询、相似性查询、模糊查询等。具有高效强容灾备份的机制，集群中的单点故障不影响查询功能。

(2) 平台的云计算支撑

云计算技术与大数据技术的相同和差异之处，前面已给出了说明，有的公安机关已建设了云计算中心，一个公安机关只有一个云计算中心，但可以有几个以大数据技术支撑搭建的业务平台，如视频监控大数据平台、智能卡口大数据平台等，这些大数据平台应用由云计算中心统一调度、管理，实现数据存储、计算等资源的合理分配，并由云计算中心对公安机关内部和外部提供服务，智能交通综合信息应用平台涉及互联网的信息，实际上是由公安业务专网端的云计算中心完成的，云计算中心是智能交通综合信息应用平台的支撑，具体构建如图 5-14 所示。

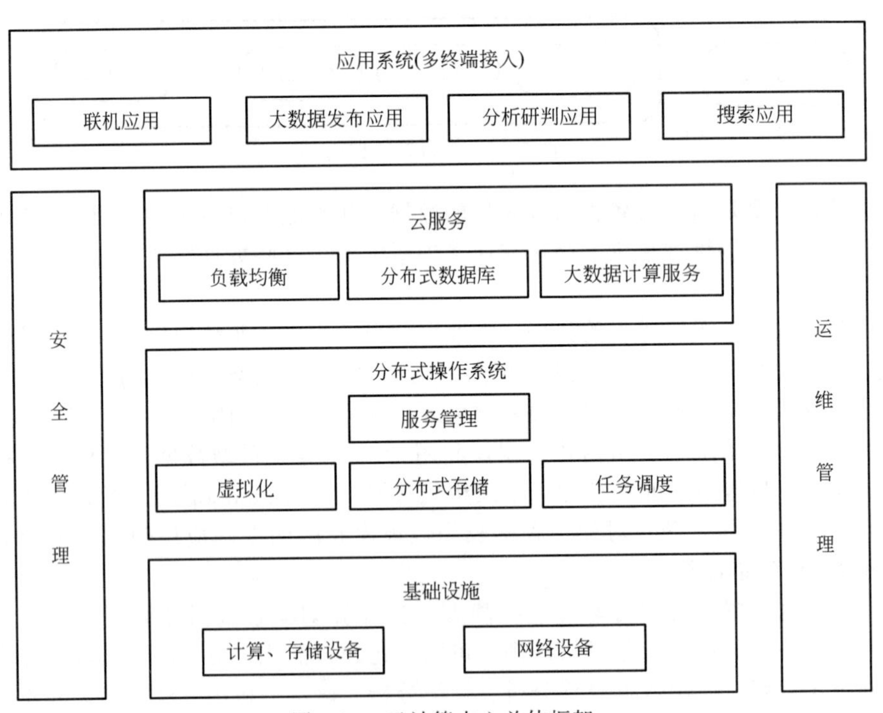

图 5-14　云计算中心总体框架

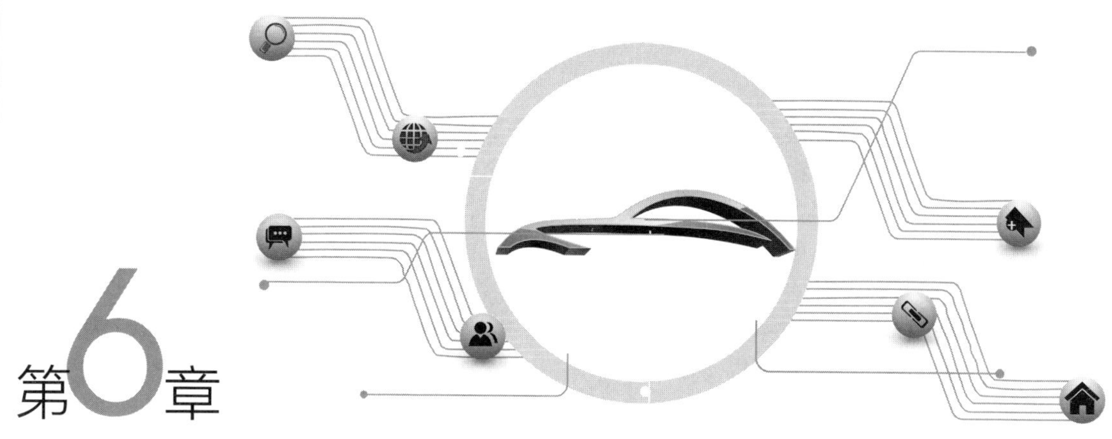

第6章 智能交通地理信息技术

6.1 地理信息技术

6.1.1 地理信息系统概述

地理信息系统（Geographic Information System，GIS）有时又称为“地学信息系统”或“资源与环境信息系统”。它是在计算机硬、软件系统支持下，对整个或部分地球表层（包括大气层）空间中的有关地理分布数据进行采集、储存、管理、运算、分析、显示和描述的技术系统。

地理信息系统是一种特定的十分重要的空间信息系统，人类生存的地球中的万物与其空间位置有着密切的关系。如何利用计算机技术处理空间相关信息是GIS产生和发展的原动力。1963年，加拿大测量学家R. F. Tomlinson首先提出“地理信息系统”这一术语，并建立了世界上第一个实用的地理信息系统——加拿大地理信息系统（CGIS），GIS技术在国防、资源管理、城乡规划、灾害监测、环境保护等重要领域的成功应用，极大地推动了社会生产力的发展。

6.1.2 地理空间信息的数据模型

数据模型是现实世界的模拟。一般来说，数据模型是严格定义的一组概念的集合，它是数据库系统的核心和基础，通常由数据结构、数据操作和完整性约束三部分组成。随着计算机技术的不断发展，应用领域不断扩展，数据模型的应用范围也在拓展。广义来说，数据模型是对象的表达和管理方法，是按一定方案建立的数据逻辑组织方式。将复杂的地理事物和现象抽象到计算机中进行表示、处理和分析，其结果就是空间数据模型。空间数据模型是利用地理信息系统工具来解决现实世界中问题的一个关键环节。

时态地理信息系统属于地理信息系统中的一种，主要是用来存储并处理地理实体或现象随时间变化的一种系统，其中时空数据模型是整个时态GIS理论中最为核心的内容。

(1) 时空数据模型的抽象层次

数据模型是连接现实世界和计算机世界的桥梁。通过对地理实体从现实世界到计算机内部表示的不断抽象，GIS数据模型由概念模型、逻辑数据模型和物理数据模型三个有机联系的层次组成。在GIS中，概念模型层可分为基于场（地理位置）的模型和基于对象的模型。

在信息系统中，这两种模型通常分别用栅格和矢量数据模型来实现。按数据模型不同抽象层次，可将现有时空数据模型分为三类。一类是概念模型，当从时间及空间领域本质概念的角度来考虑，有相当一部分研究是对传统的空间栅格、矢量表示方法进行时间维上的扩展，形成了基于场与基于对象的时空数据模型。四维时空模型、矢量栅格一体化模型也是在此基础上的发展。而从数据库设计的角度，在考虑时空数据存储时，形成了如序列快照、基态修正、时空复合模型等。另一类是逻辑数据模型，这种模型注重在计算机上的实现，需考虑与现有技术的结合，实现兼容与实用，如非第一范式、面向对象的时空数据模型等。还有一类是物理数据模型，主要涉及时空数据的存取方法，如时空索引。

（2）通用模型和应用模型

如果说数据模型的三个层次是“三横”的话，通用模型和应用模型则是时空数据模型研究的“两纵”。时空数据模型按所研究目标的普遍性和特殊性，划分为通用型时空数据模型与应用型时空数据模型。前者总结不同应用领域地理事物和现象的时空变化特点，抽象出共性和一般规律进行数据模型设计，可作为商用时态 GIS 或 DBMS 软件的基础；而后者则针对某一具体应用领域的时空变化特点进行数据模型设计，因为考虑到要在商用时态 GIS 平台软件上的使用，它的设计要参考通用型时空数据模型。通用型时空数据模型和应用型时空数据模型是相互推动综合发展的。这里要说明的是，不同学者在此项分类研究中所采用的措词或划分方法存在略微的差异，有的把通用型模型称为统一、规范、基础模型等。目前规范化的时空数据模型还处于探索阶段。

（3）概念模型

这里先从时间及空间领域本质概念的角度来讨论问题。

① 离散变化和连续变化。时态 GIS 的一个主要目标是表达、跟踪现实世界的变化。根据地理事物和现象的空间形状、位置以及专题属性随时间变化的快慢与频率，可将地理时空变化分为离散型变化与连续型变化两类。离散型变化如行政区划调整、地籍变更、管线的改道等，这类变化多为离散型的质变，变化的量值在时间轴上不可内插。连续型变化如地震运动、洪水、森林火势的蔓延、暴雨云团的移动、冰川移动、沙丘移动、汽车等移动物体的运动等，其最大特点是状态改变频繁，当前的状态可能下一秒就已经改变。当然根据时间的不同，离散型变化和连续型变化可以转化。

② 时间模型。如何组织时间表达地理实体的时空变化特性是时空数据建模研究的重点。最初，人们将时间概念理解为与空间正交的另一维，对时间的表达通过时间的尺度，用时间标记的方法记录和保存历史对象。而时间可以通过变化来表达，可以把离散变化描述为事件或事件集。事件是一种带时间的活动，是时空目标状态开始或终结的标志，或是时空目标状态变化的原因。可以将时间理解为事件序列的表现形式，时间上的位置成为记录变化的主要组织基础，所有的变化被表达为通过时间的事件序列。由此就建立起了基于事件的时间模型。

基于事件的模型能很好地处理离散变化，但很难处理连续变化。在现实世界中有许多地理现象的变化是连续的，都伴随着复杂的时空过程。对于宏观复杂现象，单纯研究实体的个体变化没有意义，需要对相关实体及其整个时空发展过程进行建模，需要进一步研究不同时空过程或现象之间的时空关系。所以我们将这样的连续变化表达为一个时空过程，这个过程可能采用数学模型或其他方法来描述。由此可以建立起基于过程的时间模型。需要注意的是，这里所说的基于过程是表达连续变化，连续变化用过程来表达。而有的研究所论述的基于过程实际上是表达一个业务流程，其中有许多事件组成。

空间数据模型中，在基于场模型和对象模型的基础上，组合上面两种时间模型，就可以

划分出四种时空数据的概念模型：对象事件模型，对象过程模型，场事件模型，场过程模型。其中，基于特征的时空数据模型就是属于对象事件模型的研究。而有很多研究侧重于事件的表达。对象过程模型的一个重要研究领域是移动对象，场事件模型也有学者进行了深入探讨。场过程模型是一个正在发展的方向。

③ 基于特征的时空数据模型。地理特征是地理现象的高度概括，其不仅具有空间成分，还具有专题和时间成分。特征的三个部分在基于特征的模型中具有同等的重要地位。传统的基于分层的数据模型缺乏对地理实体或地理现象的显式定义和内在关系描述，在支持数据共享及 GIS 互操作方面，在支持 GIS 复杂地理分析方面都存在着不足。为了克服上述问题，为了更好地表达现实地理世界，将表达地理现象的完整的空间信息、专题信息和时间信息有机地结合起来，基于特征的时空数据模型成为新一代的核心所在。

需要注意的是，基于特征的模型侧重于概念模型，是空间数据模型中基于对象模型的一种，而面向对象的方法侧重于数据模型和数据结构，可以较好地应用于逻辑模型设计和数据库的物理实现。也就是说，基于特征的时空数据模型可用面向对象的数据模型和方法来实现。

④ 基于过程的模型。时空过程是地理学与环境研究的主要内容。自然界的各种现象，水灾、地震、暴风雨、滑坡、泥石流等都伴随着复杂的时空过程，而且都会使局部地理环境发生快速而巨大的变化。人类社会各种现象，人口迁移、城市化也都伴随着复杂的时空过程。这些自然过程和人文过程还相互作用、相互反馈。在对这些地理现象的研究中，需要处理具有时空连续特性的动态现象或过程，需要完整地表达和分析动态现象的特征与变化规律。为此，必须使 GIS 具备对动态现象或过程的管理、处理和分析能力。从时空以及过程的特性出发，发展 GIS 对时空过程分析与处理的方法成为基于过程的数据模型的一种地理信息系统。

⑤ 时空数据存储的概念模型。现在从数据库设计的角度来讨论问题。谈到时空数据模型，大家首先想到的就是快照、基态修正、时空复合等模型，这些模型是对时空数据存储而言的，属于时空数据库的概念建模阶段，因为也是研究时空数据的组织问题，所以也称为数据模型。很多时空数据模型的研究也是在这些模型的基础上进行扩展、改进的。

（4）逻辑模型及实现技术

目前，时态 GIS 数据模型的实现方法主要有两种：一是扩展传统的关系模型；二是采用面向对象的方法。

① 关系模型及其扩展。传统的数据模型以关系数据模型为基础，把时间看作附加的属性数据。在关系型方法中，根据其扩充时态性所基于的不同级别，可分为关系级方法、元组级方法和属性级方法，它们分别是在关系级、元组级和属性级上处理时间。在关系级的结构中，所有没发生变化的对象及性质被重复记录，造成不变对象数据的冗余存储。记录级的结构，时间标记在记录水平，适合传统关系模型的要求，也是人们大多集中研究的方法。属性级的结构要求在一个属性字段中能够存放多个属性值，这不符合关系模型的基本范式要求，难以运用关系代数进行运算。

② 面向对象方法。面向对象方法是支撑空间复杂对象建模的最有效手段，其最基本的优点就是打破了关系模型范式的限制，直接支持对象的嵌套和变长记录。应用面向对象方法进行时空数据建模，发展时空数据模型是研究时态地理信息系统数据模型的一个重要方向。

目前面向对象的方法在时空数据模型研究领域有三个不同但联系紧密的应用，可以对应

GIS数据模型三个不同抽象层次：面向对象的时空数据建模（设计和分析），面向对象的时空数据模型，以及面向对象的数据管理。这样，面向对象的方法提供了从概念模型到逻辑数据模型以至物理数据模型一致的表示方法，模型抽象的各个阶段可以自然过渡，不需要人为地进行模型转换，特别是概念模型和逻辑数据模型之间的界限变得模糊起来。

③ 对象关系模型。面向对象的数据模型表达能力强，但不易实现；关系模型语义简单，实现较容易，但不适合表达复杂对象。对象关系模型则可以综合两者的优点。短期内将时间和空间结合到时空数据模型的一种可操作的方法仍然是利用现有的广为GIS采纳的ORDBMS。

(5) 物理数据模型

物理数据模型是数据抽象的最低层，主要包括时空数据的物理组织。现在的研究主要涉及时空数据的存取方法，如时空索引。到目前为止，综合考虑时间和空间因素的索引比较典型的有四种，即MR-trees、RT-trees、3DRtrees和HR-trees。

因为对于时空变化的认识还不完全，对时空内涵、变化对象与变化过程的表达方式复杂多样，时空数据模型的研究还在不断发展，完备的分类研究还将继续。

6.1.3 地理信息系统的功能

(1) 地理信息系统的基本功能

① 收集和录入数据。地理信息系统中的一个主要的功能就是对数据进行收集和输入，数据的收集和录入指的就是，系统在对数据进行处理的过程中，将外部的原始数据传送到地理信息系统内部的过程，我们就称为信息的采集和录入，在数据传输的过程中，也会发生格式之间的转变，会由外部的格式转化成内部较为方便处理的格式。对于信息的录入来说，它有许多种方式，主要有图形的数据录入，栅格的数据录入，以及数据录入和属性的数据录入等。

② 管理和记录数据。地理信息系统对于数据的管理和记录指的是，所需要记录的数据通过某种合适的方式，被记录在计算机的内部，或是计算机外部的某一储存介质之上，数据所选取的储存手段和数据的文件组织之间有着密不可分的关系，主要在于对于记录建立过程中所存在的逻辑顺序，也就是数据所选择储存的方位，从而便于提升数据存取的速度，对于属性数据管理来说，通常情况下，都是利用商用的关系来对数据库中所储存的数据进行统一的处理和管理，在数据管理的过程之中，GIS技术是一个核心的储存方式。

③ 空间查询与分析。在地理信息系统中，最核心的一个功能就是空间的查询与分析，同时，它也是地理信息系统所有功能中最为重要的一个。空间的查询与分析和其他的信息系统之间的特征有着明显的区别。空间的查询与分析这一功能，主要包含了对数据进行操作和运算，同时达到数据的查询和检索，以及分析数据的目的，可以对数据所储存的文件以及装置进行查找，从而筛选出所需要的数据，通过空间的查询与分析，可以对系统整体的评价以及决策的能力进行大幅度的提升。

(2) 地理信息系统的应用功能

① 盘点资源。在地理信息系统中，它的功能最为常见的一个体现就是对资源进行盘点，资源盘点的意思就是，通过充分的应用地理信息系统，将各方面的数据集合在一起，通过对数据进行统计和分析，根据数据的来源以及属性的不同，然后以组合的形式，对资源展开原始数据的快捷重现，如此，不仅可以对已经拥有的资源进行合理而充分的利用，同时也可以为一些数据的管理和开发提供一定的可靠依据。

② 规划城乡建设。在对城乡进行规划的建设过程中，由于会遇到不同种类和不同特征

的问题，而且通常情况下，这些问题所包含的方面较广，它不但涉及人口、环境、交通、金融等方面的内容，同时还包含了教育、文化以及资源等方面的内容，这也就意味着需要大量的地理交通数据，而充分地应用地理信息系统中所具备的数据库管理，不仅可以将有效的数据和信息集合到一起，同时也可以为城乡建设的规划提供一个更加准确的信息，进行城市之间的开发和规划，对城市建设中的环境质量、道路规划以及公共设施的分配，都可以起到一个实时监测的作用，正是由于这些数据的功劳，不仅可以为规划和建设的目标得以实现提供有利的条件，同时也可以提供一些空间搜寻的方法，使信息叠加在一起，确保城市规划建设更加准确和科学。在整个地理信息系统应用的过程之中，不仅可以满足城乡建设所提出的要求，同时，地理信息系统也成为城乡规划建设中的一个重要的手段和信息检索工具，为城乡建设工作的展开贡献了力量。

③ 展开土地调查。对土地进行调查、登记、统计、评价以及使用情况的总结等方面的内容，我们统称为土地调查。对于土地调查来说，它所涉及的数据包含了各个方面的内容。例如，房屋所在的位置和区域，房屋所属地区的名称，房屋的面积，房屋的类型，房屋的权属，房屋的地价，以及房屋所处的地理位置等，都会涉及大量的数据内容。通过充分地应用地理信息系统，就可以对以上这些内容相关的数据进行统一的收集和操作，在相关的用户有需要的时候，可以在第一时间内为用户提供这些可靠的信息，从而使土地的调查变得更加科学和可靠。同时，在土地调查的领域，地理信息系统的应用也最为广泛。

④ 交通运输管理。除了在土地调查的领域，地理信息系统获得了广泛的应用之外，在交通运输管理方面，地理信息系统也得到了充分的体现，地理信息系统在交通运输管理的过程中，它的应用主要体现在了交通部门之上。交通部门在实行工作的过程中，往往都应用到了交通地理信息系统，其中包括了图像的制作、编辑以及测量等功能，主要是对于空间上的一些数据属性进行录入和储存，并制成相应的图像，实时空间的分析。交通地理信息系统还可以对某一段的地形展开动态的分析，从而提出路径优化的对策。地理信息系统是空间分析功能的一个核心组成部分，它可以对地形进行分析，从而提供出最优化的路径方案。这样便可以为交通运输管理工作提供十分便利的条件，通过对数据的分析，规划出最为合理的路径，不仅节省了工作的时间，也提升了工作的效率。

6.1.4 地理信息技术新进展及应用

地理信息技术的核心是“3S”技术，包括地理信息系统（GIS）、遥感（RS）、全球定位系统（GPS）。但是并不局限于3S技术，还包括虚拟环境、网络GIS等其他技术。

通常情况下，道路交通一般包含以下几个方面：其一，交通基础设施建设；其二，管理调度监控；其三，车辆运输的调度监控。以上这些领域中都使用了GIS技术，同时在必要的情况下还和GPS等新型技术共同使用，为进一步加快道路交通信息化建设的脚步打下扎实的基础。如在道路规划设计中会使用到诸多的地形数据信息，同时占据一半以上的信息都会呈现出三维空间的特点。针对地面数据的获取来说，应当主动运用GPS、RS等新型技术，并建立相应的GIS数据库，采取有效措施，将道路GIS有机地和CAD系统巧妙结合在一起。除此之外，借助于互联网发展Internet GIS或Web GIS，还可以实现远程地理空间数据的查询，其中包含了图像以及图形，同时还能够深度剖析不同种类的地理空间。

(1) 地理信息技术新进展

① 新一代三维GIS技术。地理信息系统是一种处理和分析海量空间数据的技术。三维地理信息系统的产生来自于社会需求导致的两个逐渐成熟的技术的组合。根据地理信息系统

的构成，随着各种分析模型的成熟，表现手段随着计算机硬件的更新有了很大的提升空间。将地理信息系统进行三维可视化的技术从 20 世纪 80 年代末开始成为研究的热点，主要涉及数据库、地理信息系统、计算机图形学、虚拟现实等。针对不同领域，三维地理信息系统可以根据不同的需求进行相应的改进。GIS 技术具备诸多功能，如数据处理功能、空间分析功能等，所以能够提供相应的数字地形模型（DTM），同时也具备了非常广阔的三维交互地形可视化环境。

IT 技术推动三维交互与输出新技术的发展，如基于 Web GL 的“零客户端”技术、虚拟现实（VR）技术、增强现实（AR）技术、3D 打印技术等。

数据升维推动三维 GIS 的发展。多源三维数据融合技术：数据包括倾斜摄影三维数据、激光点云数据、BIM 数据、三维场数据、三维地形数据、手工建模数据、符合化三维场景、地下管线数据。二三维一体化 GIS 技术：符合化三维建模、数据存储一体化、分析功能一体化、软件形态一体化。

数据模型全面升级。二三维数据模型：三维点/线/面/体、三维网络、不规则四面体网络（TIM）、体元栅格（Voxel Grid）、二维点/线/面、二维网络、不规则三角网（TIM）、栅格（Grid）

② 大数据 GIS 技术。大数据 GIS 技术体系包括两个非常重要的方面。

a. 空间大数据技术，专门针对空间大数据的处理和挖掘。空间大数据技术包含 4 个方面，分别是空间大数据的分布式存储技术；大数据的空间分析；流数据分析；大数据空间可视化。

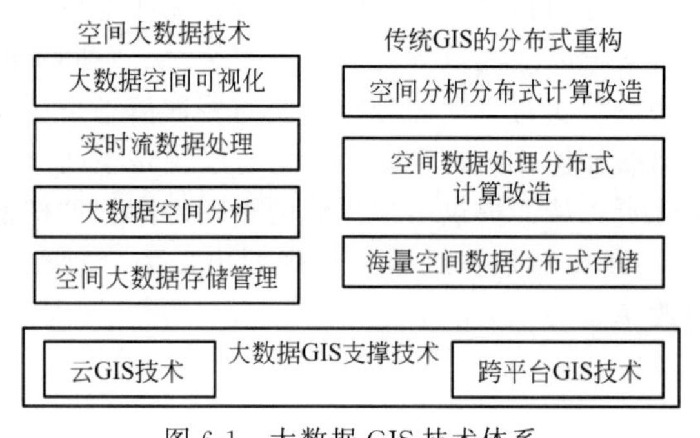

图 6-1　大数据 GIS 技术体系

b. 传统 GIS 的分布式重构，专门针对经典空间数据的管理和分析。同时，还包括大数据 GIS 支撑技术，即云 GIS 技术和跨平台 GIS 技术，用于提供弹性的资源和服务以及跨平台的访问和应用能力，如图 6-1 所示。

③ 大数据 GIS 支撑技术。云计算作为计算资源层，可以支撑上层的大数据处理，没有云计算的大数据是“空中楼阁”。因此，云 GIS 也就是大数据 GIS 的支撑技术。云 GIS 技术可以归纳为“4+2”，即 4 大服务器软件和 2 大关键技术。4 大服务器软件包括基于微服务架构的 GIS 应用服务器（如 iSever）、云 GIS 门户平台（如 iPortal）、分布式加速的 GIS 分发服务器（如 iEx-press）、云 GIS 服务管理器（如 iManager）；两大技术包括支持虚拟化，支持容器（Docker）技术和云端互联技术（无缝连接桌面、组件、移动、浏览器端）。

跨平台 GIS 技术是大数据 GIS 的另一个支撑技术。IT 大数据相关的不少技术都原生于 Linux，如 Spark、HDFS 和 MongoDS 等都产生于 Linux 社区，且 Linux 性能更高、稳定性更好。

④ 构件式（ComGIS）技术。构件式软件技术成为当今软件技术的潮流之一，它的出现改变了以往封闭、复杂、难以维护的软件开发模式。ComGIS 便是顺应这一潮流的新一代地理信息系统，是面向对象技术和构件式软件技术在 GIS 软件开发中的应用。

ComGIS 的基本思想是把 GIS 的功能模块划分为多个控件，每个控件完成不同的功能。各个 GIS 控件之间，以及 GIS 控件与其他非 GIS 控件之间，可以方便地通过可视化的软件开发工具集成起来，形成最终的 GIS 应用。控件如同一堆各式各样的积木，分别实现不同的功能（包括 GIS 和非 GIS 功能），根据需要把实现各种功能的“积木”搭建起来，就构成地理信息系统基础平台和应用系统。组件软件的可编程和可重用的特点在为系统开发商提供有效的系统维护方法的同时，也为 GIS 最终用户提供了方便的二次开发手段。因此，ComGIS 在很大程度上推动 GIS 软件的系统集成化和应用大众化，同时也很好地适应了网络技术的发展，是一种 WebGIS 的解决方案。

⑤ 网络 GIS（WebGIS）技术。飞速发展的 Internet/Intranet 已经成为 GIS 新的系统平台，利用 Internet 技术在 Web 上发布空间数据供用户浏览和使用是 GIS 发展的必然趋势。从“www”的任一节点，Internet 用户可以浏览 WebGIS 站点中的空间数据、制作专题图，进行各种空间检索和空间分析，这就是基于“www”的地理信息系统（WebGIS）。WebGIS 要求支持 Internet/Intranet 标准，具有分布式应用体系结构，它可以看作是由多主机、多数据库与多台终端通过 Internet/Intranet 组成的网络，其网络 Client 端为 GIS 功能层和数据管理层，用以获得信息和各种应用，网络 Server 端为数据维护层，提供数据信息和系统服务。

WebGIS 是 GIS 走向社会化和大众化的有效途径，也是 GIS 发展的必由之路。

⑥ 嵌入式 GIS 技术。嵌入式 GIS 是 GIS 与新兴嵌入式硬件相结合的一个产物，是原有的 GIS 领域的分支与延伸、补充与发展。嵌入式 GIS 从一出现就与应用密切相关，从车载自导航到野外测绘都是嵌入式 GIS 面临的市场需求。因此，确切地说，嵌入式 GIS 是一个新兴的应用领域。它需要三个方面的支持。

a. 硬件平台、多操作系统支持。

b. GPS 应用支持。

c. 移动互联支持。

移动通信一直与嵌入式密切相关，对移动互联的支持也是嵌入式 GIS 研究的另一个重要的方向。

⑦ 面向对象的 GIS 技术。面向对象方法为人们通过计算机直接描述现实世界提供了一条适合于人类思维模式的方法，面向对象技术的应用为描述复杂、庞大的空间信息提供了一条直观、结构清晰、组织有序的途径。在面向对象的 GIS 中，以对象为基础，所有的地物都以对象形式封装，消除了分层的概念，使系统组织结构良好、清晰，便于用户的操作和使用。

（2）地理信息技术的应用

伴随着计算机硬件的更新换代和计算机图形学的进步，三维可视化效果和地理信息系统的结合应用渗透到场景仿真、城市规划、交通指挥、智能监控等各个行业。

① 场景仿真。场景仿真是三维地理系信息系统比较广泛的应用，通过多种途径采集到的地理位置数据，经过对数据进行加工、建模、可视化，让传统的三维模型具有相应的真实地理含义，从而让使用者获得更加直观的感受，可以更加自由、快速、直观地了解某些短时间内无法全面浏览的景象。

② 城市规划。城市中的建筑，在地理信息的角度上具有不同的功能，在进行决策和规划时需要考虑相互之间的关系，而三维地理信息系统利用其良好的空间分析和三维可视化功能发挥了很好的作用，通过真实的地理位置数据建立城三维市空间模型，为模型添加功能、结构属性，使其具有地理信息含义。

③ 交通指挥。道路交通系统中包括多种类的传感器可以获取不同维度的交通信息，如何有效利用多维度的信息提高交通运输效率和减少交通事故危害成为信息技术背景下的重点

问题，从道路交通信息中采集得到的数据进行处理和分析，产生相应的交通规划结果并可以实时进行比较和优化，对规划结果进行实时的三维展示，用于辅助决策，提高了交通管理的效率。

④ 智能监控。通过监控设备获取目标的图像，通过图像对比进行定位，将位置信息附加到三维场景中，实现摄像头采集位置信息。

随着时间的推移，地理对象的特征会发生变化，而这种变化可能是很大的，对于这样的应用背景，如何设计并运用四维 GIS 来描述、处理地理对象的时态特征是 GIS 的一个重要研究领域。

6.2 智能交通地理信息系统

6.2.1 交通地理信息系统

我国作为发展中国家，从 20 世纪 80 年代以来，随着经济的发展，城市交通需求迅速增加。近年来，机动车保有量保持快速增长态势，2018 年 9 月底，全国机动车保有量达 3.22 亿辆，其中汽车保有量达 2.35 亿辆，占机动车总量的 72.91%。2003 年，全国仅有北京汽车保有量超过 100 万辆，目前全国有 49 个城市汽车保有量超过 100 万辆，19 个城市的汽车保有量超过 200 万辆，其中北京、成都、重庆、上海、苏州、深圳 6 个城市的汽车保有量超过 300 万辆。而在北京、上海、深圳这几个城市高峰时的速度仅为 10.7km/h，比跑步还慢。

一直以来，人们解决交通问题主要是采取增加道路基础设施的办法，然而，与交通量的快速增长相比，道路基础设施建设明显滞后许多。经过长期的研究与探索后发现，许多国家和城市仅依靠道路基础设施建设、提高土地利用率远远不够，交通问题的解决必须依赖现代科技与信息技术的有机结合。鉴于此，交通地理信息系统（Geographic Information System for Transportation）的发展越来越受到相关交通部门及科研人员的关注。

除此之外，由于交通数据的种类极其繁多，其中包括空间数据（路网信息、交通量信息及基础设施分布等）、属性数据（交通属性数据、路网属性数据、基础设施属性数据等）和其他相关数据（航空影像、照片、多媒体等媒体信息），而且数据量大，具有区域性、人工管理难度大等特点，势必需要大力发展交通地理信息系统。

交通地理信息系统为交通数据的自动化管理和应用提供了有效的措施。交通地理信息系统是利用空间数据库对各种不同类型的空间信息和交通信息进行分析处理的计算机软硬件系统。它是 GIS 技术在交通领域的延伸，是 GIS 与多种交通信息分析和处理技术的集成。可以为交通规划、交通控制、交通基础设施管理、物流管理、货物运输管理提供操作平台。如运输企业可以借助路径选择功能，对于运输线路进行优化选择，并根据专用地图的统计分析功能，分析客货流量变化情况，制订行车计划等。运输管理部门可以利用它对危险品等特种货物运输进行路线选择和实时监控。交通信息系统所提供的各种交通信息还可以为其他部门所广泛利用。

交通地理信息系统的主要功能有系统界面基础操作功能、地形分析功能、栅格图形图像显示功能、动态分段功能、路径优化功能及叠加功能。

① 系统界面基础操作功能用于数据采集、表达和编辑图层，主要是对空间和属性数据的采集、存储、编辑，还有专题图制作和空间分析等功能。采集功能类似于 GIS 对空间和属性数据的采集。编辑功能主要是添加、修改、删除点、线、面要素或改变它们的属性，专

题图制作功能可以灵活多样地制作显示各类专题地图。测量功能则是用于测量地图上线状要素长度和面状要素及地物的面积。

② 地形分析功能主要通过数字地面模型（DTM）技术和数字地面高程（DEM）技术相结合，将地物地貌进行三维表达，为道路规划设计创建一个三维地貌模型。

③ 栅格图形图像显示功能允许系统包含各类图片或影像，并可对这些图片或影像对应的属性数据进行叠加分析，进而对图层进行更新。如可以添加道路新的基础设施建设，如地铁、桥梁、隧道或改变地物的表达形式，更新原有的道路图层。对面状或带状图层进行叠加以标出土地的使用现状及其他属性。

④ 动态分段功能将交通网络中的线要素根据其属性进行动态相对定位，即将要素属性特征相近的连线进行划分。分段是动态进行的，与当前线要素的属性相对应，如果属性改变了，动态分段功能则创建一组新的分段。

⑤ 最短路径分析功能是交通地理信息系统的特色功能，广泛应用于城市的公交路线选线、交通相关信息的发布、交通相关的突发事件等方面，最短路径分析的算法已相当成熟。并且集成化的地理交通信息系统都将具有这一功能。

⑥ 叠加功能允许两层或更多图层在空间上进行地图要素和要素属性的比较，分为合成叠加和统计叠加。合成叠加的结果是得到一个不同于叠加前的新图层，原图层的全部特征都将显示在新图层中，而交叉的特征区域仅显示它们的共同特征；统计叠加的结果是统计一种要素在另一种要素中的分布特征。

综上所述，作为地理信息系统延伸的交通地理信息系统，其中最短路径分析、叠加分析及地形分析功能为交通地理信息系统的空间分析提供了强大的工具和广阔的应用空间。对于最短路径分析功能，近年来的交通地理信息系统更注重研究的是最优路径分析功能。随着这些功能和其他功能的完善及快速发展，交通地理信息系统为交通各部门提供了功能非常强大的空间信息服务和空间数据管理工具。

6.2.2 智能交通地理信息系统

智能交通地理信息系统主要以交通地理信息系统（TGIS）为基础，以地理信息技术为手段，将人、车和道路三者紧密协调，动态、高效地对交通进行管理的具有空间分析功能的地理信息系统。智能交通地理信息系统通过多种不同功能子系统集合而成，实现对交通的控制、管理及决策。系统主要包括 7 个方面：先进的交通管理系统（ATMS)；先进的交通信息系统（ATIS)；先进的车辆控制系统（AVCS)；先进的公共交通系统（APTS)；新物流系统（NFTS)；异常交通紧急救援系统（SEVMS)；交通设施管理系统（TIMS)。

(1) 智能交通地理信息系统的功能

智能交通地理信息系统可以实现如下功能。

① 交通信息采集功能：具有交通信息的实时自动检测、监视与存储功能，包括交通信息采集、路况信息采集、环境信息采集、车辆监视等。

② 交通诱导控制功能：通过匝道控制、诱导控制、速度控制等手段，实现对道路交通流现状分析与判断，对道路交通拥挤规范的分类与提示，进行初步的交通预测，在发现交通异常时，及时向相关交通管理人员报警、提示，为交通管理人员提供处理常见交通问题的决策预案和建议。

③ 交通管理功能：包括路政管理、协调管理、安全管理。

④ 事件处理功能：包括事件确认和事件处理功能。

⑤ 信息发布功能：具有多种发布交通信息的能力，以调节、诱导或控制相关区域内交

通流变化，还包括互联网信息服务、广播信息服务、可变情报板信息服务等。

⑥ 系统自检功能：信息采集与发布系统具有故障自检功能等。

（2）智能交通地理信息系统构件

智能交通地理信息系统是一个综合性系统，一般包括远程检测、事故处理、应急处理、地理信息系统、交通监控、统计分析、模拟仿真、信息发布、车辆控制、交通监控、运输管理、旅行信息系统等子系统。

交通地理信息系统：主要包含电子地图及数据库系统，并可实现多媒体、多比例尺双向资料查询，实现最优路径获取及信息功能推算，为相关人员的决策提供支持。

路网状况系统：以交通地理信息为基础，显示即时交通状况，对交通信息予以查询并结合查询结果选择最优路径。

指挥调度系统：在应用中可实现电子地图报警点位置及内容显示，对所显内容进行评价，为相关人员实现突发事件最优化处理提供依据及基础。

交通诱导系统：可分别应用电子地图和电子信息实现各设备及系统等的实时监控，同时对监控信息予以计算，对交通控制方案予以优化，实现交通控制。

智能交通地理信息系统硬件设备主要包含交通设施、数据传输设备及数据处理设备，交通设施对相关数据实现采集及整理，并在该项操作结束后将所搜集到的数据通过光端机向指挥中心实现数据传输，指挥中心通过计算机终端运行对应子系统实现数据处理，在此基础上向客户提供基于地理信息系统（GIS）的操作环境，将各子系统直观地显示于综合系统的相关位置，用户可针对系统中各子系统的对应位置实现管理及查询，提升交通管理工作效率。

智能交通地理信息系统模型结构中主要包含地图、车辆数据库、企业服务器、信息控制子系统、GPS 等。其中基础数据库中包含车辆及地图数据库，各子系统可将交通设备状态及路况信息技术反馈于 GIS 控制系统，具体包括两部分。

① 交通设施类构造。构造主要包含图像监控、信号控制、交通诱导、电子警察等。

② 地图显示及控制。地图中的设备及道路在显示过程中需对应图层 TMaP，每图层均具名称、表达形状类型以及绘制符号等，可在可视化地图空间中绘制，故相关的负责管理绘制图层的类 TMaPs 被抽象，在设置时将维护功能分离，抽象图层集类 TMaPs 实现对各图层的单一化管理，负责图层添加、删除等。

（3）智能交通地理信息系统——城市交通智能调度系统应用分析

城市交通智能调度系统就是将一些诸如 GPS 定位仪以及自引导提示器等高技术设备结合起来，实时不断地与信息中心进行数据交换，给驾驶员设计出一条不堵车的路线。现在全国许多大城市都有自己的交通信息广播电台，通过不断地广播告诉驾驶员哪些路段堵车，哪些路段通畅。驾驶员可以避开堵车路段，以最快的速度到达目的地。这种凭借广播的信息传递加上驾驶员对整个城市的熟悉情况共同组成的系统就是智能交通的一种雏形。

现代的智能交通系统是借助卫星提供的地理位置信号，同时将交通信息中心提供的路面情况信息进行智能化处理的系统。驾驶员只要将目的地告诉计算机，计算机就能根据当时的情况设计出一条最佳路线（时间最优、距离最优等），并在行驶途中不断进行语音提示，诸如“前方路口并第一条车道然后向左转”“前方弯路，注意减速”等来指导车辆行驶。这种系统还可以在汽车行驶途中根据交通信息中心提供的动态信息，实时地调整行驶的路线以确保行驶过程的快捷通畅。

智能车辆调度系统只是智能交通系统的一个方面而已。除此之外，交通信号智能控制系统能根据通行路段的实际情况对交通信号灯进行实时有效的控制，避免更多的车进入拥堵路段；高速公路上能在车辆高速通过的情况下对车辆进行自动收费、查验和罚款等措施。

6.3 智能交通地理信息数据模型

时空数据模型是地理信息系统对现实世界地理空间实体、现象以及它们之间相互关系的认识和理解，是现实世界在计算机中的抽象与表达。GIS 时空数据模型从概念上可以分为三类：第一类是对象模型，用来描述离散空间的要素；第二类是网络模型，用来描述对象之间的连接关系；第三类是场模型，用来描述空间中连续分布的现象或者要素。目前在 GIS 时空数据模型方面的研究不少，为了建立更完整、适应面更广和更具时代特征的数据模型，应进一步推动交通地理信息系统（GIS-T）数据模型的发展及其在交通领域的应用。

交通网络的表达在 GIS-T 中处于极重要的地位，不仅交通设施管理、道路交通信息管理需要良好的数据结构，而且在路网规划、车载导航及路径优化等方面还需要拓展传统 GIS 数据结构。数据是地理信息系统的基础，数据模型则用来表达地理信息系统中数据之间的联系与逻辑组织形式。由于交通信息种类繁多，具有自身的特点，需要合理的形式进行组织，因此研究 GIS-T 数据模型具有重要的价值。

6.3.1 交通地理信息数据模型的发展

（1）传统的弧段——节点模型

最初的 GIS 弧段节点数据模型把实际交通网络表达为弧段和节点的集合。该模型表达了基本的交通网络，同时支持最短路径算法和空间拓扑分析等功能。不足之处为：如果要具体表达交叉口形式，需增加大量节点和弧段，加大了数据存储量；每增加一个节点，就要在专项数据表中增加 12 条记录，大大降低了模型效率；弧段节点数据模型中，在弧段交叉处都必须存在一个网络节点，与实际交通网络不相符；弧段与属性记录是一一对应的，不支持一对多的关系。

（2）基于定位参照体系和动态分段的 GIS-T 数据模型

线性参照体系能够对网络上的事件如路面情况、事故、交通量等信息进行存储和维护。国外的许多政府部门和规划部门都采用线性参照体系来维护相关设施信息。20 世纪 70 年代初期，NCHR（National Coorperative Highway Research）指出了定位参照方法和定位参照体系的区别及 4 种基本的线性定位参照方法，即里程点、里程位置、参照点和参照位置。交叉口参照属于参照点方法，交叉口参照方法表达更为稳定，数据存储更简洁，界面更灵活，数据转换效率更高。分段的方法随着线性定位参照体系应运而生，包括定长分段（静态分段）和变长分段（动态分段）。定长分段产生了过多的、不协调的分段，不利于网络分析和数据共享。动态分段克服了定长分段的缺陷，使路段的长度可以适应不同情况。动态分段有 4 点优势：任何一个要素的变化不会影响其他要素；容易添加和删除要素；应用时只需处理具有特殊意义的要素，减少处理和存储的数据量；一些实体可以被表述成节点或弧段，由于动态分段能够保持良好的数据结构，支持路线上的各种事件，因而得到了广泛的应用。

基于线性参照体系和动态分段的数据模型被广泛应用于交通领域。不同的领域或同一领域的不同部门的线性定位参照体系和数据模型各具特色，极不利于数据共享，造成大量资源的浪费，所以，满足复杂的交通定位系统功能要求和适用于多个部门的数据模型应运而生，如 NCHRP 模型、Scarponcini 的推广模型和 Dueker-Buter 模型。

线性定位参照体系在应用中会出现体系本身难以克服的弊病：逻辑上的路径不连续；交通设施难于唯一定位；末端呈圈状的道路不能进行唯一的线性表达；斜坡难于线性表示。

(3) 适于导航的数据模型

导航数据模型迎合了智能交通系统（ITS），使 GIS-T 数据模型能够维护弧段和节点的拓扑关系、交通要素的二维地理参照和事件的线性参照。尽管动态分段功能支持弧段的位置信息，但不能表达弧段的几何信息，如斜坡、立交桥。此外，由于各个车道的交通管制不同，需要导航。数据模型对于每个弧段加入相应的车道信息，用于提供转向、障碍、交通状态等信息，便于分析和模拟。

对节点-弧段模型进行的优化采用过两种方法。第一种方法是如果车道的数量有变化，就在变化点处加一个节点，这种方法增加了数据存储，而且通过更新现有的数据库来反映车道的变化极为烦琐。第二种方法是把车道的数量当作属性来存储。虽然这种方法更易于存储，然而却不能辨别具体哪一条车道发生变化。表达路口及平行车道连通性的一种考虑是在数据表中将一条车道在路口的转向作为车道的属性，将平行车道间的限制用弧段的属性表达。

基于导航的数据模型在 1996 年提出。构建 ITS 数据模型的另一种考虑是建立三维数据模型，此模型可以消除线性定位参照体系带来的弊病。把导航区域描述成为细的、有节点的、同轴且具有分支的表面，由此可建立适于 ITS 的三维面向对象的 GIS-T 数据模型。ITS 的发展对 GIS-T 数据模型从精度、质量和各种 GIS 数据之间的融合等方面提出了更高的要求，这促使专家学者对交通电子地图的精度、定位表达方面进行了现状总结和展望。

(4) GIS-T 时空数据模型

GIS-T 的进展可划分为 3 个阶段：地图视图、导航视图和行为视图。时态属性在满足 GIS-T 向导航视图的发展中起着举足轻重的作用，完善的 GIS-T 时空数据模型在发展中主要集中在以下几个方面：面向对象时空建模、时空语义建模、表达移到对象的数据模型、四维时空数据建模。

研究时空数据建模的几个主要机构是：欧洲科研开发 DGXⅡ委员会、美国国家地理信息分析中心（NCGIA）和 ISPRS 成立的“空间数据库的时态特征与数据更新”工作小组。尽管在 GIS 时空数据模型方面做了不少研究，但在 GIS-T 时空数据模型方面所做的研究还很少，较为典型的一种是提出了由时间动态分段支持的基于要素的线性数据模型（FBLD），针对在 GIS 网络中缺乏时态的支持及缺乏时间分段，及 GIS-T 的一些方案的实施产生的不利影响，提出了一种线性数据模型，把传统的动态分段扩展到时间域中。另外一种是针对现有数据模型的局限性，对时空过程模拟模型与 GIS 结合的方法进行了分析和讨论，提出了一个城市交通规划的面向对象时空数据模型，对城市交通规划时空数据模型的设计方法，交通规划基础信息的面要素、线要素、点要素的时空表达及规划方案信息管理进行了研究。

6.3.2 GIS-T 数据模型间的关系

GIS-T 数据模型的发展具有很大的继承性，每一种模型的改进都是建立在前种模型的基础之上的，图 6-2 描述了上述各模型之间的关系。

随着 GPS、互联网的发展，GIS-T 数据模型的发展需要迎合先进技术，进一步促进交通地理信息系统数据的共享，进一步规划、整理和完善系统的、适于互联网的 GIS 的数据模型；随着面向对象技术的日臻完善，面向对象 GIS-T 数据模型也需要进一步改进。

6.3.3 基于地理信息系统技术的公交数据模型

整合空间信息和非空间信息构建公交数据模型是城市公共交通合理规划和有效管理的基础。本书提出的公共交通数据模型可以实时建立城市公交系统并创建线路，该模型能够实现

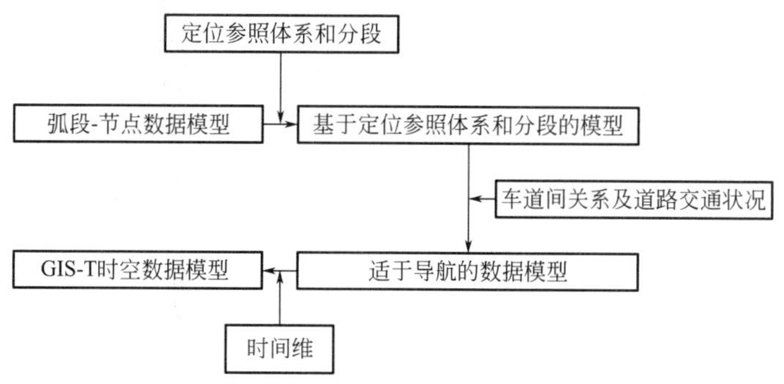

图 6-2　4 种数据模型之间的关系图

分离道路层和线路层的功能。利用站点数据和站点线路生成道路层，结合站点映射中心线来生成公共交通线路层，并通过中心线相邻站点寻找最优路径，该模型可提高线路生成的准确性，并为城市交通 GIS 的线路分析提供数据支撑。

（1）管理对象分析

城市公共交通管理对象分为物理实体和数据实体。物理实体包括道路网络、公共交通设施、线路、车辆和客运分布等客观对象。数据实体主要是公交日常运营管理数据，如出行时间表、IC 卡使用数据、流量统计、销售数据和人员管理数据等。道路网络是所有交通信息系统的基础，道路网络建模包括弧节点数据模型（平面或非平面）、行驶方向模型、车道模型等。数据实体通常以数据库表的形式存在，并且每个数据库表都通过关键字相关联。

① 公共交通设施。站台：公交车站两侧成对设置。根据实际客运量和地理位置，可分为枢纽、起止点和普通场地三种类型。其中，枢纽通常位于交通繁忙且人口众多的市中心，对城市管理和运营影响很大。车站：主要指停车场和维修场所。根据车辆数量和起止时间，停车场用于停放需要管理和调度的公交车。

② 线路。城市公交线路是每条公交线路的定向物理路径，也是城市交通中最重要的组成部分。公交线路分为单向线路和环形线路。其中，单向线路包含上行线路和下行线路；环形线路是指围绕某一区域闭合运营车辆共同组成的环行运输系统。根据固定的顺序和通过的站点，可确定公交线路的空间位置和形态。

在数据模型中，一条线路通过的站点和路段可交替连接。场地：场地是乘客上下车的位置。实际上，场地是站台在某一特定线路上的投影，其位置根据相应的场地而定。事实上，不同的公交线路可能重叠，多条线路可能通过同一个场地，即站台和场地有一对多的关系。路段：路段是相邻车站之间的线段，也是公交线路的基本单元。同时，还是沿着公路中心线中两个相邻车站的连接。图 6-3 给出了公共交通的对象关系。

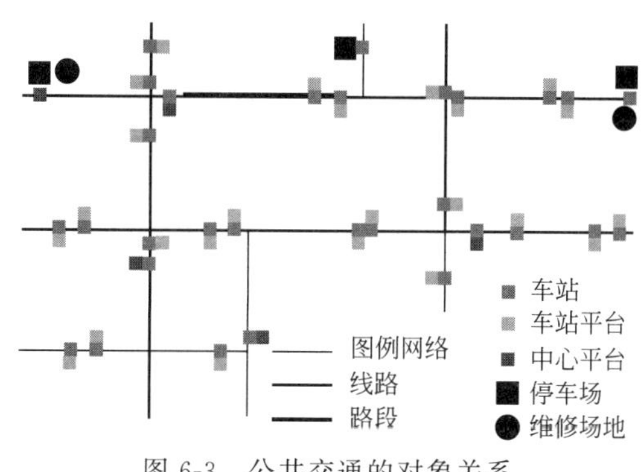

图 6-3　公共交通的对象关系

③ 操作信息。公共交通运营信息是与应用业务数据紧密相关的公交 GIS 信息，其包括频率规划、客运量和乘客收入等数据。公交运营的实际表现体现在车辆存储和组织、各线路收发类别、时刻表、运营时间间隔、运营里程管理、线路业务量和运营收入等多个方面，因此，公共交通运营信息随线路变化也会相应

改变。

④ 评估指标。城市公交线路运营应按照一般规定和标准进行规范。公交宏观指标主要涉及 7 个因素：运营网络总长度、车辆入场率、公交出行比例、公交站点覆盖率、转换系数、线路密度和线路重复系数。这些因素随着运营时间的变化而变化，这些运营时间段反映了城市公共交通分布密度、服务区域、公共出行便利性等整体状况。

（2）数据模型设计

① 整体模型。公共交通信息即城市基础设施和城市道路网络的数据信息。图 6-4 给出了城市交通信息数据模型。

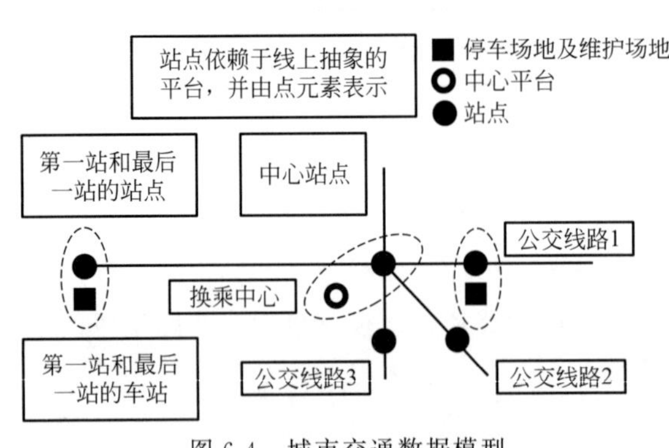

图 6-4 城市交通数据模型

在模型中，站点数据是从实际站台中抽象出来的，其中，站台可以看作是线路中的节点。每个站点都有一个独特的站台，通过其空间地理位置记录并用点特征表示。枢纽站点对应比较复杂的站台属性信息数据，且通常用多边形元素表示。所有与该站台相关的站点都与位置密切相关，停车和维护领域相对独立，可以单独表示。

② 公共交通管理对象的数据表示。公交管理中的数据内容包括公交站点、线路、线路网络和辅助业务数据 4 部分。

公交车站数据包含场地和车站两部分。车站和公交枢纽站点的辅助属性信息比较复杂，负责记录车辆数量及其位置和覆盖面积，这将有助于车辆管理和公交运营分析。首站、末站和中途站是每条线路的连接点，且只涉及运输线条并以点为特征，有助于记录实体的空间位置。

每条公交线路数据不仅记录了所有通过站点的关系，还记录了大量的公共交通专业数据。这将直接影响到公交系统的运行分析和综合评估。因此，该模型使用数据库表来存储数据。实际上，公共交通拥有上行线路和下行线路。交通线路不完全相同，有些线路是单线循环网络。该模型将每条线路作为一个闭环，记录上行线路和下行线路中每个通过的站点编号。

公共交通网络利用当前站点数据、当前站点和线路点实体坐标记录相关数据，由此生成线路网络数据信息，记录站点和线路的拓扑关系。因此，这些数据存储在网络元素结构中。单线循环网络如图 6-5 所示，图中，A_1、B_1、C_1 为上行线路站台名，A_2、B_2、C_2 为下行线路站台名，a_1、b_1、c_1 为上行线路站台场地名，a_2、b_2、c_2 为下行线路站台场地名。

图 6-5 中，虚线代表公交车通过的站台线路。上行线路和下行线路形成一个闭环线路，且公交线路与道路中心线重叠。因此，为了清楚地显示上行线路和下行线路，图 6-5 中已经完成了迁移处理。在生成线路的过程中，站台将顺序映射到中心线，然后寻找相邻站点的最短路径，其中 bc_1 和 bc_2 在拐点处添加控制点连接单线循环网络所生成的车站，从而最终获得路径。

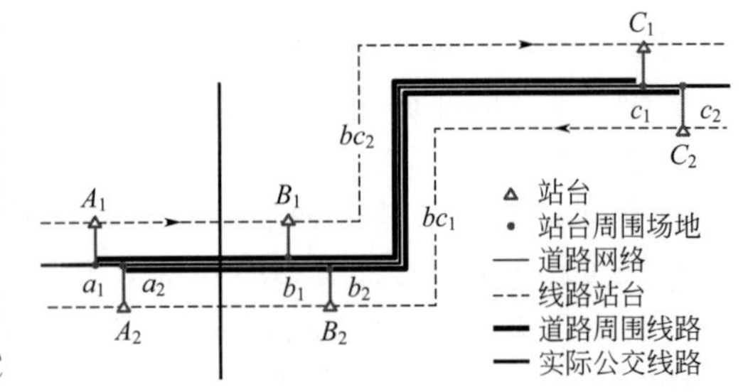

图 6-5 单线循环网络

公共交通辅助数据主要包含运营信息数据和宏观信息数据。运营信息数据包括公交 IC 卡数据，公交车流量分布数据和现有公交网络

数据。宏观信息数据包括公交车数量、公交出行比例、公交出行网络密度、公交非线性系数、公交线路覆盖率、传递系数等。大量的属性信息可以存储在运营信息数据和宏观信息数据库表中。

③ 辅助业务数据和线路网络生成过程。公交数据与车站和线路密切相关，这构成了公交网络数据模型。以下关联数据确保线路网络数据的合理性和完整性。线路和车站：在一条线路上有许多车站，目前的公交线路和当前车站形成一对多关系。线路和线路网络：车站线路表记录了通过车站的每一辆公交车的全部车站信息，从而生成一条作为城市公交网络基础的公交线路。公交线路和线路网络形成多对一的关系。线路和单线：城市公交线路构成公交线路网络，每条公交线路对应于网络中的一条线路。场地和车站：每个车站上有多条线对应每条线的场地，车站和场地形成一对多的关系。运营信息和线路：运营信息基于特定线路中不同运营时间段相同目的地的运营线里程数、客运量、乘客数据和交通收入。图 6-6 描述了线路网络生成的具体流程。

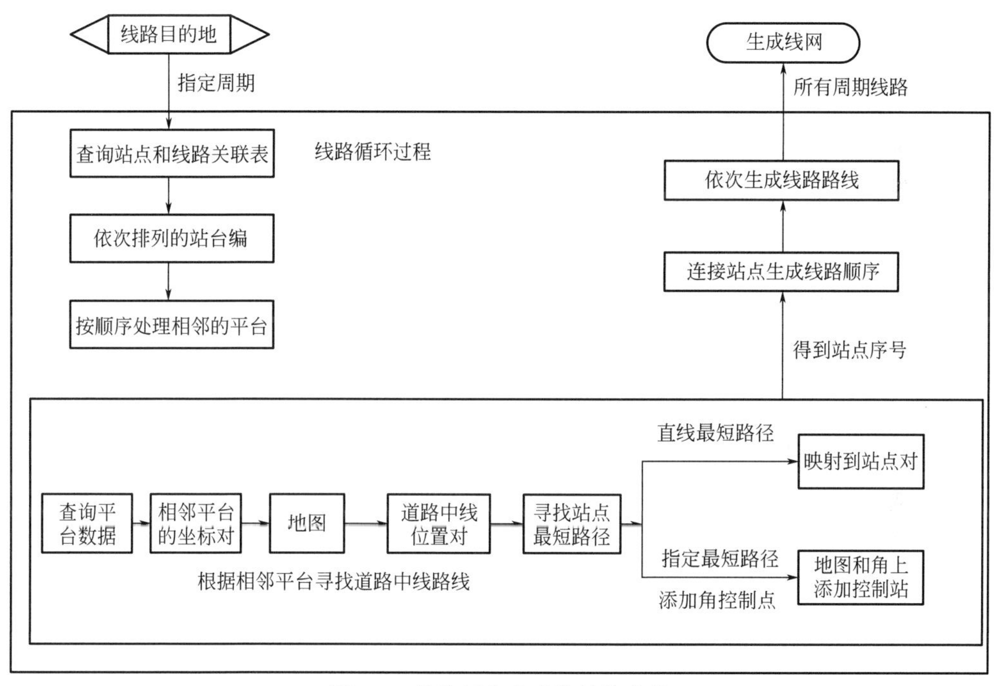

图 6-6 线路网络生成的具体流程

（3）数据模型实现

① 数据库组织。基于数据模型设计公交相关宏观信息需要分别记录车站数据、线路数据、场地线路信息、公共交通网络、站点数据和辅助数据。其中，辅助数据中的运行信息与线路数据分开存储，场地线路信息与线路数据相关。

车站数据：记录车站的编号、名称、位置、类型及其车站场地。线路数据：依次记录指定线路、停靠站点、首末班车时间和车辆间隔时间，它还记录各种属性信息，如线路长度、线路车辆总数、售票形式和全线速率、平均运输距离和非线性系数。场地线路信息：记录每条线路上对应的场地信息，此外，它也记录线路长度和非线性系数，存储车站和线路的相关性。公共交通网络：记录所设计的每条线路以及该线路上所有车站编号和几何信息，交通网络由车站数据和站点之间线路的对应关系表组成，它记录了所有公交线路的地理空间位置和拓扑关系。站点数据：记录停车场和维修场地的数据且数据相对独立，负责记录空间和属性。辅助数据：公交运营信息和宏观信息存储公交运营相关属性，操作信息与线路和时间相关联。

② 相关实现。根据所建立的数据库组织，有些道路数据相互独立，有些相互关联。数据模型中的数据表之间的相关性：车站与线路数据和线路数据通过站点编号及序号进行关联，车站与线路数据和车站数据通过车站序号进行关联，车站数据和线路数据通过站点编号字段连接，线路网络数据和车站数据通过目标字段关联，运营信息和线路数据关联，宏观评估数据、停车场数据和修车厂数据独立存在于数据模型中。

③ 数据库实现。

a. 数据输入。车站数据和线路数据是公交系统的基础。将每个车站数据和线路数据输入用户提供的数据库中，客流分布数据和站点信息可以在建立的表格文件或系统中输入；宏观评估信息的历史数据可以直接手动输入数据库，公交运营过程中，所产生的新数据信息可以通过系统功能添加。

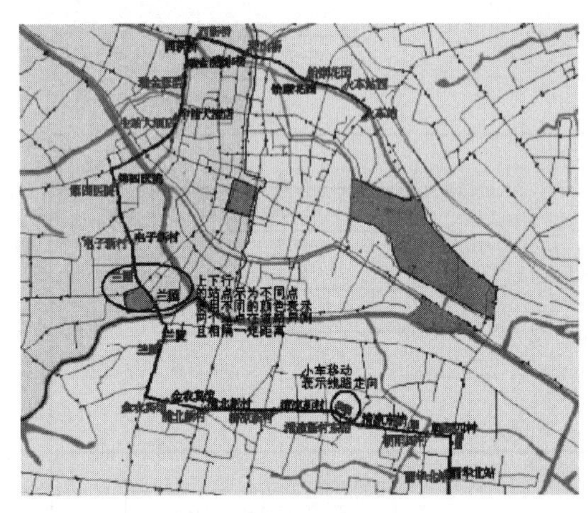

图 6-7　单线循环网络的结果生成

b. 实时生成。公交线路是最重要的数据，线路是在站点线路记录上生成的。车站信息按顺序记录一条线路上所通过站点之间的对应关系，这些线路是由线路顺序传递的车站信息记录生成的。根据所记录的线路、公交车序号和通过车站序号，可利用车站信息中的序号查找到相关车站的空间信息和位置，并依次连接所有的线路来生成道路网络。同时，每条线路都保存在线路数据文件中，并利用所有单线循环网络构成整个线路网络。图 6-7 给出了单线循环网络的结果生成。站点名称依次在线路上标记，上行线路和下行线路标记为不同的颜色。

6.4　移动对象时空分析

随着经济社会的快速发展，城市规模不断扩大，城市交通面临着巨大的压力。通过智能交通系统建设，提高交通管理与服务的信息化水平和决策支持能力，是减少交通事故，解决交通拥堵，促进城市环保，提高人们生活质量的根本途径。纵观国内外智能交通系统的建设情况，道路、信号灯、摄像头等交通基础设施不断完善，传感、无线通信、智能终端、互联网、云计算等信息技术得到综合利用，交通信息平台中积累了越来越多的交通数据，交通实时监控、定位导航、城市应急管理等新型应用不断涌现。智能交通产业迎来了极大的发展机遇，并且在较长一段时间内都将继续呈现高速增长的态势。对具有时空特征的交通数据进行智能分析，可获取丰富的、有价值的知识，如时空分布、时空关联规则、时空变化趋势等，这些知识能够为交通调度、路径规划、目标跟踪等提供决策支持。

移动物体的运动是通过时空中的连续轨迹或路径来定义的，研究移动对象的时空模式、过程和行为是探索关于移动现象的有用信息及知识的一个重要基础。跨越各个领域的潜在应用包括车辆和行人交通控制（例如运输管理和设施设计）；基于位置的服务和物流（例如导航协助和移动广告）；执法（例如针对违法行为的录像监视）；对于许多运动物体不适合连续观察。对于这些移动物体，通常是沿着运动路线以离散的间隔收集位置。当前，全球定位系

统（GPS）越来越多地用于研究物体的运动，基于 GPS 轨迹数据的行为分析成为可能。

6.4.1 动态交通数据及其时空特征

(1) 动态交通数据

动态交通数据中汇聚各类动态交通运行信息，包括道路实时车速、流量、交通事故、施工占道、停车位使用等。动态交通数据可以通过磁频、波频、视频和移动通信等技术采集。比如，通过在交叉路口埋设感应线圈或安装在固定地点的视频监控设备，可以获得路口的交通流量；用安装在车内 GPS 等移动定位设备，可记录车辆位置、瞬时速度、行程时间、行程速度、行驶轨迹等交通信息；基于 RFID 技术可采集关键断面的分车型流量、速度等信息，并获取车辆行驶轨迹；基于手机信令可获取用户运动线路和运动速度等。动态交通数据记录着随时间变化的空间和属性信息，具有动态、多源、连续、时变等特征，是进行实时监控和动态分析的数据基础。

交通数据描述人、车、路之间的动态关系，具有典型的时空特性，且受道路网络和领域阈值/规则的约束，是交通管理、交通控制、交通诱导、交通指挥及交通信息服务等功能的重要信息来源。对交通数据进行不同层次的抽象，能够描述不同的时空语义，如某移动对象的位置序列构成了轨迹，单位时间内经过某区域的移动对象的数量表现为流量，超过一定阈值的流量表示为拥堵状态等。对交通数据的集成和管理大多基于地理信息系统，并支持对道路网络、道路设施、车辆位置、路口流量、道路状态等各类专题数据的编辑、配置、管理、分析和可视化表现。

交通数据中的车辆运行状态等信息具有明显的时空特征，其中隐含着丰富的知识。不同的用户可能从不同的角度观察数据，可以选择位置、距离、区域、序列等作为特征，并获得隐含的知识。比如，如果车辆、道路等实体在状态或序列上满足时空相似度阈值，则能够反映出一定的时空趋势或模式；有时间先后且在空间上可达的状态或序列之间可能具有一定程度的相关性，可以用规则描述其时空关联性和关联程度。分析动态交通流和路网拥堵状态，可以了解热点区域分布，分析拥堵原因，预测交通流量和拥堵趋势，这必然有利于改善交通管理控制，提高交通信息服务质量，能够为交通仿真、交通管理、交通规划、路径诱导、用户出行等提供决策支持。比如，交通管理部门可以通过路网的车辆速度、流量等信息，及时掌握道路运行状态和拥堵路段分布情况，从而更有效地部署警力，采取措施，保证交通稳定运行。

(2) 时空数据挖掘

从时空数据集中提取隐藏的模式、趋势、有用的信息以及知识的需求越来越高，特别是对于经常被隐藏在高维度和复杂的海量数据集中的知识。轨迹数据挖掘适用于探索由位置测量设备收集的时空数据集，这些数据集通常是高维的、庞大的、复杂的。轨迹数据挖掘是从地理数据中提取以人（运动物体）为中心的新颖、有趣和有用的模式的过程，通过数据挖掘进行知识发现涉及多个相连接的步骤，包括数据选择（例如，选择记录或数据集的子集）、数据预处理（诸如噪声检测和异常值剔除等数据清洗操作）、并入先验知识、数据挖掘、视觉表示、解释和结果评估。

车辆在行驶过程中，其运行信息包括车辆速度、车辆位置、运行状态等信息是不断变化的。由车载计算机上的 PS 模块和其他传感器，获取车辆的时间、位置、运行状态等数据，这些信息经过车载中央处理器进行解析和运算处理，按自定义协议经过封包处理后，通过 GPRS 无线通信网络发送到具有静态 IP 地址的中心服务器，中心服务器采用事先约定好的协议拆包，拆包后将需要的数据存储到数据库。

使用 GPS 接收机采集的国内某生产矿区内十字交叉路口车辆的运动轨迹。GPS 设备连续采集车辆的位置信息，采样频率设置为 1 次采样/s。车载定位设备采用 Garmin GPS 模块，以获取 GPS 定位信息，使用的车载 GPS 模块定位精度约为 10m。原始数据集包含多辆车的轨迹数据，由收集的速度、时间和三维位置等数据组成。车载 GPS 设备收集的位置数据是 WGS 84 坐标参考系下经纬度形式的坐标，因此需要通过坐标投影变换转换为高斯平面上的直角坐标。我们整理了数据，去除了异常采样值，使用了部分数据。所使用的数据只包括通过十字路口从北、西、南道路单向行驶到东向道路上的车辆数据，以便于后文定量与定性分析。如图 6-8 所示为研究区域和车辆行驶路线，也显示了交叉路口附近车辆的行驶路线。

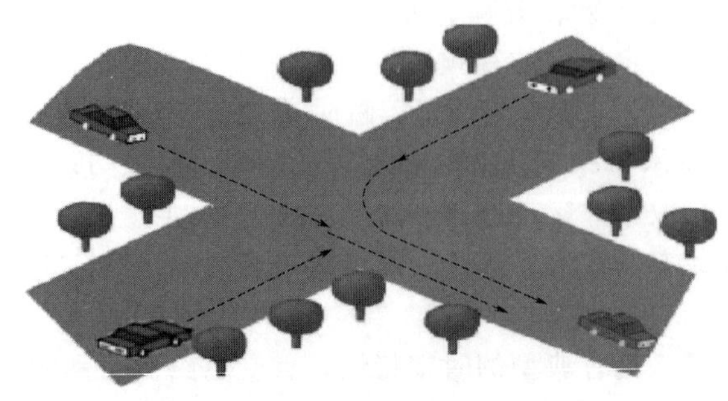

图 6-8　研究区域和车辆行驶路线

在这项研究中，GPS 接收机连续采集车辆的位置信息。初步整理后的原始数据集由收集的速度、时间和地理位置等数据组成，包含多辆车辆的轨迹数据。表 6-1 为某车辆的数据的部分片段（将文本文件导入到 Excel 中显示）。其中一行数据包含着车辆的一个点位置及其他属性，因此一个文本文件记录了单个车辆行驶轨迹上的所有采样点。经纬度值以度为单位。本研究共采集到经过十字路口的 120 辆车的数据，所以共有 120 个文本文件。

表 6-1　车辆 GPS 模块采集的车辆的位置及属性信息

采样时间	车辆编号	地理位置(三维坐标)	距离/m	速度/(m/s)	方位角/(°)
2017/1/15 14:54:54	MT44309	<109.975483,41.795279,1626.442>	8.645	10.359	161
2017/1/15 14:54:55	MT44309	<109.975846,41.792339,1626.464>	8.453	9.889	162
2017/1/15 14:54:56	MT44309	<109.975523,41.795187,1626.346>	7.923	6.341	164
2017/1/15 14:54:57	MT44309	<109.975554,41.795116,1625.346>	7.234	7.829	160
2017/1/15 14:54:58	MT44309	<109.975593,41.795043,1624.132>	8.372	8.013	164
2017/1/15 14:54:59	MT44309	<109.97564,41.794951,1623.672>	9.654	9.359	167
2017/1/15 14:55:00	MT44309	<109.97569,41.79483,1622.943>	12.372	10.99	162
2017/1/15 14:55:01	MT44309	<109.975737,41.795472,1621.634>	11.423	11.49	159
2017/1/15 14:55:02	MT44309	<109.975773,41.7954604,1620.953>	14.354	12.735	166

6.4.2　移动物体的时空分析和可视化

在该交叉路口处，车辆通过一个简单的十字路口从北、西、南道路行驶到东向道路。对于这些车辆，最终目的地是研究区域的东边道路的右边界。研究区域的地理范围为长度 240m、宽度 210m，道路宽度为 38m。在该范围内对车辆的行驶轨迹进行研究（即只统计该范围内的车辆运动数据，区域外的不统计）。对于每辆车，每隔 1s 对三维点（x，y，t）进行采样以创建轨迹数据。图 6-9 显示了车辆在交叉路口附近行驶的轨迹的平面图。

表 6-2 显示了轨迹的各种运动描述符的量化结果，运动描述符的统计量经过空间分析模块计算得到。在这里需要注意，分别针对整个轨迹和各轨迹段计算速度和加速度，故表 6-2 也给出轨迹段的速度和加速度平均值。

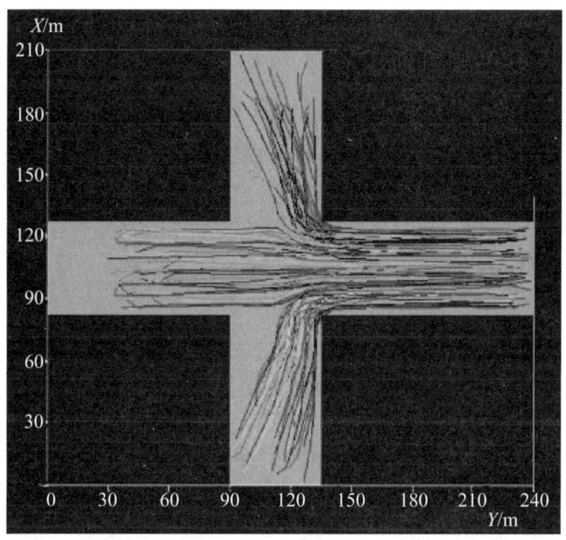

图 6-9　通过 ID 随机着色的交叉路口的车辆运动的轨迹

表 6-2　轨迹的运动描述符的量化结果（轨迹数＝120；轨迹段数＝1974）

项目		平均值	标准差	最小值	最大值
轨迹	行驶时间/s	23.28	4.66	12.21	47.06
	平均速度/(m/s)	10.91	2.83	5.12	19.72
	路径距离/m	222.65	28.92	172.45	239.12
	位移/m	189.85	52.98	132.55	202.67
	直线度指数	0.8795	0.0885	0.7286	0.9996
	圆周方差	0.1285	0.0916	0.0004	0.2772
轨迹段	平均速度/(m/s)	10.72	5.02	4.98	20.01
	平均加速度/(m/s)	2.4	7.36	－12.45	16.11

图 6-10～图 6-12 显示出了整个轨迹的二维图，并且每个轨迹被运动描述符的对应值着色。如图 6-10～图 6-12 所示，各描述符之间显示出明显的高相关性；包括行驶时间与平均速度之间具有负相关性；描述路径曲折度的直线度指数和圆周方差具有正相关性。图 6-13 显示出了分别由轨迹段的平均速度和平均加速度着色的轨迹的二维图，并且图 6-14 显示了相应的时空密度图（输出栅格尺寸：5m×5m）。

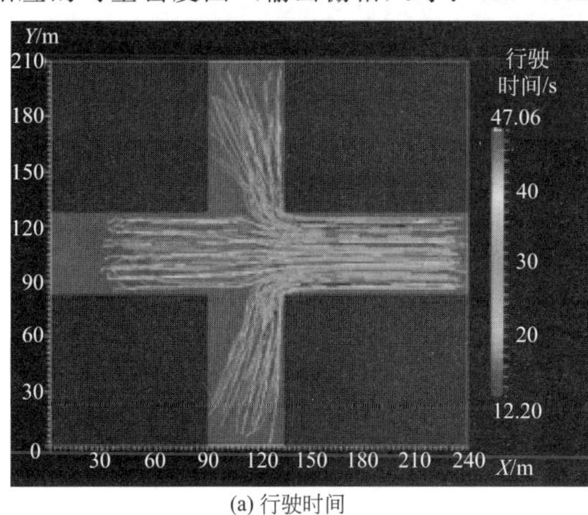

(a) 行驶时间

(b) 平均速度

图 6-10　轨迹的 2D 地图

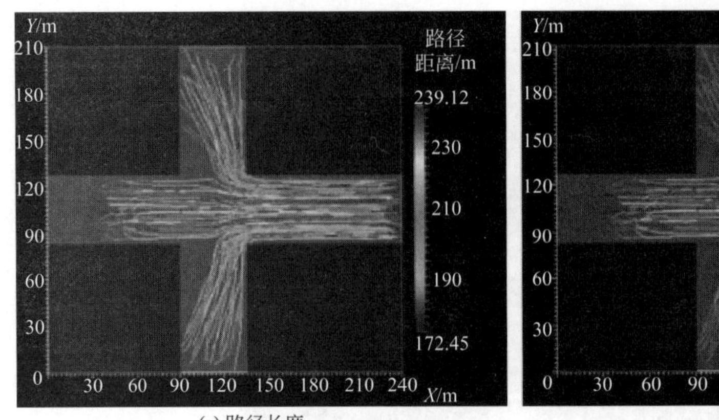

(a) 路径长度

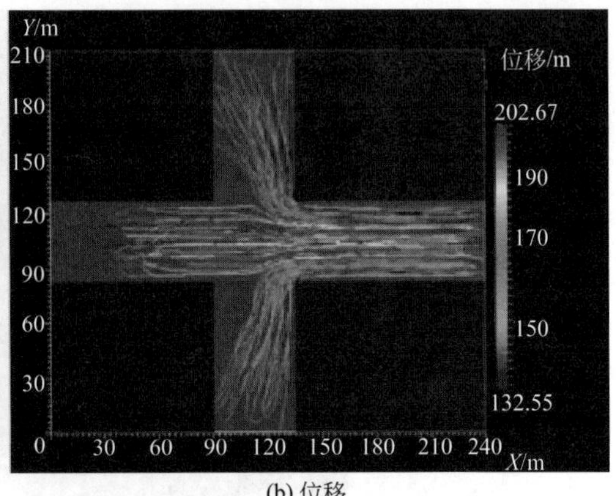

(b) 位移

图 6-11　轨迹的 2D 地图

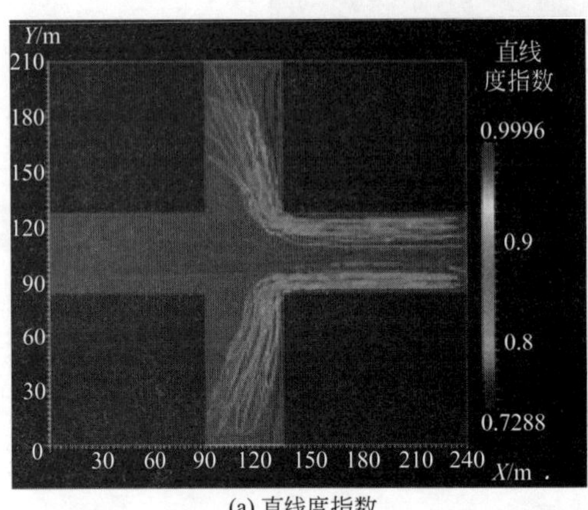

(a) 直线度指数

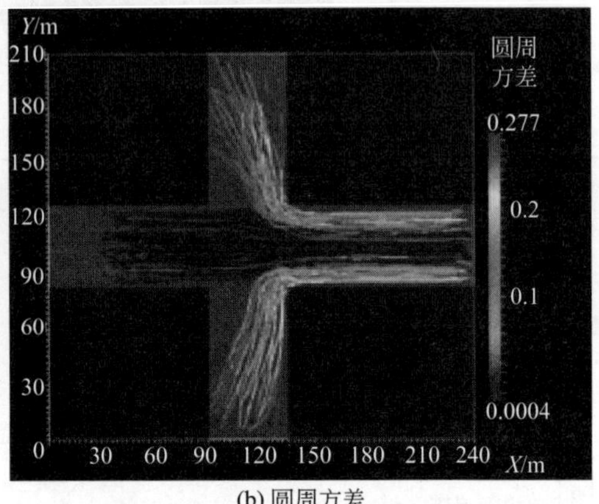

(b) 圆周方差

图 6-12　轨迹的 2D 图

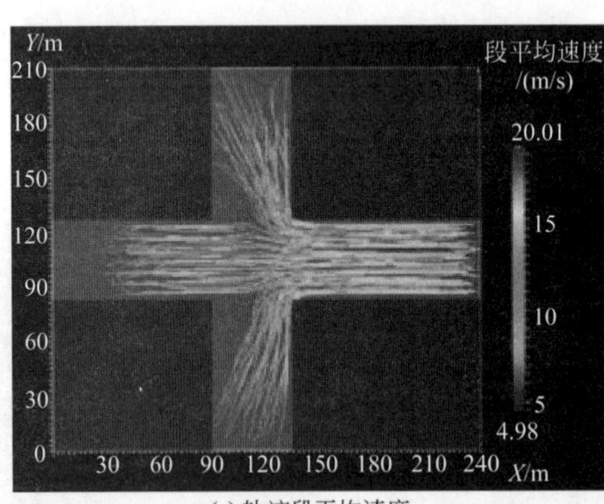

(a) 轨迹段平均速度

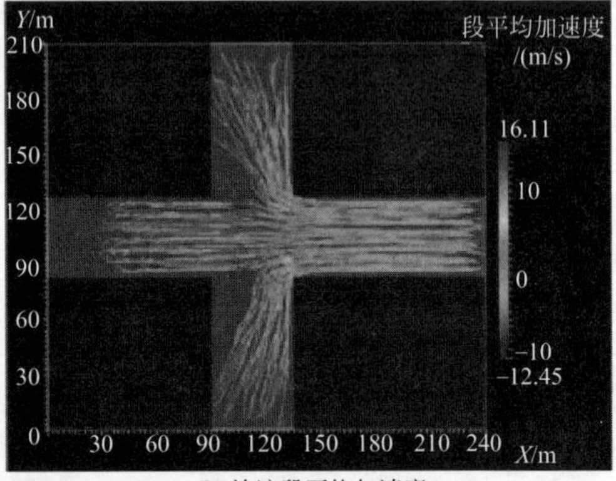

(b) 轨迹段平均加速度

图 6-13　轨迹的 2D 图

道路交叉口的总体交通情况可以通过总行驶时间来衡量（表 6-2 中的最大行驶时间），而其他运动统计量描述相对交通效率。例如对于整个轨迹集，较短的路径长度通常表示行驶通畅。速度和加速度分别描述了相对于固定点和先前速度的一般运动特性。这些属性可以反映运动行为，例如，速度可以解释由于交通瓶颈造成的堵塞，而加速度的变化可以描述速度

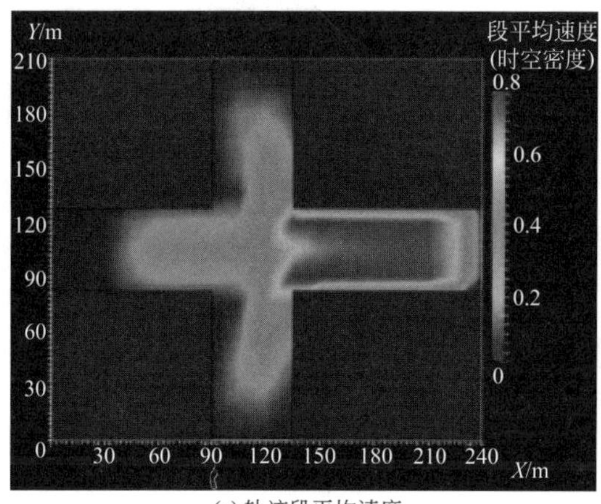

(a) 轨迹段平均速度

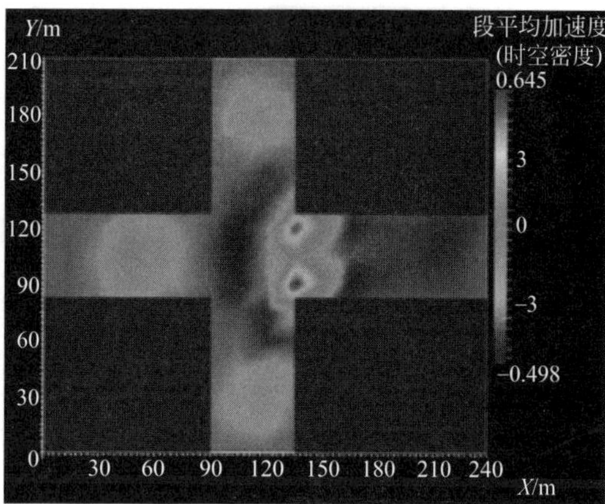

(b) 轨迹段平均加速度

图 6-14　轨迹的 2D 时空密度

的变化情况。直线度指数在整体尺度上描述了运动路径的曲折程度。在一般情况下，当驾驶员熟悉道路环境和路线时，车辆的运动倾向（目的）通常是直接的，即直线度指数指示的路径倾向于是笔直的。圆周方差描述了沿着车辆路径的转角分布的方向可变性。与直线度指数所反映的情况类似，圆周方差趋于接近于 0（表明由于定向运动行为导致的较小的方向可变性）。由于时间信息隐藏在这些二维轨迹图像中，难以看到车辆行为和过程方面的明显差异。这些对轨迹数据描述的可视化方法可以在时间地理的框架下进一步研究，以揭示车辆运动的时空特征。在轨迹运动数据集中，地理空间维度的尺度大于时间维度的尺度。为了扩大车辆行为的时间效应，时间属性的值乘以 20。图 6-15 和图 6-16 分别示出了时空轨迹的管道可视化，即分别基于轨迹段平均速度和轨迹段平均加速度使用颜色及管半径增强可视化效果，并从两个不同的方向观察。红色和粗管代表较高值，而蓝色和细管代表较低值。这些表征使我们能够识别运动行为的时空模式，例如交叉路口交汇处是车辆行驶的瓶颈，并且显示出瓶颈如何在空间和时间上出现及消失。路口拐角处出现堵塞，这是因为北向和南向的车辆需要减速才能转弯。然而，减速进一步导致堵塞和拥堵，这些表征只显示了多个时空轨迹的表面，而且由于多条路径产生的遮挡效应，大部分运动行为被隐藏起来。

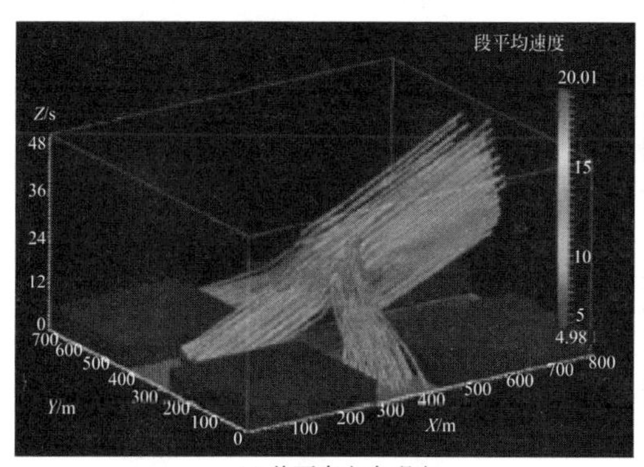

(a) 从西南方向观察

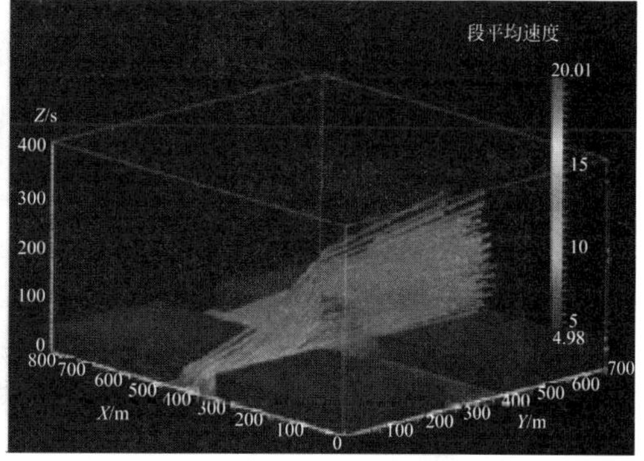

(b) 从东南方向观察

图 6-15　按照段的平均速度着色的时空轨迹的管道表示

为了探索和比较行为集群的时空分布，采用了一种新的时间地理学技术，即时空密度。图 6-17 显示了使用体素网格平均方法（输出体素网格尺寸：5m×5m×2s）的可视化结果。使用体绘制技术的时间-空间密度图可以更好地支持这些细节的可视化表示，如由运动描述

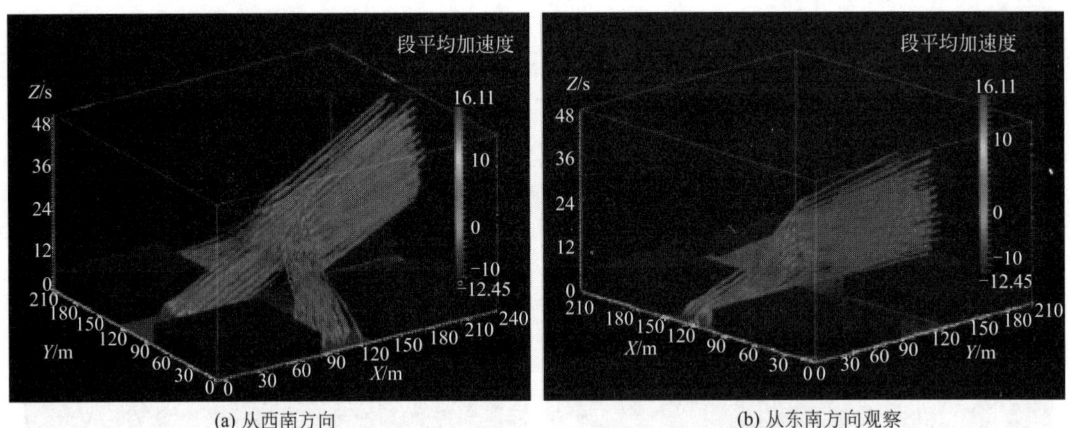

(a) 从西南方向　　(b) 从东南方向观察

图 6-16　按照段的平均加速度着色的时空轨迹的管道表示

符展现的车辆运动行为的热点/冷点。图 6-17 顶部图像显示在交叉口附近的东部道路上的高线密度值（单位：体素内路径总长度×面积$^{-1}$×时间分辨率$^{-1}$），其指示捕捉到车辆的高密度的时空热点。它与速度密度图［图 6-17(b)］呈反比关系，因此在对应的地方显示出了低

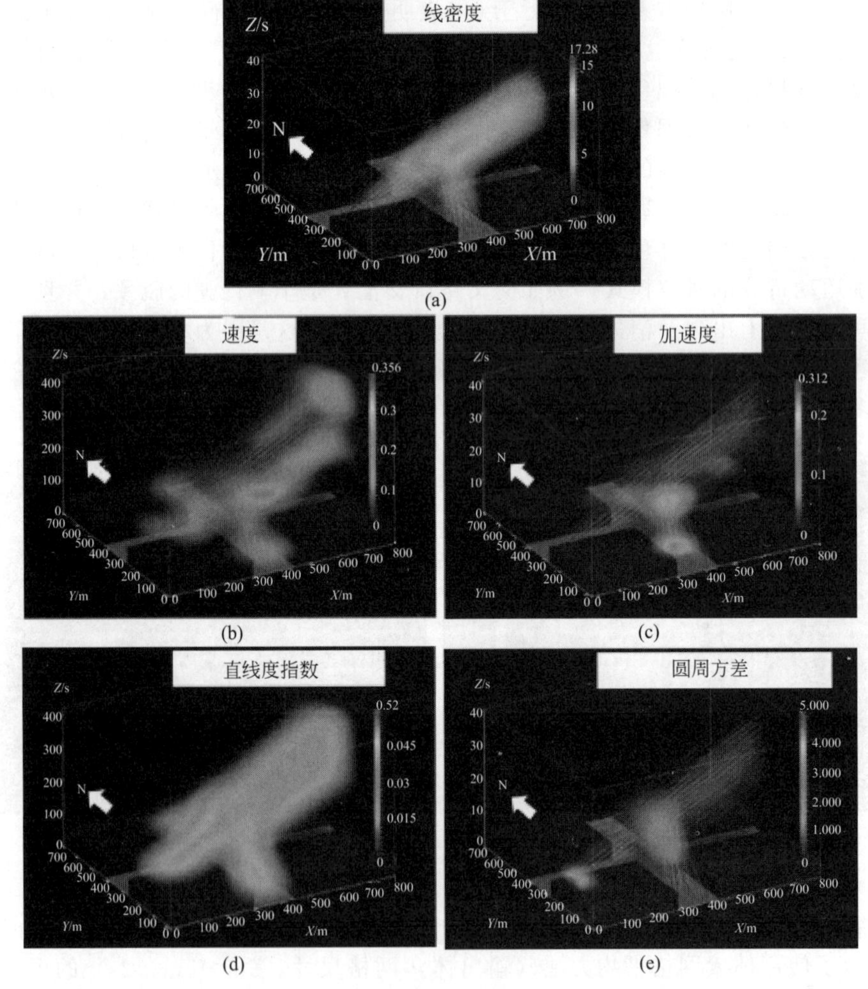

(a)　(b)　(c)　(d)　(e)

图 6-17　时空密度体积图

速度区域。而在东部道路的接近底部的地方也突出显示了高速度区域，表示时空中通畅的行驶行为。在观测到时空的速度热点（东道路上的高速度值）之前，较高的加速度热点是显而易见的［图 6-17(c)］。速度和加速度密度图描述了车辆的物理运动行为，其需要高加速度来产生高速运动。直线度指数和圆周方差［图 6-17 中（d）和（e）］的时空密度表明除了路口拐角处之外，其余区域的空间和时间的密度分布是一致的。

总之，图像通过各种运动描述符，表现空间和时间中的车辆运动的动态特征。特别是高线密度、低速度和加速度、低直线度指数等描述了车辆拥堵发生的时间和地点。识别集体和个体运动行为的时空模式和过程对于某些潜在的应用领域是有意义的，例如，道路设施设计、交通指挥信号灯调节和车辆调度决策。

6.5 智能交通路径分析

针对城市交通拥堵我们提出了智能交通系统，而最优路径问题是智能交通系统最关键的问题之一。

著名数学家欧拉在 1736 年提出了“哥尼斯堡的七座桥”的最优路径问题，开创了数学的一个新的分支——图论与几何拓扑。从那时起，人们对最优路径问题的研究从来就没有停止过。随着路径分析的应用越来越广泛，最优路径问题的类型产生扩展，常见的最优路径问题有最小生成树问题、车辆路径问题、旅行商问题、中国邮递员问题和 k 优路径问题五种。

车辆路径问题（Vehicle Routing Problem，VRP）由 Dantzig 和 Ramser 于 1959 年提出，指由配送中心组织适当的行车路线，尚有一定数量规模的、有各自不同需求的客户分送货物，在一定的约束条件（如路程最短、成本最低、时间最少等）下，达到满足客户需求的路径规划问题，如图 6-18 所示。该问题又拓展为车辆调度问题 Vehicle Scheduling Problem，VSP)。

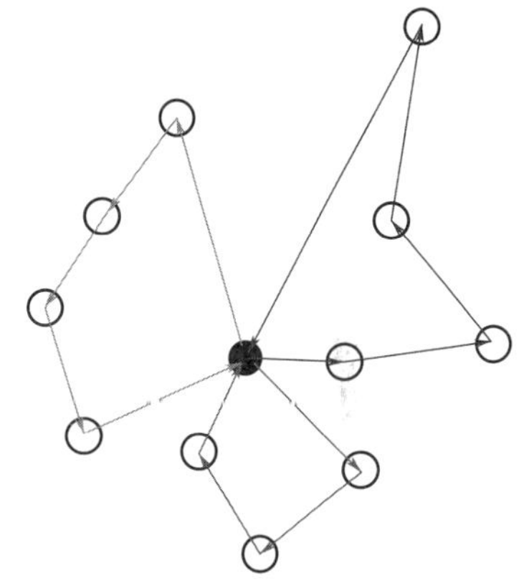

图 6-18　车辆路径问题示意图

为了解决最优路径问题，不同学者提出了众多的最优路径分析算法，然而每种最优路径分析算法都不能够解决所有类型的最优路径问题，而不同类型的最优路径问题所适用的最优路径分析算法也是不同的。

最优路径算法是对最优路径问题求解的方法。最优路径分析算法的种类繁多，随着研究的深入，从常见的基本算法改进演化出许多优化和派生算法，算法家族在不断壮大。

6.5.1 最优路径分析算法的分类体系

本小节试图从算法发展阶段、求解思路、数据存储方式、分析数据格式，算法搜索策略五个方面对最优路径分析算法的分类体系进行扩展。

(1) 基于算法发展阶段分类

最优路径分析算法按照时间发展阶段可分为：起步阶段、爆发阶段和组合阶段。

① 起步阶段，终止于 10 世纪 50 年代。只要出行可选线路不唯一时，就存在路径分析与规划。早期路径问题相对简单，只需凭借常识，用数学知识求解即可。随着生产和运输的发展，需要对路径进行科学规划，刺激了数学相关领域的研究，诞生了简单的路径分析算法，此阶段，只是吸引了部分学者研究，产生了简单的算法，算法并没有形成体系。

② 爆发阶段，20 世纪 50～80 年代。一方面，经济社会的快速发展，使得路径分析问题的应用范围越来越广；另一方面，计算机的诞生推动了路径分析问题的爆炸发展，使得机器代替手工计算，算法如井喷般大量出现，许多耳熟能详的经典算法都是这段时间出现的，算法的发展呈现出百家争鸣的局面。

③ 组合阶段，20 世纪 80 年代至今。众多算法的出现并没能很好地解决最优路径分析问题，人们发现问题的关键出在：无法解决计算时间效率和计算精度之间不可调和的矛盾。此阶段，算法的研究主要集中在对现有算法的优化改进和组合上面。

(2) 基于算法求解思想分类

依据算法的求解思想可将路径分析算法分为：精确算法、近似算法和智能算法。

① 精确算法。最初路径分析问题的规模较小，可以计算获取精确解，这类算法因而称为精确算法。精确算法的时间效率多为指数级别，经过改进后可降为多项式级别，计算量随着问题规模的扩大呈指数增长，随着交通网络的复杂化和应用需求的多样化，获得精确优化解越来越困难，难以完全满足现实需求，在实际应用中已经很少使用。

② 近似算法。对于大规模路径分析问题，传统精确算法的计算效率随着问题规模的扩大呈指数递增，有些问题甚至无法求出解。为了提高计算速度，退而求其次，用牺牲精度换取时间的方法，在可接受的时间和精度范围内尽可能获取逼近精确值的近似值，这类算法被称为近似算法，比较经典的算法如节约里程算法、交换算法、扫描算法、最邻近算法等。

近似算法的时间效率主要取决于存储网络图的数据结构以及计算过程中优先队列的数据结构。能够解决大规模路径问题，通过搜索策略缩小问题规模，提高运算效率，较为实用。但由于采用近似解逼近，不能保证获取最优解。

③ 智能算法。智能算法是从自然界规律得到启迪，模仿其结构发明创造用来解决问题的算法，如神经网络算法、遗传算法、蚁群算法和微粒群算法等。

精确算法、近似算法和智能算法在不同的时间阶段都有着交叉发展。在最优路径算法改进演化的过程中，我们应该认识到，求解最优路径分析问题的关键并不是算法本身的优劣，而应该是组合应用不同的算法，取长补短优化改进求解。

6.5.2 智能交通路网结构分析

作为城市的骨架，道路网络是保证城市交通系统正常运行的物质基础，也是城市中一切社会经济活动的载体。可以说，道路网络在保证城市功能正常运行、社会经济的稳定发展等方面都发挥着核心作用。

路网结构的分类如下。

城市道路网布局结构指组成道路网的各条道路的空间布局和相互衔接关系，以及由这些地位、功能各不相同的道路根据一定的衔接规则连接而成的整体。

本质上，路网结构是一个综合性的概念，具体地讲，从组成路网的不同角度，可以衍生出不同的路网结构。一般来说，路网结构可分为功能结构、等级结构以及布局结构，路网结构是这三种结构的有机结合体，并且三种结构之间还存在某些必然联系和复杂关系。

① 路网功能结构。1933 年的《雅典宪章》明确指出：“交通是城市四大功能之一，城市道路功能不分是城市交通面临的重要问题，街道需要进行功能分类，街道应根据不同的功能分为交通要道、住宅区道路、商业区道路和工业区道路等”。1978 年通过的《马丘比丘宣言》认为，实践证明“把交通看作城市基本功能之一，道路应按功能性质进行分类，改进交叉口设计等”是正确的。这类功能分类方法为我们提供了分类思路，但它是从城市规划、土地利用功能分区的视角来考虑的，将功能分类的重点放在了出行目的，却没有认识到道路承

担交通量的本质特性。英国人屈普曾是伦敦市警察局副总监，他根据管制伦敦市道路交通的经验，写了一本书《城市计划与道路交通》。这本书得到了梁思成的赞赏，书中的主要思想之一就是区分道路的性质（或道路功能）。对于交通性干路，两旁不应有临街建筑，不能装货卸货，不应有停车场，不许行人通过等。这些思想即使从现在看来无疑也是正确的，正体现了不同性质交通量对道路功能的需求。

根据道路在城市交通的地位、承担交通量的出行距离、交通量的通过性或集散性特性、交通量的生存性或生活性特性，城市道路功能的基本层次主要有三级：第一级（如主干路），承担出入境、过境和组团间的长距离、通过性极强、机动化出行为主、道路两侧严禁开口的道路；第三级（如支路），主要以到达和出入为服务目的，允许在道路两侧开口，短距离、集散性极强的道路，同时满足非机动车形式需要；第二级（如次干路），介于第一级和第三级道路之间，通过性交通和集散性交通并重，道路两侧可少量开口，既达到一定程度上的“通”，又满足一定程度上的“达”。各种道路功能的组合构成路网功能结构。

② 路网等级结构。《城市道路交通规划设计规范》（GB 50220—95）将城市道路分为 4 级：快速路、主干路、次干路和支路。路网等级结构就是指在城市道路系统中，这 4 种道路长度所占比重的相对比值。城市道路网所具备的合理等级结构，应该能够保证道路交通流由低一级向高一级的有序汇集，并由高一级道路向低一级道路的有序疏散。所谓低一级、高一级道路，其最大差别就是道路功能上的差异，以及不同等级道路间的功能协调和延续。如果各个等级的道路其比例关系搭配合理，就可以充分发挥相互之间的协作作用和各自的道路功能，使路网的整体效益发挥到最大；反之，如果道路等级结构不合理，各层次道路相互衔接失调，即使城市道路具有相当的规模，实际路网容量也可能不满足交通需求。

③ 路网布局结构。路网布局结构可从以下四个方面来分析。

a. 总体路网形态。中小城市通常延续我国古代和近代的道路布局思路，采用方格网状路网。大城市则多采用环形放射状路网、内环以内仍为方格网的总体路网形态。

b. 道路衔接形式。道路衔接方式主要考虑的原则有：次要道路让主要道路，低速道路让高速道路，生活性道路让交通性道路，越级道路不交叉，适当分离等。应避免过多的支路与主干路相交，以避免支路车流对主干路车流的影响和增加主干路车流延误、降低主干路车流速度等。

c. 路网布局的方向特征。道路布局的方向特征是指交通量具有一定的方向特征，从供需平衡的角度必然要求某一方向的路网容量与这一方向的交通量相匹配。

d. 道路密度和间距。道路网密度不能过稀或过密。不同等级道路功能不同、设计速度不同，对应的道路交叉口间距也不同。城市快速路、主干路、次干路、支路交叉口间距宜分别为 1500～2500m、700～1200m、350～500m、150～250m。

6.5.3 路网结构特性及其演化过程及机理

近年来不少学者采用拓扑学的方法对道路网结构特性及其演化过程及演化机理较为深入地进行了分析。拓扑学（Topology）是数学学科的分支之一，包含于几何学的范围内，形成于 19 世纪，但是部分拓扑学内容最早出现在 18 世纪。

拓扑学和通常所讲的立体几何与平面几何不同，在通常情况下，立体几何与平面几何以点、线、面的位置关系以及其度量性为研究对象。而在拓扑学中，与研究对象的体积、长短、面积、大小等度量性质无关。举例来说，拓扑学是几何图形或空间在连续改变形状后还能保持一些性质不变的学科。它只考虑物体间的位置关系而不考虑它们的形状和大小，例如，在欧拉解决哥尼斯堡七桥问题的时候，他画的图形仅考虑点与线的个数，而不考虑其的大小、形状等因素。这些就是拓扑学思考问题的出发点。

(1) 拓扑网络模型构建方法

城市道路网络由许多交叉口和路段组成，在图论中，通常用图 $G=(N,E)$ 来抽象表示一个网络。其中，符号 N 表示节点的集合；符号 E 表示边的集合。为了将城市路网结构更加清晰地表达出来，这就需要构建城市路网的拓扑结构，从而对城市路网的结构特性进行深入研究，而且还能够更加简单直观地让人们理解城市路网结构的复杂性。目前研究学者主要采用两种方法来把城市道路网络抽象成为拓扑网络模型，即原始法与对偶法，下面对这两种方法进行详细的介绍，并分析其在复杂网络研究应用中的优缺点。

① 原始法。在传统的交通网络图中，顶点大多是由抽象网络中的节点（如空港、交叉口等）而得到的，而点的连接通道（如路段、航线等）则转化成为边，这种方法为原始法，应用该方法获得的拓扑图为原始图（Primal Graph）。原始法是建立实际网络模型的一种常用方法，其优点为建模过程直观清晰，而且能够把城市路网的长度等信息较为完整地保留下来，因此在 GIS 软件中比较常见。

图 6-19(a) 是在地图中截取的绵阳市火炬街附近的平面图，图 6-19(b) 是采用原始法对图 6-19(a) 进行抽象处理，从而得到其复杂网络模型。从图中可以看到原始图直观、简单、便于认知，因为采用原始法得到的网络模型与人们在实际生活中的经验和认知上具有较强的一致性。因此该方法常被应用于交通运输规划模型。但是由于原始图处于二维平面下，在计算复杂的网络数据时，难以用原始图中的网络静态参数得到。

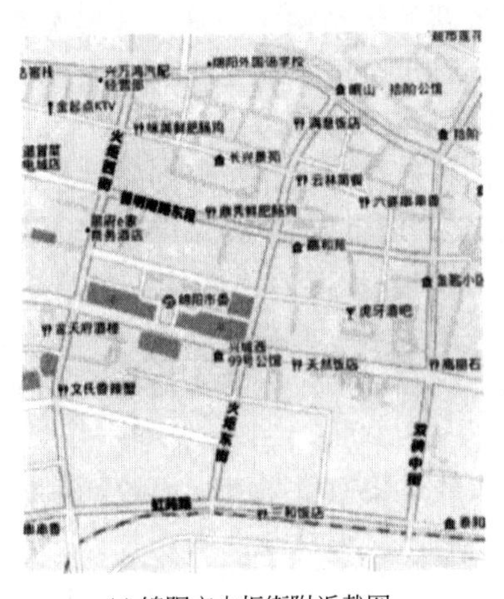

(a) 绵阳市火炬街附近截图

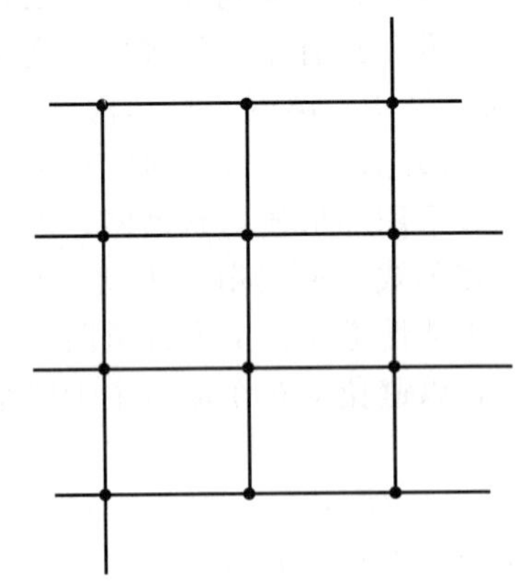

(b) 原始法复杂网络模型

图 6-19 原始法示意图

② 对偶法。在研究分析城市路网结构时，焦点应放在具有连续性的道路上，因为其是实体交通设施，而路段和交叉口仅是由于连续道路相交时所产生的“副产品”。因此在道路网络中，基本元素应该为连续的道路，而并不是作为“副产品”的交叉口。在城市路网中，干路与支路是由于道路不同的衔接特性、连贯度以及功能特性等特点的差异性而区别开的，但是原始法的构建方式及衔接特点并不能在本质上区分道路的差异性。

为了避免原始法的弊端，一种新的网络抽象方法开始被部分研究者应用起来，在这种方法中，公交线路、连续道路等线状的实体设施被抽象成为图中的顶点，而现状实体设施的交点（例如公交换乘站点、道路交叉口等）抽象成为图中的边。该方法被称为对偶法，采用对偶法获得的网络图被称为对偶图（Dual Graph），如图 6-20 所示。对偶法对于分析以交通运输线路为核心的网络结构特别合适，因为其具有保留交通网络的结构特点以及不同线路之间的空间关系的优点，因此在这些年的轨道线网、公交线网以及道路网络的结构特性研究中，该方法被广泛运用。但是对偶法还是存在着一系列问题，例如：难以表述节点在网络中的实际分布状况、忽略了网络中交通实体的地理位置信息（如道路的宽度、长度等）、忽视了城市道路网络作为空间网络的特性等等。

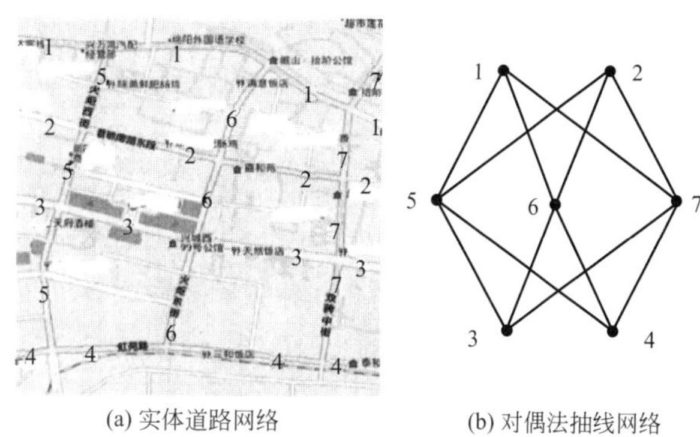

(a) 实体道路网络　　(b) 对偶法抽线网络

图 6-20　对偶法示意图

通过上文中的详细介绍不难看出，对偶法相比于原始法，具有如下几个优点：该方法不受交通实体的地理方位等因素的约束；加权的方式更加灵活，这有利于对网络结构与网络功能进行研究分析，例如对交通流量的控制以及交通流量的分布的预测等；可以将“太过真实化”的数据进行抽象，这样便可以采用复杂网络的方法更好地分析城市常规公交系统的线路分布及客流分布情况。

（2）路网衔接结构集聚性分析

道路网络是由城市道路按照一定的规则衔接而成的，而不同的衔接规则可以形成结构不同的路网。在一般情况下拥有较高的连通度的网络被称为网状路网模式，而拥有逐级衔接、层次分明等特征的网络被称为树状路网模式。典型路网衔接结构比较见图 6-21。

(a) 网状路网模式

(b) 树状路网模式

图 6-21　典型路网衔接结构比较

① 路网衔接结构集聚度的定义。以机动性为导向的典型路网其衔接结构具有逐级衔接的树状结构的特点；而以可达性为导向的典型路网其衔接结构具有互相连通的网状结构的特点。这些是通过结构模式的不同来进行定性的说明，而缺少定量的方法与指标来评价路网衔接结构。

有学者定义了定量描述路网衔接结构集聚性的指标，即路网衔接结构集聚度 C_R，并且研究发现，介数中心势在三个网络中心势指标中，对路网的集聚性的区分度最好。因此选择了介数中心势作为路网结构集聚度的判定指标。

如图 6-22 所示，当道路网络呈现出完全规范的方格结构（即路网里所有的路线结构重要程度都相同）时，则该路网的集聚度 $C_R=0$。当道路网络呈现出完全规范的树状结构（也就是说一条路线完全占据了整个网络的重要位置，成为路网中的结构中枢）时，则该路网的集聚度 $C_R=1$，而在实际情况中，绝大多数的路网结构是介于完全规范的树状路网与完全规范的方格形路网之间，因此路网的集聚度越大，其结构越与“树状结构”相似；相反，路网集聚度越小，则越与“网状结构”相似。

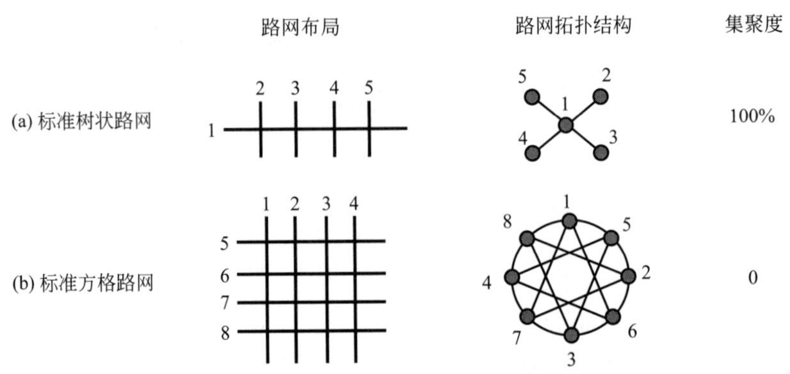

图 6-22 完全规范的方格路网与树状路网的集聚度说明

② 路网布局结构指数的定义。路网密度的高与低能够体现出在一定的道路网面积率下，是采用“集中”还是“分散”的规则在道路网络中分布道路资源。表 6-3 能够较为直观地说明这一点。假设两个面积一样的区域，道路面积一样，当路网密度从 2km/(km)^2 增加到 4km/(km)^2 时，道路总数从 2 条增加至 4 条，各条道路的双向车道数量从 8 条降至 4 条，可以看出路网 A 是采用集中的方式布设，路网 B 是采用分散方式布设。

表 6-3 路网密度对道路设施分布的影响示例

指标	小区 1	小区 2
路网面积/(km)^2	1	1
车道长度/km	16	16
路网密度/[km/(km)^2]	2	4
道路双向车道数/个	8	4
交通小区	1 2 3 4	1 2 3 4

而路网集聚度的高与低体现了在固定的道路总长度情况下（即固定的路网密度）是采用“分散”还是“集中”的衔接规则把道路构建成路网，可见，路网的集聚度与路网的密度两个指标分别从不同的视角对路网布局结构“分散”或“集中”的特性进行了阐述。

为了把路网布局结构的在这两个视角的“分散”或“集中”特性进行综合阐述，定义路网布局结构指数 D_R，有

$$D_R = d_R(1 - C_R)$$

式中 d_R——路网密度；

C_R——路网集聚度。

从一定程度上来讲，D_R 体现了路网中能被通过性交通有效使用的路网密度。

6.6 智能交通地理信息系统设计

本系统设计实现了与Google Map技术的贯通融合，从而能够使系统具备定位、追踪、导航等高效全面的功能，满足用户出行的多样化需求，给人们的生活带来便利。其中，对于系统而言，路线制定以及信息获取这两个功能，是这一系统的核心，针对这两个方面进行了整体的分析、评估，促进了对系统整体的设计和实现，保障系统能够真正为人民群众提供切实可靠的服务，发挥其功效。

6.6.1 最优路径算法的选择及路网拓扑关系构建

(1) 最优路径算法的选择

在交通地理信息系统的应用中，算法的主要功能是寻找出发点与目的地之间的路径。智能交通管理地理系统在其研发创建时，需要实现与路径算法的完美统一融合，使得系统能够提供精确、高效的计算。在系统设计时，借助Dijkstra算法进行智能交通管理系统的创建。

(2) 交通路网拓扑关系的构建

交通地理信息系统里面的交通道路通常就是各种交通线路、管道网络、管道线路等，这些网络一般具有一些明显的特征。首先，地理信息系统里基本上的网络都是有权值的网络，比如道路有长度以及拥挤的难题，并且在路线的上方向上有所不同，权值可能会不同。对于这样的网络中独有的特点，我们使用了几个数组来储存网络线路上的数据与节点上的所有数据。因为在这个数组里面的数据，我们一般是以起点为节点号码来进行排列的，但是当两个弧段的初始点相同的时候，它们之间都是可以随意排列的。这个数组都是采用以它的两个顶点来表示这条边。例如，线段的初始点为 A，终点为 B，则这条线段就表示为线段 AB。这就和数据压缩的存储方式很相似了。一般来说在数据之间都有一个索引，这样非常可以方便地找到和这个数据连接的其他数据位置。除此以外，对数据的不同属性也需要进行实时的存储，如此一来在进行数据的有关计算的时候就可以直接调用。创建一个独立的数组来储存数据对于用户非常方便，与此同时把拓扑关系通过各种数据直接的关系相互联系起来，使得数据以及数据表示的实物都可以相互地对应与匹配。

6.6.2 智能交通地理信息系统需求分析

需求分析是系统研究和开发的关键环节，它能够更好地理解用户需求，同时也指出了系统开发和设计的方向。需求管理的两个方面就是功能需求与非功能需求。

(1) 系统功能需求分析

收集交通信息、分析交通信息、发布交通信息和规划路线是交通地理信息系统的四大功能，对这四项工作的主要功能进行简要的介绍，并对智能信息系统的运行情况，从以下几点进行了阐述。

① 交通信息采集管理。交通地理信息系统是以交通信息采集为基础的。在系统的后期发布的信息也来自收集的信息。在我国，许多交叉路口都装有摄像头，主要用于交通状况的检测，也有助于交管部门进行交通管理。不同的交通管理部门管理不同的区域，该系统的交通信息来自不同的交通控制部门，并将与交管部门合作，确保信息的准确性和及时性。在我国的媒体上，有很多媒体，尤其是对于城市交通，比如交通广播等，这些服务对收集信息也有一定的经验，这些服务可以直接合作，减少对操作系统领域的人力资源媒体，直接获得相

关的交通信息。广大旅客涉及的交通信息可作为信息的来源，因为他们所提供的信息可信度很高。交通信息的采集需要与系统中的数据库进行良好的协调，数据可以及时存储、处理、更新和修改，以此来保证数据的高精度。

② 交通信息分析管理。收集数据后，需要做两方面的工作：一是核实信息的真实性；二是对信息进行分析，为后一功能提供帮助。在信息采集部分介绍了信息源，交管部门和媒体部门的信息的真实性是可靠的，但从旅客得到的信息需求进行审查，确保信息的真实性，防止不法分子利用这个系统使交通混乱。当审计信息出现问题时，可以修改，如果不能直接修改则删除该信息，系统必须保证以上信息真实准确，因为它涉及旅客和城市交通。至于交通信息分析，主要是在分析交通状况的基础上，了解为何道路交通拥堵，以及拥堵的道路可以由线路来代替。以上是交通信息分析工作。

③ 交通信息发布管理。交通信息采集与分析的主要目的是发布交通地理信息系统的信息，帮助出行者合理规划出行线路。发布信息的方式有很多，可以先在相关媒体上进行发布。例如，交通电台，出行者可以使用汽车广播进行信息接收；另外，信息也可以在电视上发布，出行者可以在出行以前进行检查；还可以发布信息到推特（Twitter）、微信上，人们可以在安全的情况下，通过移动网络浏览，并最终确定合适的出行路线和出行时间，提高工作效率，舒心出行。为了扩大信息源，系统中设置了给出行者一个奖励，出行者可以通过登录该系统发布交通信息，当信息是真的时，获取一定的积分，在一定程度上获得奖励积分，这样可以扩大信息源，实现对系统的设计目标。

④ 路线参考管理。线路参考主要为出行者进行服务，出行者可以计划在不同时间段的路线。第一个重要时期是在走出去。通过交通地理信息系统，可以找到目的地和出发地之间最合理的出行路线，第二是在出行途中，可以通过移动终端，实时了解交通情况，及时避免拥堵，调整线路，节约时间。所以在参考这个功能的智能交通平台上发布的信息更直观，更实际，把系统功能作为一种功能展示给用户，同时也与用户的工作需要进行比较。在这个功能中，用户的满意度会影响用户对整个系统的满意度，提供最优线路是线路参考的主要工作和目的。

(2) 系统用户分析

一般用户、信息管理员和系统管理员是对三种系统用户进行详细分析后的系统使用者。下面将详细介绍用户的权限和操作。

① 一般用户。发布最新的交通信息、导航信息、关键字搜索，证明这三种功能是一般用户的交通地理信息系统的特点，所有的设计，事实上都是通过分析用户需求后设计的，在系统的后期，随着用户需求的变化对系统进行优化和完善。一般用户使用例图如图 6-23 所示。

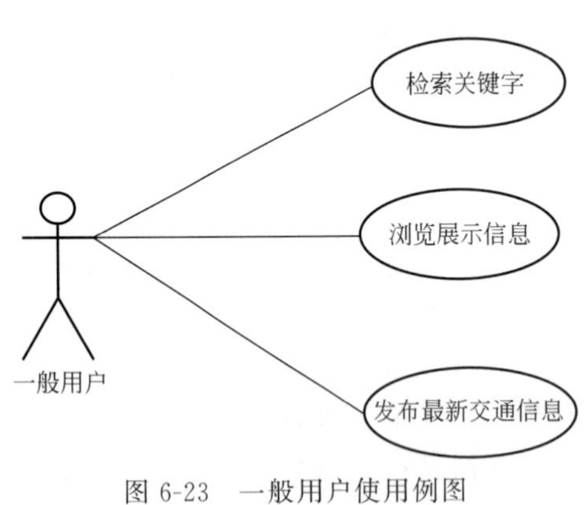

图 6-23　一般用户使用例图

② 信息管理员。发布交通信息、验证信息、分类信息的信息管理和分析这些信息管理四个功能的地理信息系统中的所有功能后，通过分析用户需求设计的，在系统后期，随用户需求的变化进行优化与完善。信息管理员的用户使用例图如图 6-24 所示。

③ 系统管理员。配置管理、权限管理、日志管理、用户信息的管理是系统管理员的功能，在地理信息系统设计的所有功能，实际上这都是通过分析用户需求后设计的，在后面的系统阶段，它将得到优化，随着用户需求的变化不断完善。系统管理员工作的主要目的是维

护系统，保证系统正常运行。系统管理员使用例图如图 6-25 所示。

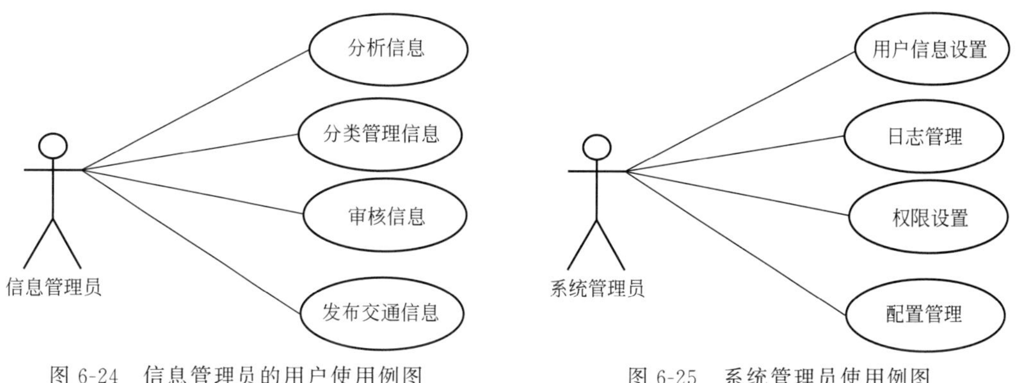

图 6-24　信息管理员的用户使用例图　　图 6-25　系统管理员使用例图

6.6.3 智能交通地理信息系统功能设计

(1) 系统总体设计

系统的设计是一项重要的工作，在网络的总体结构中必须在整个系统之前做一些大致的规划。其目的是对研究的系统框架能有一定的了解和掌握。以下详细介绍网络系统的总体开发与设计，包括网络系统的总体功能和系统架构的设计。

① 系统体系结构设计。如图 6-26 所示为系统体系结构，这些数据资源包括了交互式 Google 服务器地图信息和地标信息的数据，另外它们拥有不同数据接口，可以给不同的应用提供服务。

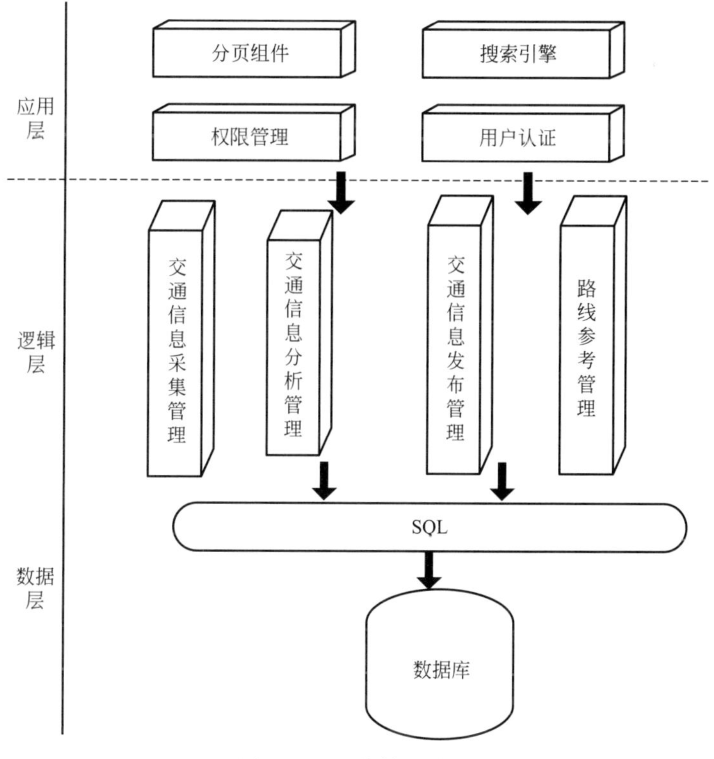

图 6-26　系统体系结构

网络系统是基于Google式地理网络平台的智能交通信息资源发布系统。所有用户在访问网络系统时，都可以通过在线浏览的方式简单得到Google Earth式影像信息数据和Google Map式地图信息数据。

网络系统的开发和设计需要从以下三个方面考虑。

第一，收集网络流量信息资源的客户。从网络的使用来分，可分为内部局域网直接访问客户端和远程网络间接访问系统的客户端；从执行系统管理员来分，可以分为管理员以及网络信息资源管理的两类。

第二，信息数据处理。网络系统应该具有发布本地数据信息资源和显示信息数据的功能。同时，它还具有提取和归档不同地理空间数据资源的功能。

第三，系统业务流程处理。网络系统以数据资源的收集和网络信息的推广为中心。

根据这三个方面，构建了网络拓扑操作的体系结构和总体框架，如图6-27所示。

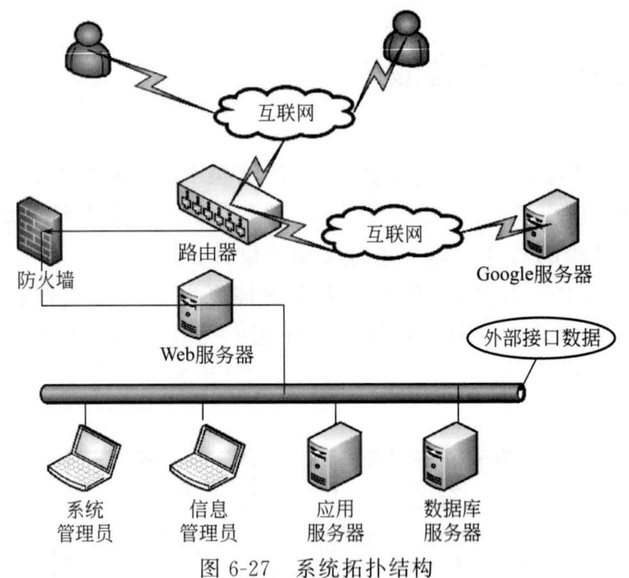

图6-27　系统拓扑结构

Web网络服务器用于接收出行者的请求，并将其发送到网络应用服务器进行处理，最后以HTML的形式将返回的结果发送给出行者，是比较智能的网络流量信息处理系统。

操作程序服务器的网络应用程序，在相应的服务器上执行程序的安装，方便访问最多的用户和系统管理员。

网络数据库服务器：用于存储所有网络流量信息、数据资源和其他数据并进行分析及处理。此外，还必须结合Google网络地图平台所需的地理数据资源。

Google型程序服务器：用于提供地图空间、图像、信息数据，然后在此基础上进行网络系统的进一步处理操作。

外部数据资源访问端口：用于提供外部数据资源访问端口，以及网络交通部门的相关数据可以通过该端口传输。

② 系统总体功能设计。交通地理信息系统具有多种功能，包括分析网络交通信息采集功能、网络交通信息功能、网络交通信息和路线四个参考功能模块来完成系统的工作，网络系统总体功能结构如图6-28所示。

(2) 系统主要功能模块设计

该功能主要分为四个模块：网络流量信息采集功能、网络流量信息分析功能、网络流量

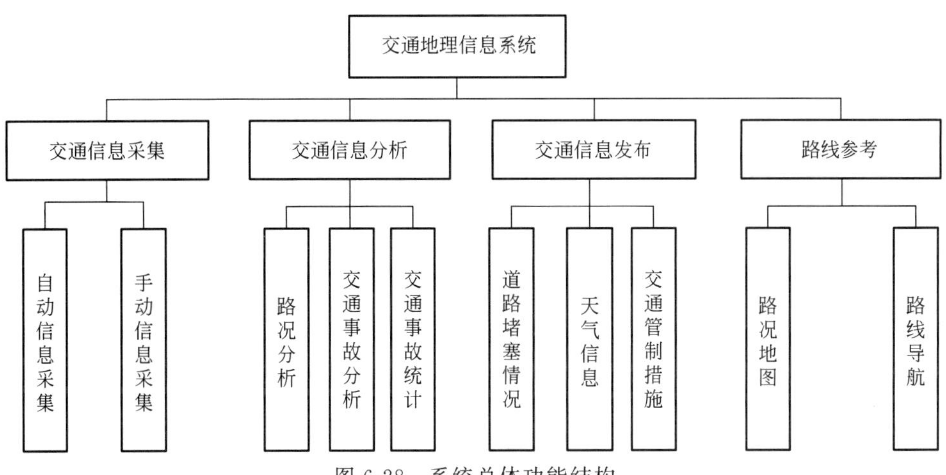

图 6-28　系统总体功能结构

信息发布功能和路线功能参考，从而完成整个系统的工作。这四个模块还包含许多子功能模块，每个模块都完成了分工。

① 交通信息采集。网络交通信息采集功能可分为两类：自动信息采集功能和手动信息采集功能。交通信息管理功能结构如图 6-29 所示。

a. 自动信息采集。交通流信息采集网络，通过各种渠道研究的综合判别方法，通过交通信号控制系统、电子警察、GPS 采集信息流，实时准确地报告，然后由指挥中心集成系统相关管理人员管理，实时发布可靠信息；此外，各种信息的传播是多种渠道的，这些渠道具有可变的信息屏蔽，以微博和大众广播媒体为辅，以达到交通疏导的目的。

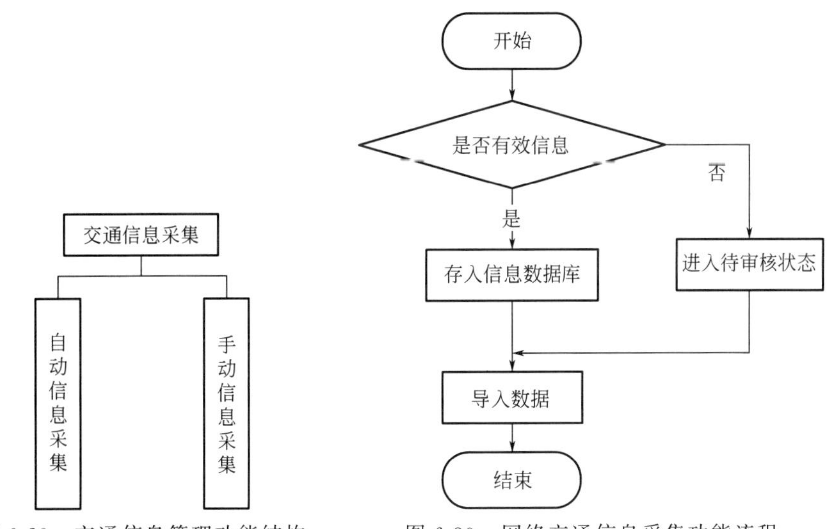

图 6-29　交通信息管理功能结构　　图 6-30　网络交通信息采集功能流程

b. 手动信息采集。通过沿路定期巡逻及其他方式获得交通流信息，立即通过 LED 显示信息，使交通网络电台随时发布，以便行人获得各种信息，从而指导人可适当调整自己的行程，最大限度地避免交通拥堵。网络交通信息采集功能流程如图 6-30 所示。

网络交通信息采集功能还提供了自动采集功能和手动采集功能，采集信息的清单包括：收集关键词，收集和过滤要求，采集时间等，但也有添加、删除、查找等功能。

② 交通信息分析。交通信息数据分析有道路状态分析和交通事故分析两大模块。交通信息数据管理的功能结构如图 6-31 所示。

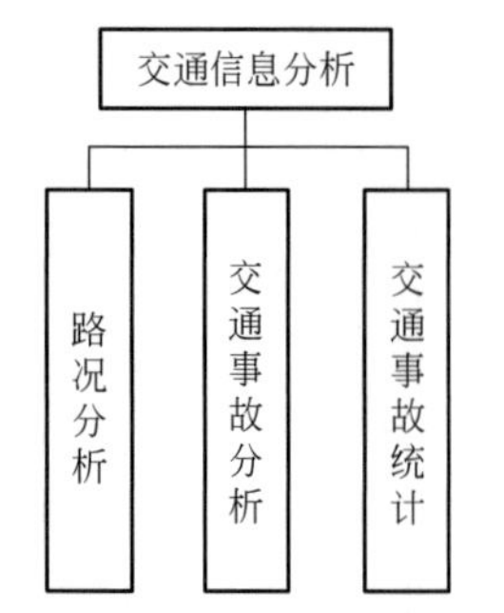

图 6-31　交通信息管理功能结构

对道路的交通情况进行分析，包括道路情况和交通事故的分析，并且把它在电子地图上进行展示。

a. 道路情况分析。随着现代经济的快速发展，许多城市已经建立了道路，人们在进行出行路线的查询时会遇到更复杂的交通状况，出行计划也会多样化。采用基于层次结构的协调路径模型，可方便、快速、准确地查询出行计划。

从起点（S）到终点（T）路线之间每个中转站的信息就是这个模型的构建基础，下一步便是寻找可以和出行计划匹配的出行方案。一般而言道路情况分析的内容分为三方面：起点（S）到终点（T）查询线路之间各个中转站的信息数据，之后再将中转站信息数据进行匹配分析，从而找到最高效的出行方案；选用存储该模型的所有中间数据；分析比较后选出最完美的方案。

b. 交通事故分析。

ⓐ 收集、分析事故的责任和原因，然后进行登记。

ⓑ 交通事故的统计。交通事故的统计是统计事故数据的数量、类型、严重性、原因、事故责任等。根据以往的事故分析，研究分类统计，并列入数据库。交通事故统计流程如图 6-32 所示。

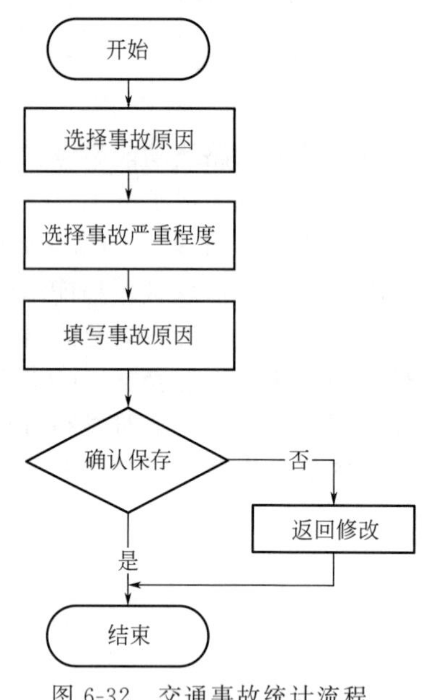

图 6-32　交通事故统计流程

③ 交通信息发布。网络指挥中心的相关管理人员研究和判断信息，然后发布准确的交通信息资源，如控制措施、道路拥挤、即时天气信息等，然后播放消息按预定时间进行。诱导电子屏网、微信和其他媒体作为补充条件，准确发布道路交通信息，特别是目标的实现。建立交通运输网络体系和信息发布网，及时将事故情况通知发送到网络平台所有的驾驶员和他的朋友。交通信息发布功能结构如图 6-33 所示。

a. 拥堵情况。网络系统通过已经收集到的交通信息来仔细判断拥堵情况，然后再发布拥堵信息，用来提醒各位驾驶员尽量避开拥堵时段。在进行交通信息发布的时候，系统将会发送推送通知，提醒用户道路的拥堵情况，拥堵持续的大概时间，以及拥堵的长度信息等。提醒驾驶员绕行，同时系统可以根据交通流量信息、交通信号灯的实际情况，分析一段时间内可能发生的道路拥堵情况，并提示。

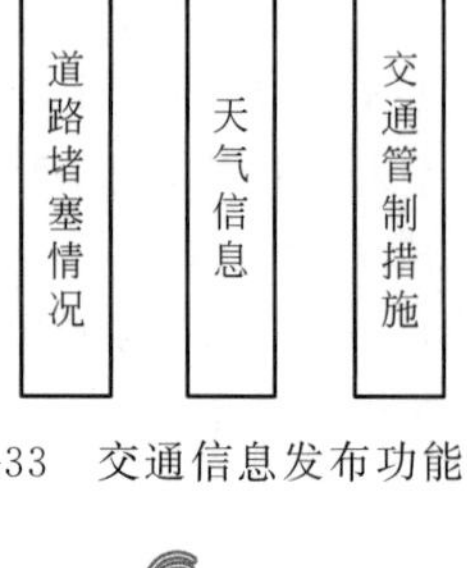

交通信息发布

道路堵塞情况　天气信息　交通管制措施

图 6-33　交通信息发布功能结构

b. 即时天气信息。在交通信息发布中，除了提醒拥堵外，如果有突然发生的极端天气，如雷暴、暴雨或强风形成冰雹等极端天气，该系统将通过用户的系统即时提醒极端天气状况，并给予报警和信息。实时天气信息的发布与提醒流程如图 6-34 所示。

系统更新的网络气象信息，给极端天气下出行的人们带来很多麻烦。极端天气预报作为系统的一部分，可以在极端天气条件的情况下适当警报。

④ 路线参考。网络系统需要预测路径使人们出行更加方便，这就要使实时交通信息数据有效，或者在未来一段时间，如何有效地预测交通信息数据自然成为研究的热点话题。路线参考功能结构如图 6-35 所示。

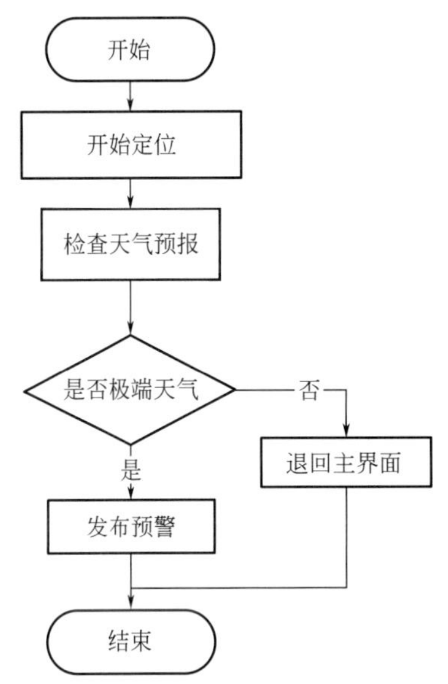

图 6-34　实时天气信息的发布与提醒流程

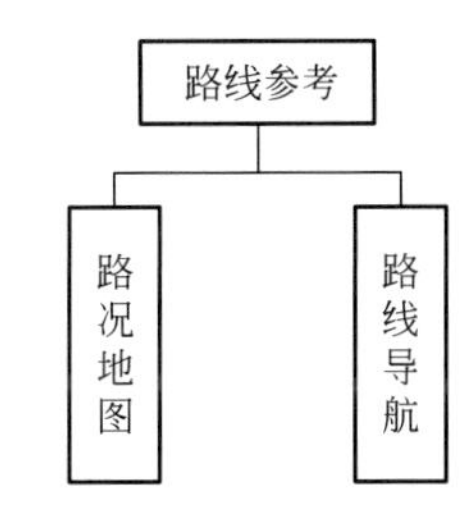

图 6-35　路线参考功能结构

Google Map 网络平台可以开发更多有用的功能，实现网络平台的主题在 Google Map 上的出行者指定的出发地和目的地，通过城市道路的实时交通信息，道路交通数据，根据规划和一些即时信息，选择最佳路径，确保在最短的时间到达目的地。

a. 路况地图。道路条件的道路地图信息显示的条件，不同的颜色代表不同的交通堵塞程度，比如橘红色代表交通瘫痪状况，黄色表示交通拥堵状况，绿色表示交通畅通状况，这些不同颜色的拥堵提示在系统中都会直观地体现出来。

b. 路线导航。在路线导航中，系统通过接口调用地图，并使用三维地图功能或地图搜索功能导航路线。

c. 三维式地图功能。三维地图使交通信息更加全面，驾驶员可以了解更多的参考路线和最新的路况。

d. 地图搜索功能。系统会根据用户输入的内容搜索，也可以任意切换地图。地图的搜索流程如图 6-36 所示。

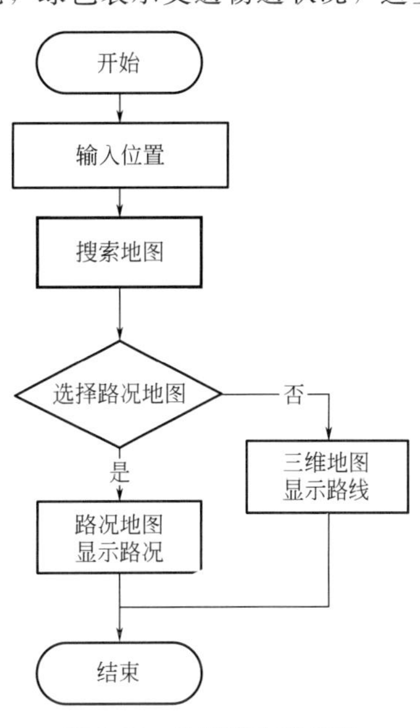

图 6-36　地图搜索的流程

6.6.4　系统数据库设计

在系统的设计过程中，数据库的开发与设计是非常重要和关键的。完成了系统的体系结构和功能设计，并设计了系统的数据库概念和表等概念。

(1) 数据库概念设计

通过分系统的实体关系图，得出几个实体数据图。用户实体属性图如图 6-37 所示。在用户实体中，包含用户的名称，还包括用户的类和状态。此外，用户的密码是一个实体的属性。

交通信息的物理属性图在图 6-38 所示。在交通信息中，除了交通信息内容和交通信息的标题外，实体属性还包括交通信息、ID 和交通信息类型。

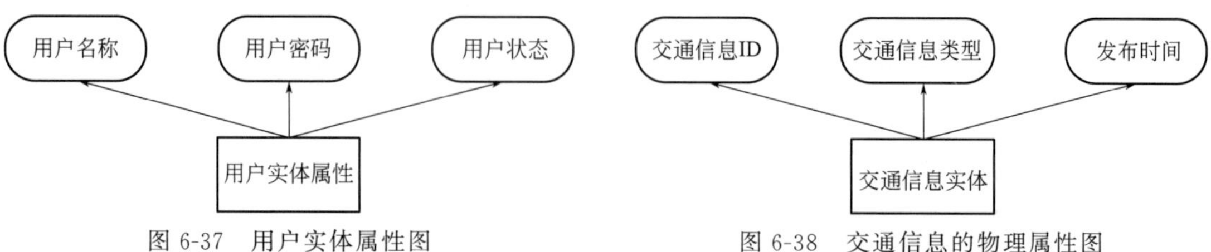

图 6-37 用户实体属性图

图 6-38 交通信息的物理属性图

道路信息的实体属性图如图 6-39 所示。在道路信息实体中，主要包括道路分类、道路名称等信息。此外，道路的长度和道路图片的存储地址也包括在内。

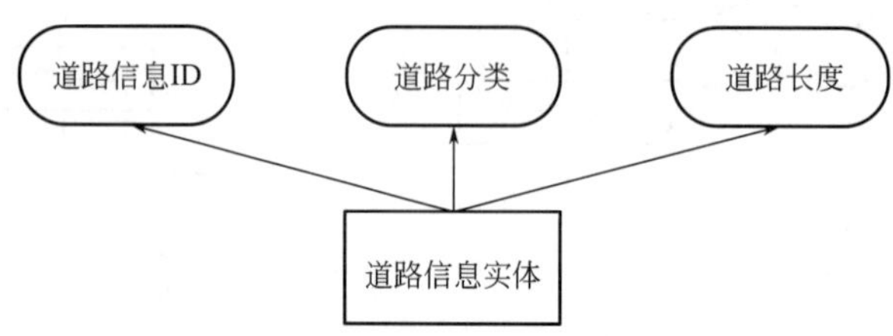

图 6-39 道路信息的实体属性图

(2) 数据库逻辑设计

系统的数据库表在系统的数据库中是十分重要的一个部分。选择不同的信息表来对不同的道路信息进行存储，能够保证数据信息的有效保存。

① 交通信息表见表 6-4。在交通信息中，实体属性包括交通信息 ID 和交通信息类型等属性，还包括交通信息内容和交通信息的标题。

表 6-4 交通信息表

交通信息字段名称	交通信息备注说明	交通信息数据长度	交通信息数据类型	交通信息是否为空
Traffic information table_id	ID	20	int	N
Traffic information table_class	信息类别	20	varchar	N
Traffic information table_title	信息标题	40	varchar	N
Traffic information table_commend	是否推荐	10	varchar	N
Traffic information table_keyword	搜索引擎关键字	10	varchar	Y
Traffic information table_searchword	关联关键字	30	varchar	Y
Traffic information table_head	是否头条	10	varchar	N
Traffic information table_content	内容	400	varchar	N
Traffic information table_picurl	保存图片 URL	50	varchar	Y
Traffic information table_source	来源	30	varchar	N

② 信息类别表见表 6-5。信息类别表中包括信息类别 ID、信息类别名称等信息。

表 6-5 信息类别表

信息类别列名	信息类别备注说明	信息类别数据长度	信息类别数据类型	信息类别是否为空
Information category_id	ID	20	int	N
Information category_pid	父类别 ID	20	varchar	N
Information category_name	类别名称	20	varchar	N

③ 道路信息表见表 6-6。道路信息表中包括了道路分类、道路长度和道路名称等信息。

表 6-6　道路信息表

道路信息表列名	道路信息表备注说明	道路信息表数据长度	道路信息表数据类型	道路信息表是否为空
k_id	ID(自动增一)	20	int	N
K_country	国别	10	varchar	N
k_class	道路分类	10	varchar	N
k_length	道路长度	10	varchar	N
k_factory	道路名称	20	varchar	N
k_character	道路编号	20	varchar	N
k_pic	道路图片保存地址	30	varchar	Y
k_comment	品牌介绍	400	varchar	Y
k_time	增加时间	10	varchar	Y

④ 道路名称列表见表 6-7。道路名称列表中包括名称、型号等各类信息。

表 6-7　道路名称列表

道路名称列表列名	道路名称列表备注说明	道路名称列表数据长度	道路名称列表数据类型	道路名称列表是否可为空
road name_id	ID(自动增一)	20	int	N
road name_character	名称	15	varchar	N
road name_type	型号	15	varchar	N
road name_length	长度	10	varchar	N
road name_volumn	通车量	10	varchar	N

⑤ 管理用户表见表 6-8。管理用户表中包括了用户的用户 ID，用户名以及密保问题等相关信息。

表 6-8　管理用户表

管理用户表列名	管理用户表备注说明	管理用户表数据长度	管理用户表数据类型	管理用户表是否可为空
Manage user information_id	ID	20	int	N
Manage user information_username	用户名	40	varchar	N
Manage user information_password	登录密码	40	varchar	N
Manage user information_realname	真实姓名	30	varchar	N
Manage user information_question	密码提示问题	30	varchar	N
Manage user information_answer	密码问题的答案	30	varchar	N
Manage user information_right	用户角色	10	varchar	N
Manage user information_time	用户添加时间	20	varchar	N
Manage user information_ip	用户添加时 IP 地址	20	varchar	N

⑥ 日志信息表见表 6-9。日志信息表中主要包括用户等详细信息。

表 6-9　日志信息表

日志信息表列名	备注说明	数据长度	数据类型	是否为空
Log information_id	ID	20	int	N
Log information_username	用户名	30	varchar	N
Log information_action	动作信息	30	varchar	N

续表

日志信息表列名	备注说明	数据长度	数据类型	是否为空
Log information_time	动作的时间信息	20	varchar	N
Log information_ip	生动作时 IP 地址信息	25	varchar	N

⑦ 三维地图信息表见表 6-10。三维地图信息表中主要包括地点编码、地点名称、地点坐标，周围建筑物信息。

表 6-10　三维地图信息表

三维地图信息表列名	三维地图信息表备注说明	三维地图信息表数据长度	三维地图信息表数据类型	三维地图信息表是否为空
map information table_id	地点 ID	30	int	N
map information table_username	地点编码	40	varchar	N
map information table_action	地点坐标	40	varchar	N
map information table_time	周围建筑物信息	30	varchar	N

参考文献

[1] 何高杰. 城市道路信控交叉口左转车道通行能力研究 [D]. 长沙：湖南大学，2014.

[2] 李昀轩，傅白白，于善初. 基于流量分析的可变车道左转通行能力研究 [J]. 山东建筑大学学报，2015，30 (2)：147-153.

[3] 魏福禄. 信号交叉口四左转车道交通特性研究 [D]. 长春：吉林大学，2015.

[4] 沈家军，王群，曹志铭. 基于微观特性的左弯待转区对交叉口通行能力影响研究 [J]. 重庆大学学报：自然科学版，2016，35 (4)：158-162.

[5] 王殿海. 交通流理论 [M]. 北京：人民交通出版社，2002.

[6] 李锐. 城市道路交叉口交通信号控制理论与实践 [M]. 北京：冶金工业出版社，2015.

[7] 王正炎. 高速公路交通视频监控系统的设计与实现 [D]. 成都：电子科技大学，2014.

[8] 何选森. 随机过程与排队论 [M]. 长沙：湖南大学出版社，2010.

[9] Hu S，Berg A，Li X，Rusek F. Improving the Performance of OTDOA Based Positioning in NB-IoT System [J]. Information Theory，2017 (18).

[10] Jin X L，Waha B W，Cheng X Q，et al. Significance and challenges of big data research [J]. Big Data Research，2015，2 (2)：59-64.

[11] Jain A，Nalya A. Learning storm [M]. Birmingham：Packt Publishing，2014：19-24.

[12] Li G J，Cheng X Q. Research status and scientific thinking of big data [J]. Bulletin of Chinese Academy of Sciences，2012，27 (6)：647-657.

[13] TeraData. The threat beneath the surface：big data analytics，big security and real-time cyber threat response for federal agencies [R]. California：TeraData，2012：1-35.

[14] Karau H，Konwinski A，Wendell P，et al. Learning spark [M]. Sebastopol：O'Reilly Media，2015：1-7.

[15] 张群. 大数据标准化现状及标准研制 [J]. 信息技术与标准化，2015 (7)：23-26.

[16] 韩晶，王健全. 大数据标准化现状及展望 [J]. 信息通信技术，2014 (6)：38-42.

[17] 吕登龙. 大数据及其体系架构与关键技术综述 [J]. 装备学院学报，2017 (2)：86-96.

[18] 杨刚. 大数据关键处理技术综述 [J]. 计算机与数字工程，2016 (4)：694-699.

[19] 覃雄派. 大数据分析——RDBMS 与 Mapreduce 的竞争与共生 [J]. 软件学报，2012，23 (1)：32-45.

[20] 徐乐. 大数据时代隐私安全问题研究 [D]. 成都：成都理工大学，2016.

[21] 李丽蓉. 公安物联网关键技术与应用 [J]. 山西警察学院学报，2018 (1)：80-83.

[22] 李冬静. 公安物联网体系架构的设计与实现 [J]. 现在电子技术，2018 (1)：85-92.

[23] 高志鹏. 面向大数据的分析技术 [J]. 北京邮电大学学报，2015 (3)：1-12.

[24] 任磊. 大数据可视分析综述 [J]. 软件学报，2014，25 (9)：1901-1936.

[25] 李学龙. 大数据系统综述 [J]. 中国科学：信息科学，2015，45 (1)：1-44.

[26] Dieter Uckelmann. 物联网架构 [M]. 别荣芳译. 北京：科学出版社，2013.

[27] 徐正. 温州公安城域物联网建设与应用 [J]. 警察技术，2018 (1)：10-13.

[28] 黄玉兰. 物联网：射频识别 (RFID) 核心技术详解 [M]. 北京：人民邮电出版社，2016.

[29] 吴江宏. 物联网技术在 G20 杭州峰会安保中的应用 [J]. 警察技术，2018 (1)：18-21.

[30] 郝宏奎. 警务物联网技术应用 [M]. 北京：中国人民公安大学出版社，2016.

[31] 潘玉琪. 基于 NB-IoT 的物联网应用探索 [J]. 警察技术，2017 (6)：33-37.

[32] 李建军. NB-IoT 组网方案研究 [J]. 移动通信，2017，41 (6)：14-18.

[33] 邹玉龙. NB-IoT 关键技术及应用前景 [J]. 中兴通讯技术，2017，23 (1)：43-46.

[34] 郭树源. 基于物联网的城市管理集成系统研究与实现 [D]. 北京：北京邮电大学，2013.

[35] 王卫兵. 河南公安"互联网+"便民服务平台建设研究 [D]. 郑州：郑州大学，2016.

[36] 刘桂玲. "互联网+"视域下的公安政务双微研究 [J]. 山东警察学院学报，2016 (4)：155-160.

[37] 张兆端. "智慧警务"：大数据时代的警务模式 [J]. 公安研究，2014 (6)：19-26.

[38] 张波. 基于大数据技术的公安移动通信数据处理平台设计与实现 [D]. 济南：山东大学，2016.

[39] 任登封. 基于大数据的朔州市公安交通集成指挥平台技术架构 [J]. 山西电子技术，2017 (8)：79-81.

[40] 王甲伟. 大数据背景下城市交通管理中公众参与问题研究 [D]. 西安：长安大学，2017.

[41] 程慧. 大数据时代下我国公安情报工作的发展前景 [D]. 南昌：南昌大学，2017.

[42] 周翼华，俞晓东. 大数据时代下的智能交通 [J]. 现代信息科技，2018 (5)：111-112.

[43] 廖程静. 大数据处理技术的现状与展望 [J]. 电子技术与软件工程，2018 (9)：178-179.

[44] 陈燕.大数据技术在图像处理的应用 [J].电子技术与软件工程，2018 (3)：177-178.
[45] 万薇洁.大数据在交通应用方面的研究 [J].网络安全技术与应用，2018 (7)：111-112.
[46] 郭二秀.基于Spark的农业大数据挖掘系统的设计与实现 [D].杭州：浙江大学，2018.
[47] 彭宁，刘忠山，周海波.基于云计算的智能卡口系统研究 [J].软件导刊，2015 (5)：8-11.
[48] 邱锦山.用于公路智能卡口系统的车牌识别技术研究 [D].杭州：杭州电子科技大学，2016.
[49] 安静.大数据技术在智慧城市建设中的应用 [J].电子技术与软件工程，2018 (4)：168-169.
[50] 张晓燕，刘超.基于云计算的大数据技术研究 [J].电子世界，2018 (2)：63-64.
[51] 才智.大数据技术在智能交通中的应用分析 [J].城市建设理论研究：电子版，2017 (10)：187-188.
[52] 潘晶莹.基于模糊神经网络的智能交通信号控制设计 [J].微型电脑应用，2018，34 (12)：87-89.
[53] 张亦鼎，彭世.基于车联网大数据的智能交通系统构建 [J].综合运输，2018，40 (11)：25-29.
[54] 保丽霞，王秋兰，沈明，等.城市智能交通大数据平台的模型库研究与设计 [J].交通与运输：学术版，2017，2：12-15.
[55] 刘滢.基于大数据平台的智能交通系统架构及功能设计 [J].综合运输，2018，40 (9)：86-90.
[56] 赵新勇，李珊珊，夏晓敬.大数据时代新技术在智能交通中的应用 [J].交通运输研究，2017，3 (3)：1-7.
[57] 陈垚坤，刘文丽.一种适用于Hadoop平台的基于属性访问控制模型 [J].河南师范大学学报：自然科学版，2016，44 (5)：146-154.
[58] 赵国栋，易欢欢，糜万军等.大数据时代的历史机遇——产业变革与数据科学 [M].北京：清华大学出版社，2013：305-319.
[59] 任金霞，钟小康，蒋梦倩.Qos性能约束的云任务调度算法研究 [J].河南师范大学学报：自然科学版，2018，46 (4)：113-119.
[60] 许敏，刘亚辉.物联网技术体系架构 [J]，数字通信世界，2015，12：43-47.
[61] 刘擎超.基于集成学习的交通状态预报方法研究 [D].南京：东南大学，2015.
[62] 王国伟，王伟力，谢洪波等.物联网条件下交通异常事件自动检测技术 [J]，公路与汽运，2012，152 (2)：65-68.
[63] 林珠，吴佩.面向交通大数据的智能处理平台建设 [J]，计算机与自动化，2017，36 (3)：114-117.
[64] 杨臣君，张欣，杨卓东.基于Hadoop的交通数据分析系统 [J]，电子科技，2017，30 (4)：156-158.
[65] 崔志伟.GIS技术及其在道路交通信息化中的应用探究 [J].价值工程，2018 (33)：184-185.
[66] 王倩.RFID在交通管理集成平台中的应用 [J].中国公共安全，2018，6：78-80.
[67] 贺园园，胡小敏.城市交通地理信息系统数据模型设计 [J].测绘地理信息，2019，2 (44)：37-40.
[68] 石飞，王炜.城市路网结构分析 [J].城市交通，2007，8 (31)：68-73.
[69] 宋关福，钟耳顺，李绍俊等.大数据时代的GIS软件技术发展 [J].测绘地理信息，2018，1 (43)：1-7.
[70] 李新国，张长利，房俊龙.地理信息系统的发展现状及前沿技术 [J].塔里木农垦大学学报，2003，1 (15)：35-37.
[71] 张叠，刘琼.地理信息系统的应用 [J].电子技术与软件工程，2018，8：150.
[72] 张山山.地理信息系统时空数据模型分类 [J].测绘科学，2012，4 (37)：215-217.
[73] 郑珂，朱敦尧.浮动车技术应用研究进展 [J].现代电子技术，2016，11 (39)：156-160.
[74] 范学玲.基于ArcGIS _ Engine的城市交通地理信息系统设计与实现 [D].西安：长安大学，2014.
[75] 苏景红.基于最优化路径算法在交通地理信息系统中的设计与实现 [D].长沙：湖南大学，2017.
[76] 蔡岗.缉查布控系统新技术应用 [J].汽车与安全，2015，1：70-75.
[77] 石建军，许国华，何民，等.交通地理信息系统数据模型的研究进展 [J].北京工业大学学报，2004，3 (30)：318-322.
[78] 顾 平.交通流信息采集与发布技术讲谈 [J].上海公路，2010，3：73-78.
[79] 李梁伟.浅谈高速公路紧急救援系统的重要性 [J].汽车与安全，2014，9：50-52.
[80] 张文超.浅议缉查布控系统在交通管理中的应用 [J].道路交通管理，2018，1：36-37.
[81] 崔海涛.三维地理信息系统应用技术综述 [J].科技展望，2016，26：12.
[82] 王艳华.视频检测技术在交通运输系统中的应用分析 [J].电子制作，2017，12：22.
[83] 赵一锦.我国智能交通系统的发展研究 [J].住宅与房地产 2019，2：75.
[84] 吴星.运动轨迹时空模式挖掘与可视化 [D].南昌：东南理工大学，2018.
[85] 陆璐.智能交通大数据采集技术研究 [J].西部交通科技，2018，3 (10)：196-199.
[86] 罗玲，张鸽鹏，曾炎盛.智能交通地理信息系统的设计及其实现研究 [J].信息化建设，2016，7：148.
[87] 戴勇.智能交通地理信息系统在交通管理中的应用 [J].云南警官学院学报，2008，3 (68)：123-124.
[88] 杨金彪.智能交通技术发展的专利计量研究 [D].大连：大连理工大学，2018.
[89] 杜雪，刘卫光.智能交通系统中最短路径算法优化的研究 [J].计算机光盘软件与应用，2013，23：24-25.